五维一体 素养通达

——基于巴南中学学情的高中群达语文课程探索

重庆市教育科学"十四五"规划课题（课题批准号2021-12-223）成果

张 礼 —— 主编
刘皓琳 —— 副主编

西南大学出版社
国家一级出版社　全国百佳图书出版单位

图书在版编目(CIP)数据

五维一体,素养通达：基于巴南中学学情的高中群达语文课程探索 / 张礼主编；刘皓琳副主编. -- 重庆：西南大学出版社, 2024.8
ISBN 978-7-5697-2340-3

Ⅰ.①五… Ⅱ.①张… ②刘… Ⅲ.①中学语文课—教学研究—高中 Ⅳ.①G633.302

中国国家版本馆CIP数据核字(2024)第065632号

五维一体,素养通达
——基于巴南中学学情的高中群达语文课程探索
WUWEI YITI, SUYANG TONGDA
——JIYU BANAN ZHONGXUE XUEQING DE GAOZHONG QUNDA YUWEN KECHENG TANSUO

张礼　主编　刘皓琳　副主编

责任编辑：陈铎夫
责任校对：杜珍辉
装帧设计：闰江文化
排　　版：杜霖森
出版发行：西南大学出版社(原西南师范大学出版社)
　　　　　网　址:http://www.xdcbs.com
　　　　　地　址:重庆市北碚区天生路2号
　　　　　邮　编:400715
　　　　　电　话:023-68868624
印　　刷：重庆正文印务有限公司
成品尺寸：170 mm × 240 mm
印　张：19
字　数：305千字
版　次：2024年8月　第1版
印　次：2024年8月　第1次印刷
书　号：ISBN 978-7-5697-2340-3
定　价：78.00元

本书编委会

主　　编：张　礼
副 主 编：刘皓琳
编写人员：(以姓氏笔画为序)

马晓红　邓　婧　朱美玲　刘皓琳　杨洪利　宋雪梅　张　兰
张　燕　陈　娟　陈权文　罗玉婷　周灵琪　赵伟丽　袁海燕
黄丽华　程　科　雷长缨　雷尧钧　谭　硕　谭庆仙

目录 Contents

第一章　群达语文课程建设的发端 ……………………………………… 1
　　第一节　群达语文课程建设的背景 …………………………………… 1
　　第二节　群达语文课程的缘起 ………………………………………… 3

第二章　群达语文课程的目标任务 ……………………………………… 18
　　第一节　群达语文课程的建设目标 …………………………………… 18
　　第二节　群达语文课程的建设任务 …………………………………… 28

第三章　群达语文课程的保障措施 ……………………………………… 36
　　第一节　管理制度和评价制度 ………………………………………… 36
　　第二节　群达育人特色环境 …………………………………………… 45
　　第三节　培养教师素养落实 …………………………………………… 50

第四章　群达语文课程的建设实践 ……………………………………… 73
　　第一节　群达语文课程的建构核心阐释 ……………………………… 73
　　第二节　语言群课程的建构与实践 …………………………………… 77
　　第三节　思维群课程的建构与实践 …………………………………… 120
　　第四节　鉴赏群课程的建构与实践 …………………………………… 148
　　第五节　文化群课程的建构与实践 …………………………………… 195
　　第六节　写作群课程的建构与实践 …………………………………… 225

第五章　群达语文课程建设成果 ………………………………………… 268
　　第一节　群达语文课程创新成果 ……………………………………… 268
　　第二节　群达智慧教育探索未来课堂 ………………………………… 274

第六章　群达语文课程的辐射和影响 …………………………………… 283
　　第一节　群达语文课程的学习之路 …………………………………… 283
　　第二节　群达语文课程的调查研究 …………………………………… 287

第七章　群达语文课程的问题与完善方向 ……………………………… 295
　　第一节　建设过程中存在的问题 ……………………………………… 295
　　第二节　群达语文课程完善方向 ……………………………………… 296

第一章　群达语文课程建设的发端

第一节　群达语文课程建设的背景

21世纪以来，互联网、人工智能的普及使社会上许多职业被替代，人工智能ChatGPT的出现，更改变了人类对机器的认知。在变幻的世界局势和国内经济迅猛发展背景下，中国的人才发展需要从人力资源优势转化为人才资源优势。工业化以来培育人才的方式已经不能匹配当前社会的发展，人才培育方式需要随着时代的变化而变化，要改变工业时代的机械性训练培养模式，让学习者逐步形成具体问题具体分析、面对复杂情境创新性处理问题等能力。当代学生面临的复杂环境也对学校教育提出了挑战，学科课程应当随着世界的发展而改革。

一、当前语文教育的挑战与机遇

世界在发展、进步，为了适应世界变化，教育也随之改变。学校需要为社会培育更优秀、更符合国家需要的人才，各国教育都面临着很大的挑战。不同于过去仅传授知识的传统教育，现在的教育，需要根据社会与国家的需要，运用更合理、更先进的教育理念，创设更有效的教育环境，为学生搭建能与时代快速接轨的平台。这对语文教育来说，无疑是很大的挑战。

语文教育以语言文字为主要学习内容，以古代、现当代的经典作品为载体，包含了思维、审美和文化的优秀内容。虽然一些作品与学生生活有一定距离，所选的学习内容从表面上看，不能像科学性学科一样帮助学生快速掌握某一门有用的技术，但正是这种浸润式的、潜移默化的学习能让一个人在文化水平、素质教养、品格秉性等方面得到全方位的提升和塑造。语文教育要消除经典与现实的隔阂，将传统与创新紧密结合，就需要语文课程从实施层面找寻旧知识与新事物的联系。语文教育既要落实语言文字的继承与运用,又要促进语言文字在新时代的发展,就需要在现有课程改革的基础上进行新的探索,开发多种多样的课程资源,创新教学方式。

当今中国,信息技术不断发展,时代与社会对语文教育提出了更多、更高的要求。中国的教育理念汲取了世界先进的教育经验,语文教材随时代发展、课堂教学需要进行了改革。实施教学的教师也须跟紧时代,因时制宜,不断提高知识水平与教学水平,这样才能用更先进、更多元的方式进行教学,在变革的时代浪潮中稳步前进。

在巨大挑战的背后,也隐藏着很多机遇。世界与国家对教育的关注,技术的发展,为教师的教学研究提供了宽广的研究平台,语文教育在现如今也有更广阔的前途。语文学科作为基础性学科,为各个学科的学习打下基础。学科融合是未来教育的趋势,基础性学科在跨学科学习中的优势地位更加突出。从学科融合的发展趋势看,只学语文或只学其他学科,都是不可行的,语文学习的目的已经从学好本学科知识向学好本学科知识并为其他学科服务转变。从形势上看,国内外越来越多的人关注汉语言文字、文学,国人对文化传统的重视程度也日渐提高,而中国的国际影响力要逐步增大,还需要语文学科在培育核心素养上下功夫。这些都是语文学科发展的新机遇,语文教师需要抓住这些机遇,努力培养具有必备品格和关键能力的时代新人。

二、"三新"背景下语文的出路

"三新"即新课程、新教材、新高考。《普通高中语文课程标准(2017年版2020年修订)》提出了四大核心素养,即"语言建构与运用""思维发展与提升""审美鉴赏与创造""文化传承与理解",并且做了十八个任务群的区分。这意味着从过去的"知识与技能""过程与方法""情感态度与价值观"三维目标走向了更具有整体性、核心性的素养目标,重视知识能力、策略方法的获取,更重要的是让学生将知识能力、策略方法内化为能多方位迁移的素养。高中教材也跟随着新课标进行了整体性的修订,教材编写者打破传统以单篇为主、以单元为辅的编写方式,改单元为学习任务群,一个单元属于一个任务群,通过任务的完成来驱动学生学习。新高考打破单纯的文理分科界限,以物理、历史为轴心进行选科,给学校教学带来巨大挑战,学生选科成为一门学问。而新高考的选科模式看上去对语文高考没有影响,但是从高考试题的变化,可以发现语文学科早已不再是单纯地以字、词、句、篇为考查对象,而是更注重语文核心素养的考查。

以学习任务群为单位的教学并不否认单篇教学的价值,无论是单篇教学还是群文教学,都将以完成任务、建构结构化的知识体系为目的。当课堂教学有清晰的方向时,那么课程的资源选择、课程的内容择定、课程体系的整体建构就更为重要。无论怎样的课程体系都是为了让学生内化课程标准中的核心素养,高效完成课标要求。群达语文课程就是立足于核心素养,以核心素养为纲进行了课程体系的建构。为让课程实践系统化,群达语文课程在基于学情的前提下进行了探索。

第二节　群达语文课程的缘起

"语文作为学校教育中有目的、有计划、有选择、系统地学习国家通用语言的核心学科,承载着知识传递、文化赓续、文明传播和国家事权的多重使命。"[1]针对日新月异的变化,语文课程也尝试用新的理念与方法来帮助学生应对未来的挑战。"核心素养是学生在接受相应学段的教育过程中,逐步形成的适应个人终身发展和社会发展需要的必备品格与关键能力"[2],从这里可以看出,核心素养的形成能帮助学生应对未来的挑战。

一、群达语文课程研究的缘起

为了帮助学生形成学科核心素养,《普通高中语文课程标准(2017年版2020年修订)》提出了以"学习任务群"为课程内容的组织方式。高中语文课程标准倡导的学习任务群,既是课程结构的设计依据,也是课程内容的组织和呈现方式。学习任务群根据语文学科核心素养要求,在结构化的学习项目中整合学习情境、学习内容、学习方法和学习资源,使任务符合生活的逻辑。学习任务群通过设置任务整合语文课程内容,解决了当前教学中的"线性问题",也

---

[1] 张秋玲,牛青森,等.新版课程标准解析与教学指导:初中语文[M].北京:北京师范大学出版社,2022:10.
[2] 林崇德.21世纪学生发展核心素养研究[M].北京:北京师范大学出版社,2016:29.

很大程度上改变了传统课堂上易发生的照本宣科、就教材讲教材、过量讲解分析、内容缺乏实践性等问题。以任务来驱动,对教师来讲避免了声嘶力竭、反复说教的痛苦,对学生来说能真正在"做中学",化被动学习为主动学习。用学习任务群的形式组织教学,符合课程标准的要求,在"群"的视野下进行的教学也更能培养学生的专家思维。

(一)巴南中学情况介绍

重庆市巴南中学校(即巴南中学)位于巴南区李家沱,创建于1904年,至今已有119年(截至2023年)的办学历史。学校占地128亩,绿化面积12160平方米,校舍面积44327平方米。学校现代教育设施配置完善,办公条件和教育教学设备实现了现代化。学校以"育守责立身之人"为育人宗旨,以"责任教育"为办学特色,坚持"修己任责 力行日新"的校训,发扬"厚德启智 立己善教"的教风,将责任教育与学生的学习生活有机结合。学校获有诸多荣誉,2008年被评为"全国第三届'和谐校园'先进学校",2009年被评为"重庆市平安校园",2010年被评为"重庆市教育科研先进集体",2011年被评为"重庆市高中新课程改革样本校"等等。

2023年统计数据显示,学校有78个教学班,3900余名学生,在职教职工293人,其中正高级教师2人,市级优秀教师、市级优秀教育工作者、市级优秀德育工作者、市教书育人楷模、市级优秀班主任、市级骨干教师共31人,区名师先进典型5人,区级学科带头人8人,区级骨干教师43人,中学高级教师87人,具有硕士学位教师32人。

学校非常重视课程创新工作,倡导课程育人,积极推动高中群达语文课程创新基地建设,承诺将提供充足的资金支持基地的创建和运作。

(二)基地建设基础

1.理念基础符合课程育人理念

党的十八大报告提出,把立德树人作为教育的根本任务,培养德智体美全面发展的社会主义建设者和接班人。育人是教育的核心,课程是教育的主要载体。2015年重庆市启动普通高中课程创新基地建设,就是为了切实增强课程育人的功能。

2.硬件基础居于全市领先地位

重庆市巴南中学校拥有现代化的阅览室、教室、录课室、音乐室,图书馆拥有约10万册图书,100余种报刊,300平方米网络阅览室,5间多媒体语音室、10间微机室(300台电脑)、1个现代化的广播中心等。

3.师资基础拥有较强课程实施和研发能力

语文学科是学校的优势学科,有专任教师46人,其中中学正高1人,中学高级教师18人、中学一级教师18人,二级教师9人。师资年龄结构合理,45岁以上14人,35—45岁24人,35岁以下8人。师资教龄合理,有23人均教过两届以上高中毕业班,对语文教学有深刻的认识。

近年来,语文教研组各位成员工作兢兢业业,成绩斐然。12人次获市区级赛课一等奖,在市级、国家级语文学科论文评比中,有18人次获一等奖。出版6部学术专著:《在语文教学的路上》《诗词鉴赏》《我爱读经典》《名人伴我行》《儒学感悟》《走近孔子,走近和谐》。与此同时,语文教研组有1个"巴南区名师工作室"。学校语文教师的教育、教学受到学生欢迎,学生中考、高考成绩突出,学校的年轻教师成长迅速,逐步成为学校的生力军。

在教育科研方面,学校语文教研组依托重庆市教育科学规划课题重点课题"新课程背景下教研与青年教师专业发展内驱力提升"、重庆市教育科学规划课题"高中合作学习实效性研究"、重庆市教育学会课题"儒家文化促进学校和谐发展策略研究"、区级课题"'134生态课堂'实效性研究",发挥科研引领、名师示范作用,把先进的教育理念、独特的教育风格、精妙的育人技巧、灵活的育人方法渗透和辐射到教育教学中,培养学生的健全人格、崇高品格,用个性化的选修课程带动学生的全面发展,使其得到个性化成长。

4.社团基础具备丰富的活动平台

学校有"巴中诗社""书画社""话剧社""语言艺术社""童话社""辩论社"等多个人文类学生社团,以丰富的活动形式为育人拓展了空间,用高品质的活动内容提升了育人的效果。

学校"煦风文学社"成立于1998年,开展了一系列丰富多彩的活动,极大地调动了同学们的阅读写作热情,每年有数十名学生获国家或省市级作文比赛大奖。文学社社刊《墨韵》集中展示师生的阅读和写作才华,体现活动成果,深受师生好评。

学校语文教研组和学生会联合编印《巴南中学报》,开辟专题栏目,定期向师生推荐优秀书目,引导师生交流读书心得,为营造书香校园、培养学生良好的语文学习习惯、提高学生语文素养,搭建了优秀的平台。

5.政策基础提供物质保障

巴南区政府、区教委、区教师进修校、巴南中学等单位为基地建设提供强大的物质保障。区教委表态,课程基地申报成功,市教委补贴多少,区教委就补贴多少。巴南中学在科技楼装修1间办公室作为基地专用办公室,装修数间作为阅读室,还给基地提供50万元以上的资金,巴南中学图书馆从周一到周五为学生全天开放,保障学生的借阅需要。

二、高中群达语文课程创新基地的建设目标、建设内容、创新点和效能分析

(一)基地建设目标

1.总目标

"群",本义是"聚集在一起的人或事物",而这里的"群",指学习任务群,我们按照《普通高中语文课程标准(2017年版2020年修订)》中提出的学习任务群,构建起"语言群、思维群、鉴赏群、文化群、写作群"五维一体的课程体系。"达",行不相遇也(《说文》);"达",通也(《广雅》)。这里的"达"指的是"通达"。"通达"语出《礼记·学记》:"古之教者,家有塾,党有庠,术有序,国有学。比年入学,中年考校。一年视离经辨志,三年视敬业乐群,五年视博习亲师,七年视论学取友,谓之小成;九年知类通达,强立而不反,谓之大成。"其中,"知类通达"指有丰富的知识和触类旁通的能力,能够对事物应对自如。笔者认为高中语文课程的最终目的正是让学生能够举一反三、触类旁通,实现语文知识通达。

"群达"就是指学生按照我们构建的五维一体课程体系,以语文核心素养为纲,以学生的语文实践为主线,实现学生语文素养通达,即"语言通达、思维通达、鉴赏通达、文化通达、写作通达",为立德树人探索语文课程育人之路径,丰富完善学校"育守责立身之人"的育人宗旨,努力把学生培养成一个个有"语

言厚度、思维深度、鉴赏高度、文化广度、写作力度"的"五度"人才。换言之,高中群达语文课程创新基地的目标(图1-1),就是对语文课程资源中"群"元素的整合,探索学生实现"达"的路径,把学生培养成一个个具有"群达"特质的人。

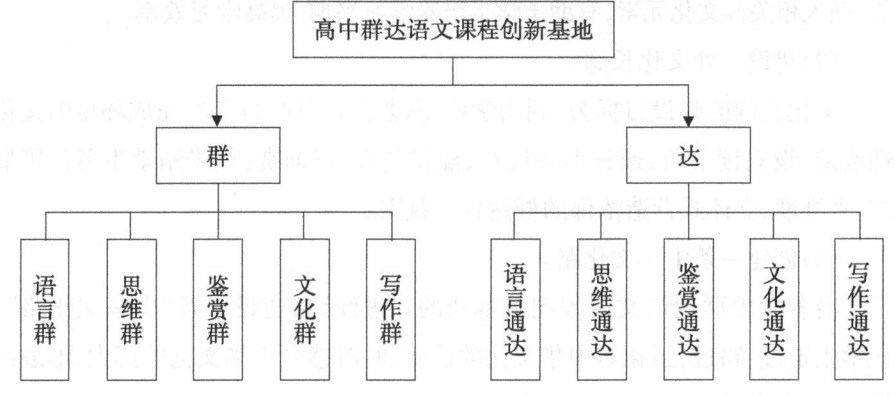

图1-1 高中群达语文课程创新基地建设目标图

2.具体目标

(1)建立群达语文课程目标,从"语言、思维、鉴赏、文化、写作"等方面建立课程目标体系;

(2)创设特色鲜明的学习环境,营造具有群达语文功能的育人氛围;

(3)建设群达语文课程研发中心,孵化以群达为育人目标的创新课程资源;

(4)搭建群达语文课程实施和成果展示平台,提升课程育人效能;

(5)培养一支具有群达教学理念和较高实践能力的教师队伍。

(二)基地建设内容

高中群达语文课程创新基地,将以"群达"为核心育人目标,以"语言通达""思维通达""鉴赏通达""文化通达""写作通达"为五个发展维度,通过"阅读与鉴赏""表达与交流""梳理与探究"等语文实践活动,通过创设课程育人环境,开发群达语文课程资源,搭建创新交流展示平台等路径,构建群达语文课程体系,并通过课程实施,把育人目标和学科目标紧密结合,既提高学生语文核心素养,又能充分发挥其育人功能,全面提升学生精神品质和实践能力。

1.创设特色环境,营造具有群达语文功能的育人氛围

(1)建设一批语文专用教室。

"专用教室"的建设目标为:建设一批专用教室并根据各专用教室的课程功能,融入相关群文化元素,有助于学生培养学习兴趣,提高学习效率。

(2)建设一处文化长廊。

文化长廊的建设目标为:利用学校"六艺大道"周边环境,完成环境的文化性改造,设立读书角,通过书画展览、楹联赏析、诗词赏析、张贴学生习作等形式,多维度、立体式营造浓郁的群达育人氛围。

(3)创建一条中华文化路。

沿着高中群达语文课程创新基地的行进线路,建设一条"中华文化路"。让学生走过、路过,强化对中华文化的认知,时时感受中华文化的博大,形成民族、文化自豪感。

(4)完成"群达"语文校园的美化。

依托文化长廊的建设和中华文化路的建设,全方位地美化校园环境,创设特色鲜明的学习环境,营造具有群达语文功能的育人氛围。

2.建设课程研发中心,实现以群达语文教学内容为核心的模型建构

"育人"是语文教学之本。巴南中学高中群达语文课程创新基地,将设在学校科技楼,并在此建设一个群达语文课程研发中心和五大主题功能研修室,孵化以群达语文为育人目标的创新课程资源。

(1)一个群达语文课程研发中心(图1-2)。

该中心主要职能为:统筹基地建设与运行,制订基地创新目标,落实基地创新过程,监督基地创新活动,考核基地创新成果。

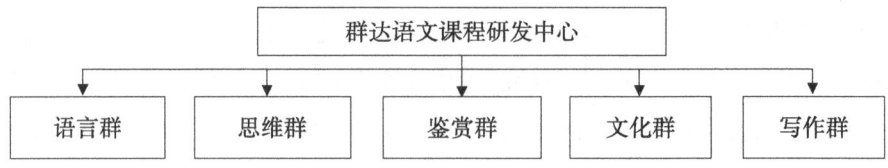

图1-2 群达语文课程研发中心功能图

(2)五大主题功能研修室。

①"语言群"语文功能研修室(图1-3)。

该研修室主要职能为:以"语言"为核心,以"语言建构与运用"为出发点,以"语言通达"为具体目标,开发高中语文"语言群"创新课程资源,研究课程实施策略,制定课程评价机制。

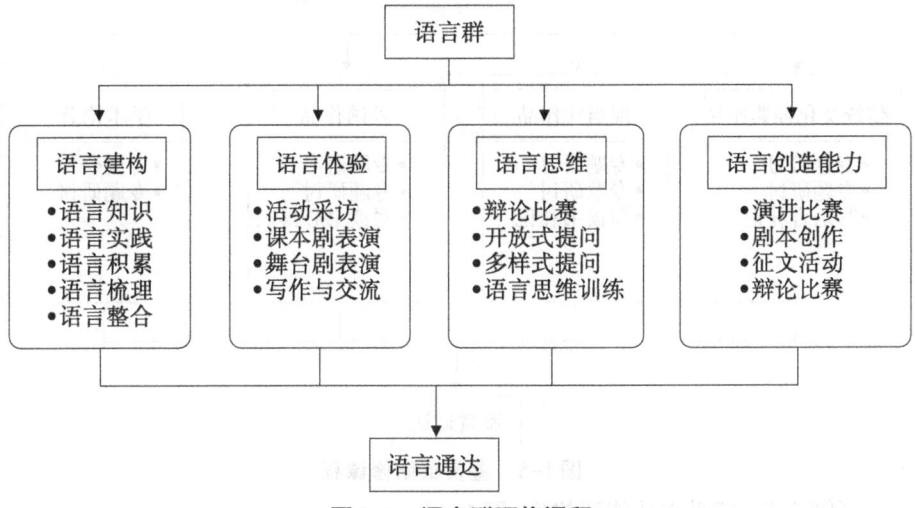

图1-3　语言群研修课程

②"思维群"语文功能研修室(图1-4)。

该研修室主要职能为:以"思维"为核心,以"思维发展与提升"为出发点,以"思维通达"为具体目标,开发高中语文"思维群"创新课程资源,研究课程实施策略,制定课程评价机制。

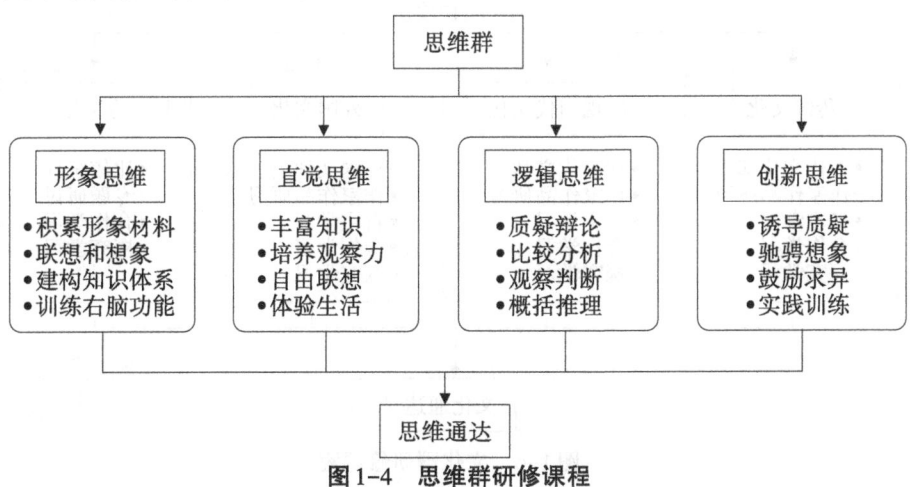

图1-4　思维群研修课程

③"鉴赏群"语文功能研修室(图1-5)。

该研修室主要职能为:以"鉴赏"为核心,以"审美鉴赏与创造"为出发点,以"鉴赏通达"为具体目标,开发高中语文"鉴赏群"创新课程资源,研究课程实施策略,制定课程评价机制。

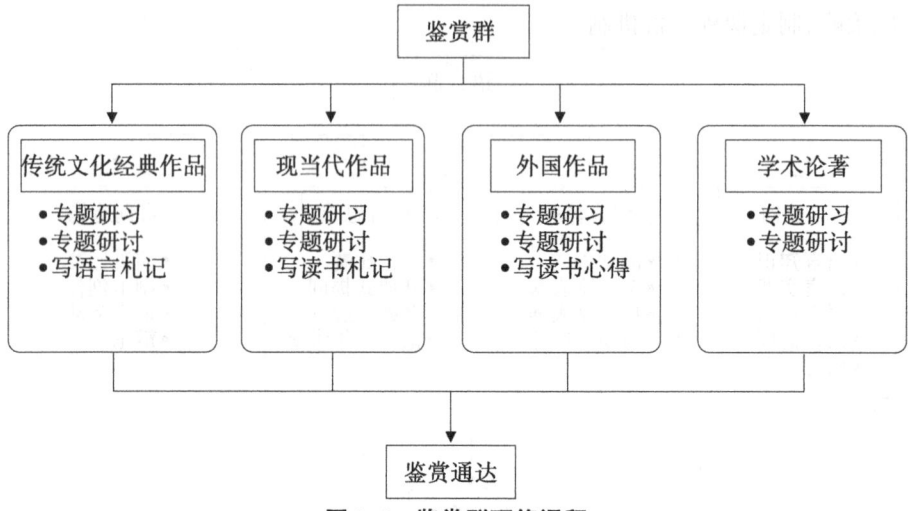

图1-5 鉴赏群研修课程

④"文化群"语文功能研修室(图1-6)。

该研修室主要职能为:以"文化"为核心,以"文化传承与理解"为出发点,以"文化通达"为具体目标,开发高中语文"文化群"创新课程资源,研究课程实施策略,制定课程评价机制。

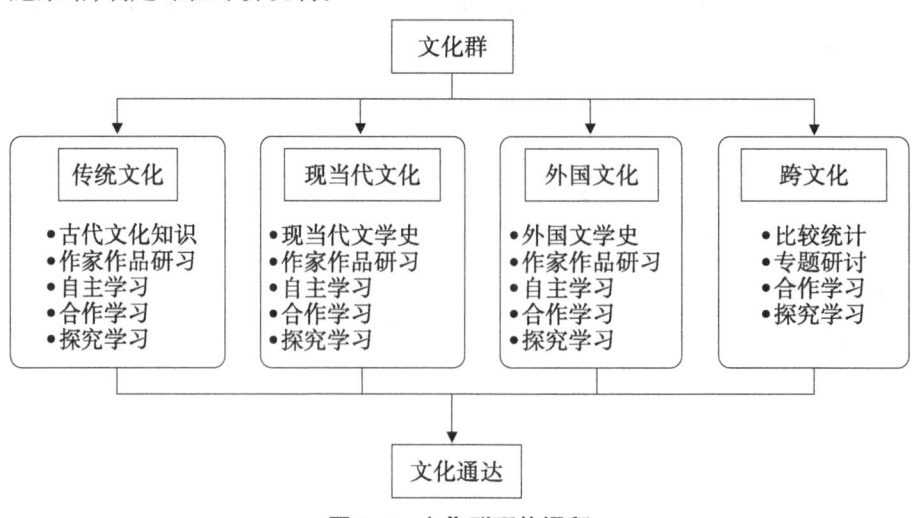

图1-6 文化群研修课程

⑤"写作群"语文功能研修室(图1-7)。

该研修室主要职能为:以"写作"为核心,以语言建构、读写结合和写作范式为出发点,以"写作通达"为具体目标,开发高中语文"写作群"创新课程资源,研究课程实施策略,制定课程评价机制。

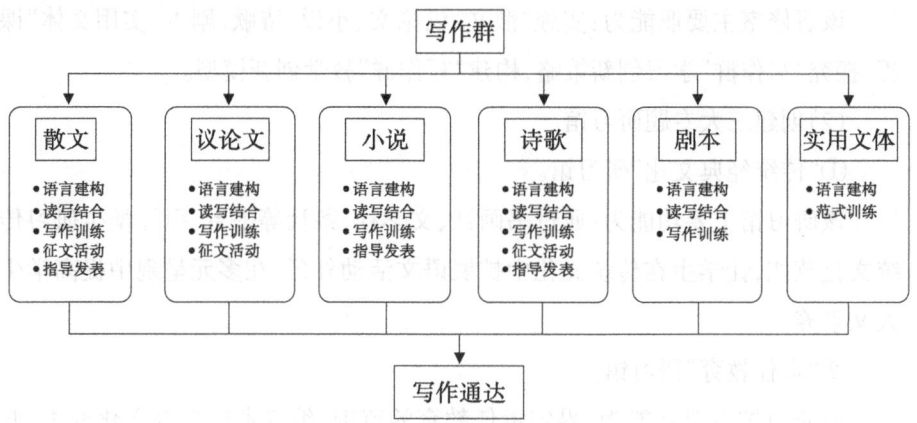

图1-7　写作群研修课程

3.搭建课程过程实施、学习互动展示平台,提升课程育人效能

立足科技楼,辅以图书馆、群达语文课程研发中心、信息技术中心等,搭建"535"群达语文课程过程实施及学生互动展示平台,提升课程育人效能。

(1)建设五大课程研修室。

①"语言群"课程研修室。

该研修室主要职能为:实施"语言建构、语言体验、语言思维、语言创造力"课程,探究"语言群"学习创新策略,构建"语言群"教学创新模型。

②"思维群"课程研修室。

该研修室主要职能为:实施"形象思维、直觉思维、逻辑思维、创新思维"课程,探究"思维群"学习创新策略,构建"思维群"教学创新模型。

③"鉴赏群"课程研修室。

该研修室主要职能为:实施"传统文化经典作品、现当代作品、外国作品、学术论著"课程,探究"鉴赏群"学习创新策略,构建"鉴赏群"教学创新模型。

④"文化群"课程研修室。

该研修室主要职能为:实施"传统文化、现当代文化、外国文化、跨文化"课程,探究"文化群"学习创新策略,构建"文化群"教学创新模型。

⑤"写作群"课程研修室。

该研修室主要职能为:实施"散文、议论文、小说、诗歌、剧本、实用文体"课程,探究"写作群"学习创新策略,构建"写作群"教学创新模型。

(2)创建三大专题研习馆。

①"传统经典文化"研习馆。

该研习馆主要功能为:通过书画社、文学社、茶社等平台,引导学生研习传统文化范式,让学生在传统文化中扩展语文活动外延,在多元呈现中提高学生人文素养。

②"责任教育"研习馆。

该研习馆主要功能为:界定责任教育的范围,编订责任教育文化读本,开展责任教育,探究责任教育教学策略,构建责任教育教学模型,让责任扎根于学生的学习生活之中。

③"互联网+语文阅读"研习馆

该研修室主要职能为:研究"互联网+"环境下语文阅读的新形态,梳理数字网络条件下的语文阅读学习和教育资源,探究"互联网+语文阅读"教学策略,构建数字网络阅读教学模型,培养学生的阅读能力,使其形成多元的阅读品质。

(3)搭建五个学习互动展示平台。

①经典文学诵读平台。

成立经典诵读活动项目组,组建诵读社,编制《经典诵读》校本教材,定期举办诵读节,开展经典诵读比赛,培养学生高雅审美情趣,提升学生文化品位。

②经典文学表演平台。

成立表演活动项目组,组建表演社、话剧社,与学校艺术组合作,将经典文学推上校园舞台,艺术性、立体化呈现阅读成果,提升学生的阅读感受能力。

③语言运用交流展示平台。

成立语言运用交流项目组,指导现有的"诗歌社""辩论社""写作社"等学生社团,定期开展演讲赛、辩论赛、写作指导、习作展评等活动,在一系列的口语交际、书面表达中,发展学生语言运用能力和思维表达能力等。

④传统文化展示平台。

成立传统文化研修项目组,组建书社、琴社、棋社、画社、茶社,通过定期活动,帮助学生呈现传统文化艺术,实现其"群达"语文内在素养的有效外显。

⑤活动视频制作平台。

成立活动视频制作小组,依托学校信息技术中心,让学生自主将在高中群达语文课程创新基地中的各项活动以视频形式记录下来,以此为素材,打造校园电视专题节目,让学生在多元的学习方式下得到综合提升。

4. 拟开发课程分类及课程名称

基地以"群达"为核心育人目标,基于现有国家课程资源进行创新开发,从"语言""思维""鉴赏""文化""写作"五个维度予以整合,搭设阅读、写作、交流平台,使语文课程"校本化"设计实体化、系统化、网络化、制度化、活动化,构建"群达"语文课程体系。

(1)必修课程。

对普通高中语文必修课程"语言积累、梳理与探究""整本书阅读与研讨""当代文化参与""跨媒介阅读与交流""实用性阅读与交流""思辨性阅读与表达""文学阅读与写作"进行整合,拟开发"语言群课程""思维群课程""鉴赏群课程""文化群课程""写作群课程",依托阅读、思维、写作、交流四大平台,落实课程目标,实现课程育人。

(2)选择性必修课程。

对普通高中语文选择性必修课程"语言积累、梳理与探究""整本书阅读与研讨""当代文化参与""跨媒介阅读与交流""中国现当代作家作品研习""中华传统文化经典研习""外国作家作品研习""科学与文化论著研习"进行整合,拟开设"中国现当代诗歌散文欣赏""中国经典文化研读""外国文化研读""语言文字运用""演讲与辩论"等多门课程,促进学生语文素养提升。

(3)选修课程。

在普通高中语文必修课程和选择性必修课程的基础上逐步延伸和深化,拟开设"先秦诸子选读""诗词与人生境界""文学名著导读""中国现当代作家作品专题研讨""中华传统文化专题研讨""跨文化专题研讨""学术论著专题研讨"等多门课程,促进学生语文素养提升。

5.尝试普通高中语文学习任务群下的学分制

必修课程,开设2个学期,8学分;选择性必修课程,开设2个学期,6学分;选修课程,开设2个学期,12学分。必修课程,每一个高中学生必须修习;选择性必修课程,学生根据个人需求与升学考试要求选择修习;选修课程供学生自由选择学习。

普通高中语文学习任务群的课程按学分计,安排大致如表1-1:

表1-1 普通高中语文学习任务群学分安排

学习任务群	学分安排		
	必修	选择性必修	选修
1.语言积累、梳理与探究	1	1	
2.整本书阅读与研讨	1		
3.当代文化参与	0.5		
4.跨媒介阅读与交流	0.5		
5.实用性阅读与交流	1		
6.思辨性阅读与表达	1.5		
7.文学阅读与写作	2.5		
8.中国革命传统作品研习		0.5	
9.中国现当代作家作品研习		0.5	
10.中华传统文化经典研习		2	
11.外国作家作品研习		1	
12.科学与文化论著研习		1	
13.汉字汉语专题研讨			2
14.中国现当代作家作品专题研讨			2
15.中华传统文化专题研讨			2
16.中国革命传统作品专题研讨			2
17.跨文化专题研讨			2
18.学术论著专题研讨			2
总计	8	6	12

第2、3、4项学习任务群贯穿必修、选择性必修和选修三个阶段。第2、3、4项在必修阶段安排学分,安排具体的学习任务;在选择性必修和选修阶段不专门安排学分,学习任务穿插在其他任务群和课外学习活动中。

6.培养具有"群达"教学理念和实践能力的教师群体,促进教师专业成长。

以"群达"语文课程教学转变教师的教学观念,让教师在探索的过程中学习新的教学理念,在实践中探索高效的"群达"教学策略,打造具有自己风格的"群达"教学课堂,提升自己的"群达"教学水平。

通过高中群达语文课程创新基地的建设,立足教研组建设在基地、教研活动开展在基地、成果应用在基地,以"在学习中转变,在实践中提升,在交流中发展"为基本思路,促进教师专业成长。

(三)基地创新点

1.基地建设目标直指育人

基地建设目标,是通过育人环境的营造、课程内容的重建、教与学方式的变革,努力提高学生的语文核心素养,并以此实现语文课程创新,培养学生"语言通达""思维通达""鉴赏通达""文化通达""写作通达"的能力。

2.构建独具特色的课程体系

以"学习任务群"为整合对象,以"群达"为终极目标,将必修课程、选择性必修课程、选修课程的内容按"语言群、思维群、鉴赏群、文化群、写作群"五大学习群予以重构,形成一个五维一体的课程体系(图1-8),五个群环环相扣,最终实现五维一体,素养通达。

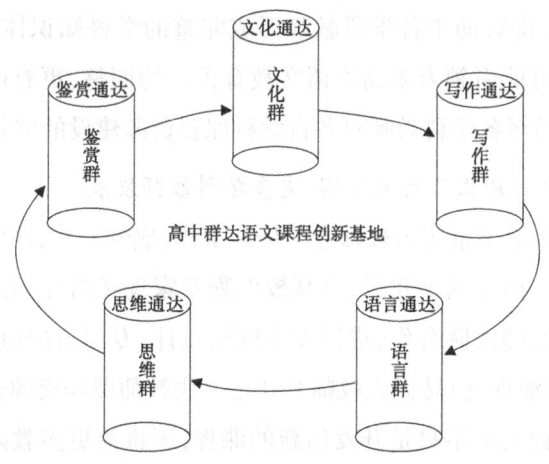

图1-8 高中群达语文课程创新基地课程互联图

3.学生主体地位更加凸显

五大学习群的构建,呈现了学生不同的学习方式和活动内容,并以教师主导、学生主体、学生探究研习和活动展示为主线,提升学生自主学习、团队合作、深入探究的能力,为学生全面发展奠定坚实基础,并将有利于学生学习效率的提升。

(四)基地效能分析

1.极大促进学生思维发展,帮助学生构建知识体系

高中群达语文课程创新基地的建设,依托浓郁育人环境、群达语文课程、多种活动展示,将挖掘出语文课程中的诸多思维元素和知识体系,让学生在环境浸润、课程研习、成果展示中,人文素养、思维品质得到极大提高,知识结构得到极大优化,有助于学生成长为一个个"语言通达、思维通达、鉴赏通达、文化通达、写作通达"的人。

2.点燃更多教师和更多学科教师参与课程创新的激情

高中群达语文课程创新基地构建的群达语文课程体系,以"群"为纲,以"语言通达""思维通达""鉴赏通达""文化通达""写作通达"为目的,以活动为主要载体,通过整合必修课程、选择性必修、选修课程来完成教学,教学内容的模型建构清楚,操作性强。这个以学习群为基础构建的创新课程体系,可以移植到其他学科,将有助于各学科教师形成完整的学科知识体系,拓宽知识领域。同时将有可能引领未来高中语文教育重心的调整,更有可能引发众多语文教育工作者乃至各学科教师对各自学科课程资源建设的创新激情。

3.示范引领作用促进更大范围、更多学科教师发展

学校已多次承担重庆市教师专项培训工作,成效显著,因此具备了丰富的教师培训经验。而本基地建设,有高校课程专家现场指导,有一线名师领军,有市区级骨干教师团队合作,进行专业框架设计,专门方向研究,专项资源开发,使成果不断涌现,极易促成教师尤其是一线教师课程资源开发素养的形成与提高。本课程基地不只是开发出新的课程,还将为更多教师尤其是重庆市语文教师搭建起观摩、发展、成长的平台,为培养更多优质教师发挥示范引领作用。

4."以群达人",培养出符合新时代发展要求的人才

2018年巴南中学申请建设高中群达语文课程创新基地,从过去的教育教学经验中,根据当前学生的发展,凝练出了群达核心理念。群达语文课程就是在学习任务群视域下进行的语文课程教学实践,主张"以群达人"。"群"是课程内容,"达"是课程评价,在主题引领下,使课程内容结构化和情境化,重视课程学习的量化,用"以终为始,评价先行"的理念,找到语文学习的"通达"之路。课程中融合了传统经典文化、责任文化和社会主义先进文化,力图在变革的当下能通过课程教学培养出符合新时代发展要求的人才。

第二章 群达语文课程的目标任务

群达语文课程是立足于新时代经济文化形势,立足于巴南中学当前发展,立足于教师和学生的实际教情、学情,进行的课程探索。新课程、新教材、新高考的背景下,专题化、专业化、系统化教学才能改变当前语文教学中内容泛化、随意化、碎片化的问题,任务驱动的方式能让学生在做中学,不断习得知识与技能,提升核心素养。

第一节 群达语文课程的建设目标

一、群达语文课程构建依据

(一)依据课标进行实践落地

高中语文课程教学的最终目的是让学生能够举一反三、触类旁通,实现语文知识能力的通达。群达语文课程教学是以"学习任务群"为课程内容组织形式,在任务型语言教学和项目化学习的基础上进行改进的教学方式。群达语文课程教学聚焦了真实情境下的学生语言实践活动,重点解决真实情境中的实际问题,在这一过程中培养学生的语文核心素养。

《普通高中语文课程标准(2017年版2020年修订)》把学习任务群作为语文课程内容,一共分为"整本书阅读与研讨""当代文化参与""跨媒介阅读与交流""语言积累、梳理与探究""汉字汉语专题研讨""文学阅读与写作""思辨性阅读与表达""实用性阅读与交流""中华传统文化经典研习""中国革命传统作品研习""中国现当代作家作品研习""外国作家作品研习""科学与文化论著研习""中华传统文化专题研讨""中国革命传统作品专题研讨""中国现当代作家作品专题研讨""跨文化专题研讨""学术论著专题研讨"十八个学习任务群。

十八个学习任务群分别分布在高中课程必修、选择性必修、选修三类课程中。普通高中语文学习任务群与核心素养的对应关系,以及普通高中语文课程结构与学分安排,基本情况如表2-1,表2-2:

表2-1　普通高中语文学习任务群归类

	核心素养	语文学习任务群
高中语文学习任务群	语言建构与运用	"语言积累、梳理与探究""实用性阅读与交流""汉字汉语专题研讨""跨媒介阅读与交流"
	思维发展与提升	"学术论著专题研讨""思辨性阅读与表达"
	审美鉴赏与创造	"文学阅读与写作""整本书阅读与研讨""中国现当代作家作品研习""外国作家作品研习""中国现当代作家作品专题研讨"
	文化传承与理解	"当代文化参与""中华传统文化经典研习""中国革命传统作品研习""科学与文化论著研习""中华传统文化专题研讨""中国革命传统作品专题研讨""跨文化专题研讨"

表2-2　普通高中语文课程结构及学分

必修(8学分)	选择性必修(6学分)	选修(任选)
整本书阅读与研讨(1学分)	(整本书阅读与研讨、当代文化参与、跨媒介阅读与交流在选择性必修和选修阶段不设学分,穿插在其他学习任务群中)	
当代文化参与(0.5学分)		
跨媒介阅读与交流(0.5学分)		
语文积累、梳理与探究(1学分)	语言积累、梳理与探究(1学分)	汉字汉语专题研讨(2学分)
文学阅读与写作(2.5学分)	中华传统文化经典研习(2学分)	中华传统文化专题研讨(2学分)
	中国革命传统作品研习(0.5学分)	中国革命传统作品专题研讨(2学分)
思辨性阅读与表达(1.5学分)	中国现当代作家作品研习(0.5学分)	中国现当代作家作品专题研讨(2学分)
	外国作家作品研习(1学分)	跨文化专题研讨(2学分)
实用性阅读与交流(1学分)	科学与文化论著研习(1学分)	学术论著专题研讨(2学分)

通过对表2-1进行分析,可以发现任务群都是围绕核心素养展开的,是对核心素养的拓展。《普通高中语文课程标准(2017年版2020年修订)》在"课程

资源的利用与开发"中提出要"增强语文课程资源共建的意识",要"认真分析本地和本校的资源特点,充分利用已有的资源,积极开发潜在的资源",从课标中还可以看出,其希望地方各学校能利用地方资源,立足校情进行语文课程改革。群达语文课程就是在《普通高中语文课程标准(2017年版2020年修订)》要求的基础上,对语文的十八个学习任务群进行了优化。从表2-2课程结构与学分安排中,可以发现十八个学习任务群从必修到选择性必修到选修具有层次性,但是在实际操作中,由于十八个学习任务群中的部分任务群之间的差距比较小,教师操作时容易混淆。《普通高中语文课程标准(2017年版2020年修订)》鼓励语文教师"发挥自身的潜力,参与到必修课程和选修课程的建设,积极利用与开发各种课程资源",因此群达语文课程就对课标要求下的十八个学习任务群进行了重组,并且根据学校实际增加了写作群,形成如下课程体系(见图2-1):

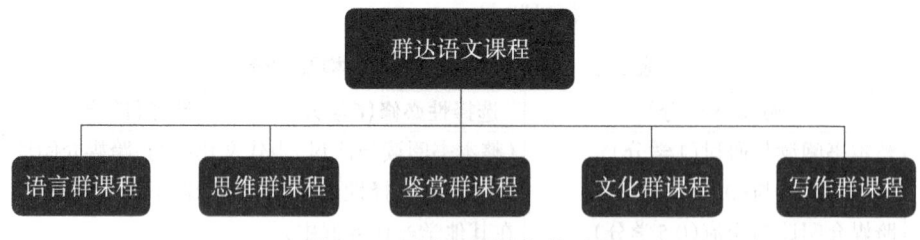

图2-1 群达语文课程体系图

十八个任务群围绕核心素养展开,所以语言群、思维群、鉴赏群、文化群和写作群都是在课标的基础上进行建构的,旨在将语文核心素养扎根于每一个学生的心中。

(二)依据校情、学情进行开拓创新

写作是学生学习的难点,根据巴南中学高中各年级多次考试的数据,发现学生的写作存在写作模式套路化、证明观点空洞化、材料运用普遍化、文体类型单一化等问题。写作语言"小文人"化,不切合真实情形,不紧扣写作情境,一味堆砌名人名言等也是学生写作的普遍情况。

写作是评价语文表达能力最重要的方式之一,所以群达语文课程将写作专门组群,并非脱离阅读谈写作,而是从写作序列的角度融合经典作品中的写作技巧，对学生进行专题化的训练。进行任务群教学是为了引导学生处理复杂情境中的真实问题，而写作是可以运用到多个情境中的一大手段，写作群的单列是为了让学生能抓住高中阶段语文学习的重点，同时，写作群也用设置任务的方式促进学生主动写作，爱上写作。

二、群达语文课程的特征及目标

(一)群达语文课程特征

群达语文课程以"群达"为核心理念，从语言群、思维群、鉴赏群、文化群、写作群五个维度予以整合，使语文课程校本化，做到主体突出，内容活动化。总的来说有以下几大特征。

1. 系统性

综合高中三个年级的学生特点，群达语文课程明确了必修、选择性必修和选修课程的内容，设计开展了序列化的群课程，让五大群与群课程互相渗透互相补充。不仅如此，还补充了选修课程以外学校组织的学科性和综合性的活动，这又成为学生语文学习实践的阵地。

2. 层次性

层次性是结构化的一种，群达语文课程研判了学生的学情，针对不同阶段的学生，设立从易到难的课程内容。一个课程内部也有一定的层次性，任务和任务之间形成或并列或递进或螺旋上升的层次样态。

3. 适应性

改变一直以来以单篇为主的教学，群达语文课程围绕主题，设置符合学生心理年龄和兴趣所在的课程。所设计的课程着力关注学生的身心特点，让学生愿意学，主动学，快乐学。同时还注重高中学生善于思考的特点，以专题研究和探究性学习的方式促进学生主动学习。

4. 生成性

群达的"群"是指一种课程内容组织形式，"达"则体现了通过群的组织形式促成的迁移。群达语文课程的设计力图以劣构的问题，引导学生多形式、多途径地完成任务，并以多形式的结果来展现群达的生成性。

(二)群达语文课程目标

1. 总目标

群达语文课程包括"语言群、思维群、鉴赏群、文化群、写作群"五大群课程体系,整体上围绕语文核心素养,强化语文核心素养对学生的作用,同时又紧扣学生学习的重点和难点,有针对性地解决学生的学习问题。群达语文课程的总目标与基地建设总目标相同,即对语文课程资源中"群"元素进行整合,探索学生实现"达"的路径,把学生培养成一个个具有"群达"特质的人。

2. 具体目标

课程建设目标:建立群达语文课程目标,从"语言、思维、鉴赏、文化、写作"等方面建立课程目标体系。

教师目标:提升教师语文教学的建构能力,语文课程资源的开发能力以及教学的内驱力。

学生目标:提高学生的语言能力、思维能力、鉴赏能力、写作能力和文化自信力。

课堂目标:改变教师主宰课堂的局面,在课堂上让学生以任务驱动为导向,以学习项目为载体进行学习。同时整合学习情境、学习内容、学习方法和学习资源,引导学生在运用语言的过程中提升语文核心素养。

3. 目标分析

从教师角度看,群达语文课程为年轻教师搭建了成长展示平台,培养了教师们的课程开发和课程研究能力。从学生角度看,群达课程整体围绕提升核心素养,依据主题组织学习内容,创设学习情境激发学生的参与热情,使学生在真实的情境体验中进行语言实践活动的系列课程。为学生营造了愿意学的环境,使学生学会了学的方法,并提供了学习创新的平台。

三、群达语文课程结构及内容

在研判学校实际情况,研究国家课程、地方课程的基础上,基地立足语文学科实际开发了五大群课程,包括语言群课程、思维群课程、鉴赏群课程、文化群课程和写作群课程。五大群课程里都有课程目标、课程结构、课程内容和课程评价。如图2-2:

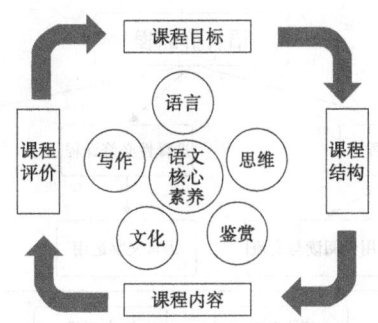

图2-2　群达语文课程设计示意图

群达语文课程内容围绕五大群课程又形成由必修课程、选择性必修课程和选修课程组成的课程体系。

1. 必修课程

将普通高中必修课程内容"语言积累、梳理与探究""整本书阅读与研讨""当代文化参与""跨媒介阅读与交流""实用性阅读与交流""思辨性阅读与表达""文学阅读与写作"进行整合，分别整合到语言、思维、鉴赏、文化和写作五大群课程的必修课程中。

2. 选择性必修课程

将普通高中语文选择性必修内容"语言积累、梳理与探究""中华传统文化经典研习""中国革命传统作品研习""中国现当代作家作品研习""外国作家作品研习""科学与文化论著研习"进行整合，分别整合到语言、思维、鉴赏、文化和写作五大群课程中的选择性必修课程中。

3. 选修课程

将普通高中语文中的选修内容"汉字汉语专题研讨""中华传统文化专题研讨""中国革命传统作品专题研讨""中国现当代作家作品专题研讨""跨文化专题研讨""学术论著专题研讨"进行整合，用具体的主题形成"汉字运用专题实践""先秦诸子选读""文学名著导读""学术论著专题研讨"等专题学习课程。

五大群课程结构与部分课程内容，如图2-3，图2-4，图2-5，图2-6，图2-7所示：

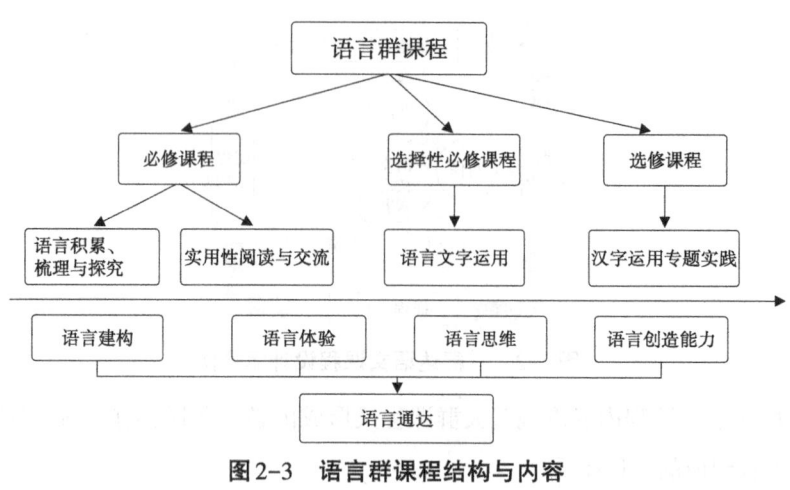

图2-3　语言群课程结构与内容

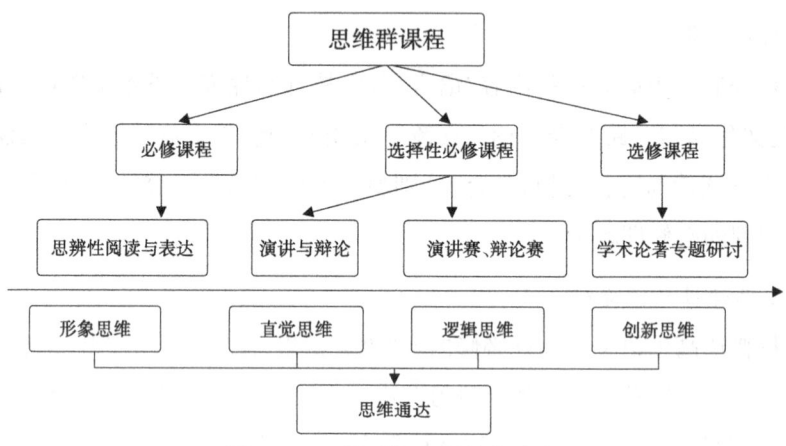

图2-4　思维群课程结构与内容

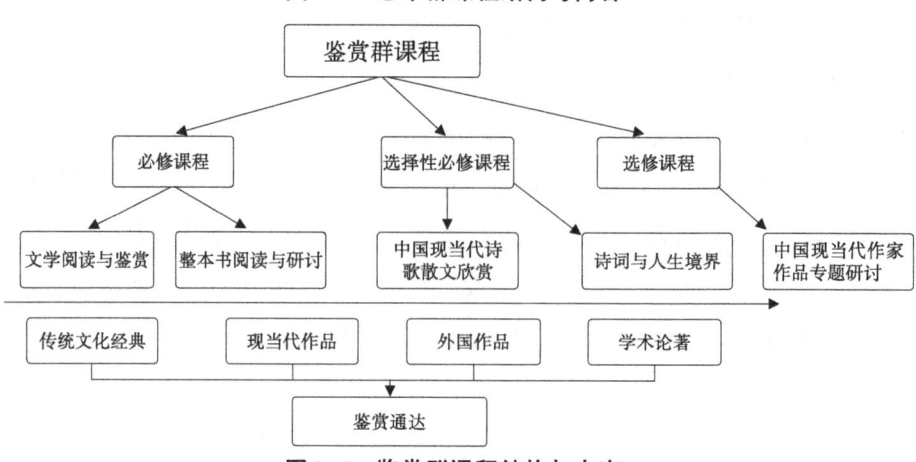

图2-5　鉴赏群课程结构与内容

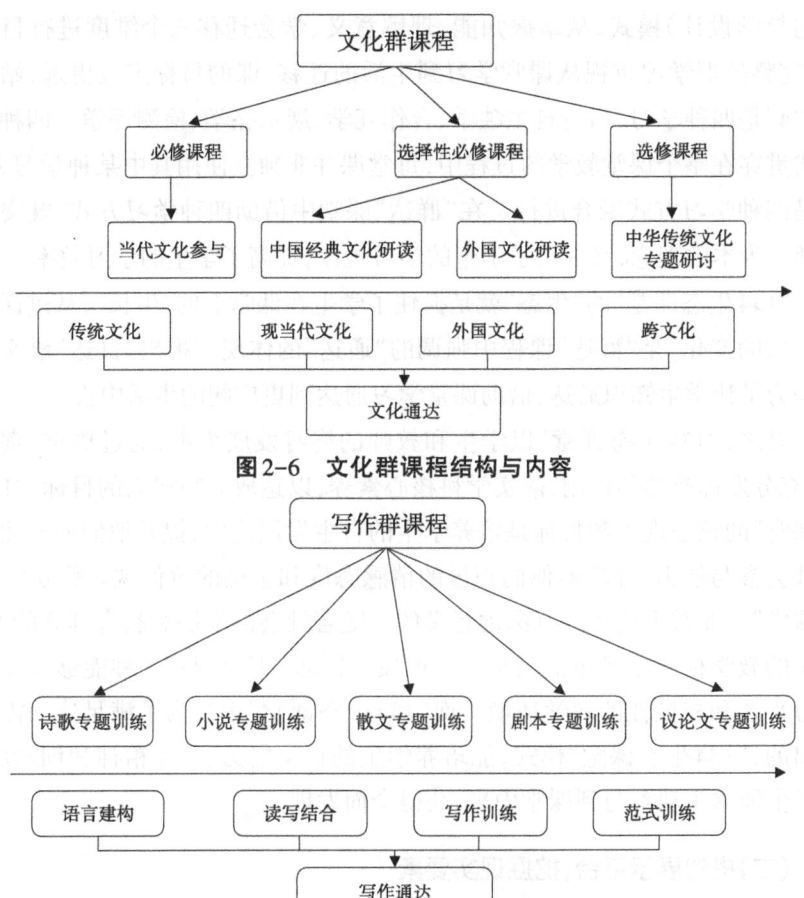

图 2-6　文化群课程结构与内容

图 2-7　写作群课程结构与内容

四、群达语文课程的实践和平台的搭建

(一)推进课程实施,实践课堂模式

课堂是实施群达语文课程的主要阵地,群达语文课程实践主体是学生,目标直指育人。"134生态课堂"模式是群达语文教学实施的载体。"134生态课堂"的"1"是一种理念,即"以人为本",这里的人不仅包含了学生,还包含了老师,通过课堂实践突出群达语文课程学生的主体地位,也突出老师的主导地位。"3"指核心素养的三个方面,包括"文化基础""自主发展""社会参与"。从课堂实践角度,群达语文课程的课堂将借鉴UbD(Understanding by Design,追求理

解的教学设计)模式,从掌握知能、理解意义、学会迁移三个维度进行目标拟定,完整的群学习重视从课堂学习到生活的迁移,课的目标定位更远,站位更高。"4"是四种学习方式:自主独学、合作互学、展示亮学、检测评学。四种学习方式贯穿在整个课堂教学的过程中,每堂课并非独立使用其中某种学习方式,而是四种学习方式融合进行。在"群达"课堂中借助四种学习方式,既突出了以学生为本的理念,又尊重了学生的学习规律,提高了学生的学习效率。

"134生态课堂"的"生态"就是抓住了学生在课堂上的"生长",从进课堂到出课堂的变化,是"群达"课程中强调的"通达"的体现。推出"群达"语文课程就是为了让学生知识通达,借助课堂学习通达到更广阔的生活中去。

总之,"134生态课堂"以学生和教师的终身发展为本,通过尊重、赏识学生,充分发挥教师的作用,落实学科核心素养,以达成立德树人的目标。"134生态课堂"的核心理念和目标是培养学生的自主发展能力,提升他们的文化基础和社会参与能力,并培养他们积极的情感态度和正确的价值观。构建"134生态课堂"是非常重要且具有深远意义的。随着社会的发展和教育理念的变革,传统的教学模式已经不能满足学生的发展需求,需要构建一种能够激发学生学习兴趣和积极性的教学环境。而"134生态课堂"正是为了满足这一需求而提出的,"134生态课堂"模式,能培养学生的自主能力、合作精神和创新思维,使学生能够主动参与到课堂中来,获得全面发展。

(二)搭建展示平台,挖掘现实要素

群达语文课程不仅摸索实践了课堂模式,还在课程本身的指导下,开办了文学社、书法社、陶艺社、剪纸社、器乐社、篆刻社等社团。群达语文课程指导下的文学社主办校刊《墨韵》,开辟多个写作板块,鼓励学生投稿。投稿稿件以学生的平时创作为主,体裁不限。群达语文课程的指向是素养通达,由此及彼,从课堂内到课堂外,从学科内到跨学科,从课本中到现实中,才能真正体现通达。

五、创新型教师队伍的培养

教师团队是推动学校发展的根本,高中群达语文课程创新基地的建设就是为了培养更多更优秀的教师,就是让优秀的教师推动学校发展。为了发挥优秀教师的引领力量,激发年轻教师的奋斗意识,驱动教师内在学习动力,学校制订了一系列鼓励的措施。

(一)调动教师参与学校管理

参与学校管理既是教师的基本权利,也是对教师人生价值的尊重。要发挥教师的聪明才智,就要运用管理智慧,引导他们参与学校管理,彰显其主人翁的责任意识,这样才能实现学校管理的全员化,带来教师个人的成功和学校管理的效益。马斯洛总结了人的五种基本需要:生理需要、安全需要、社交需要、尊重需要和自我实现需要,其中尊重需要和自我实现需要是非常重要的。让教师参与学校管理就是学校尊重教师,让教师完成自我实现的重要部分。同时,让教师参与到学校管理中来,让他们感受到学校就是教师的归属,教师就会对学校有责任感。

(二)为教师尤其是青年教师的发展搭建平台

为了推动群达语文课程的实施,让群达语文课堂教学模式落地,学校开展了青年教师现场赛课、说课、评课比赛,在"赛、说、评"等活动中,教师们主动发现问题、思考问题、解决问题,大幅提升了专业水平。学校推荐教师参加区级赛课活动,让青年教师走出学校,着力培养有潜质的青年教师参加市级赛课,给青年教师搭建更高的成长平台,促使他们的内驱力提升,从而带动其他教师的成长。

除了在课堂上磨砺以外,学校还鼓励教师们加入名师工作室,参加市区级的经验交流活动。我校多名老师在各种平台上进行教育教学经验分享,在经验分享中不断提升个人能力。不仅如此,课程基地还要促进教师专业成长,培养教师的作品意识,激发教师内在动力。通过打造作品,教师可以看到自身的成长足迹和辛勤耕耘的成果,教师的教学设计、反思、读书感悟,参加各级各类比赛、辅导学生获奖等作品由教科室统一搜集,集中展示。教科室还为教师提供平台帮助,唤起教师的发展动力。

(三)组织教师学习培训

学校为更新课程内容,提升课堂效果,每年都有安排不同学科、不同年龄段的教师外出学习培训的计划,学习培训可开阔教师的视野,更新教师的教育教学观念,让教师学会客观地分析自身和自我定位,对自己的职业生涯有一个长远的规划。教师在不断成长中发自内心地感受到,学习培训是学校给他们的最好福利。

(四)加强骨干教师的示范引领作用,带动全体教师共同进步、共同成长

学校形成金字塔式的四个阶梯骨干教师队伍:校级骨干教师、区级骨干教师、市级骨干教师和国家级骨干教师。制定考核量表,充分调动骨干教师的示范引领作用,使其在教研组、年级组中发挥骨干优势,并结对帮扶年轻教师,在教研组、年级组中形成良好互助、良性竞争的风气,不断提升教师团队竞争力。

(五)开展"厚底蕴、强素质"的教师活动

以"三会"活动为基础,提升教师专业水平。教师"三会"是指会备课、会上课、会研究。每学期开展"会备课"展示活动,发挥教研组和备课组在教师备课方面的指导和锻炼作用;每学年开展"会上课"活动,组织各级骨干教师引领课,青年教师汇报课,非骨干教师研讨课;每学年开展的教学活动与每位教师的研究课题相结合,重视工作总结的提炼和深化,使教师们"会研究"。

开展读书活动,引导教师读书。学校把每年六月和十一月定位为教师读书月,为每位教师提供一本书,并开展以读此书为主题的读书交流活动。以举办教师读书论坛、开展教师读书感悟展评活动、写读书心得等形式,从外部入手提升教师专业发展内驱力。

第二节 群达语文课程的建设任务

一、制定群达语文课程建设方案

(一)建设之初的实施方案

重庆市巴南中学校
高中群达语文课程创新基地实施方案

为了加快我校申报的高中群达语文课程创新基地的建设,不断提高我校语文教师的专业素养和文化素养,进而推动其他学科的建设,提升学校的地位和形象,特制定本实施方案。

1.成立工作领导小组。

组长:张礼(校长)

下设办公室,办公室主任:王文忠

组员:谭庆仙、刘皓琳、朱美玲、黄丽华、杨洪利、陈娟、张燕、罗玉婷、马晓红等语文组全体教师

2.责任分工。

张礼:负责基地创建的全面领导工作。

王文忠:负责基地创建的统筹、规划、布局等具体工作。

陈娟、马晓红:负责文化群的建设工作。

刘皓琳、罗玉婷:负责思维群的建设工作。

谭庆仙、杨洪利:负责写作群的建设工作。

黄丽华、张燕:负责鉴赏群的建设工作。

3.硬件设施。

(1)建议配置多间大教室和一间办公室,包括不限于学生体验中心、阅览室、跨学科课程融合教室。

(2)大教室配备影像设备、无线话筒,供学生五个学习群(语言群、思维群、鉴赏群、文化群、写作群)学习使用。

(3)大教室配备木制书架,放置在教室的后面,供学生进行群文阅读、整本书阅读使用。

(4)大教室均安装多媒体设备,便于教师的教学。其中智慧教室配置50台平板电脑,便于学生在网上学习我们建构的五个学习群的资源。

(5)小办公室配置:电脑、打印机、桌、凳等。

4.建设目标。

(1)2018年4月26日,召开语文组全体教师会,王文忠解读"高中群达语文课程创新基地"相关文件。

(2)2018年5月24日,召开相关人员工作会,并向校长汇报基地构型设想和建设目标。

(3)2018年5月26日至10月31日,各小组初步提供相关资料,包括视频资料。

(4)2018年10月,外出学习借鉴其他学校的课程基地建设。

(5)2019年年底,在巴南区开放我校的高中群达语文课程创新基地。

(6)2020年年底,向全市开放。

(7)2023年,准备相关资料,迎接市教委验收,争取评上优秀等级。

(二)建设中的基地建设规划与工作要求

重庆市巴南中学校

高中群达语文课程创新基地建设规划及工作要求

1.工作思路。

(1)成立高中群达语文课程创新基地机构组织,该组织由领导小组、专家小组、全体语文教师等组成,有序地指导、开展基地建设各项活动。

(2)以学科基地为平台,在新课程、新教材、新高考的"三新"背景下进一步推进语文学科教育教学改革,及时了解并解决在新课程改革中出现的实际问题,从而快速地推进教师教学业务的成长。

(3)立足课堂教学,以课题为引领,以基地为平台,开展语文课堂教学研究,在示范课、合格课、献课、研究课等多种课堂形式中展开课堂研究,提高教学质量。

(4)参加市区级各类培训,鼓励教师进行课堂教学反思,撰写教学小论文,促进教师专业素质提高。将教学反思作为课堂教学研究的切入点,教学反思内容主要围绕教学策略与教学目标的达成来展开,鼓励教师以小课题的形式进行实际研究;教学小论文的撰写,使科学的课堂教学研究更加深入。

2.明确工作职责。

领导小组工作职责:全面统领基地建设的各项工作;把握基地建设的方向;把关基地经费的使用;负责重大事项、重大决议的决定。

专家小组工作职责:对基地研究的质量负责和把关,带领参与基地建设的人员在基地建设研究的理论基础、创新意义、价值等方面进行研究;参与解决研究过程中出现的某些问题或障碍;贡献智慧,全面指导、参与基地建设的各项研究。

主持人工作职责:负责或参与基地申报、验收工作;全面负责基地及课题研究过程中的人员分工与管理。

基地统筹小组工作职责:完善基地建设的研究方案,不断收集材料,做好书面材料的整理、汇总;制订研究计划,撰写成果报告;带头端正科研动机,不谋名利,协调好基地内部及其他联络人员的关系;积极开展各种学习交流活动,宣传、推广课题研究的成果。

课题组参研成员工作职责:在领导小组指导下,内化群达语文课程理念,努力提高综合实践活动实效,发挥语文学科教学的示范引领作用。结合学校所具有的丰富教育资源这一优势,围绕综合实践活动课题研究的成果,落实课程的常态化。通过开设针对某一资源的研究课、观摩课等形式,教研组内共同讨论,各抒己见,群策群力,达成共识,最终形成教学研究心得、教学案例,为推动全市学科教学起到基地的示范辐射作用。

巴南中学高中群达语文课程创新基地全体人员构成。

领导小组。

组　长:张礼(校长)。

副组长:补晓钦、伍文科、杨敏、鲜思炎。

工作小组(包括主持人、基地统筹小组、课题组参研成员)。

组长:张礼。

副组长:刘皓琳、谭庆仙。

组员:陈娟、邓婧、朱美玲、赵伟丽、罗玉婷、张燕、杨洪利、谭硕、陈权文、黄丽华、梁大伟、张书玉等全体语文教师。

专家小组。

范蔚,教授,西南大学。

左福生,副教授,重庆师范大学。

钱金涛,教研员,重庆市教育科学研究院。

张传书,研究员,重庆市南岸区教师进修校。

李奇生,教研员,重庆市巴南区教师进修学院。

二、推动群达语文课堂教学变革

群达语文课程,以"群"为基本特征,以"达"为评价标准,指向课程实践的过程与结果。而课程实践的主要方式就是课堂教学,前文已经详细介绍了群达语文的课堂实践模式——"134生态课堂"。群达语文课程的落地,从课程的角度丰富了"134生态课堂"的内涵,"134生态课堂"关注学习的目标和学习的方式,而群达语文课程又丰富了"134生态课堂"的内容和评价。

(一)聚焦单元核心知识,提升课堂的有效性

大概念是单元教学的核心,《普通高中语文课程标准(2017年版2020年修订)》中提到"进一步精选了学科内容,重视以学科大概念为核心,使课程内容结构化,以主题为引领,使课程内容情境化,促进学科核心素养的落实"。因为教材和教师用书中都没有明确语文学科的大概念,对于学校教师来讲单元核心知识相比于大概念更容易操作,单元核心知识就是大概念的具体化,因此群达语文课程重视单元的核心知识,在单元内部建构起结构化的知识网络,力避过去"碎片化"的教学,以单元整体为核心。

以单元核心知识作为教学内容,让课堂教学更聚焦。如高中必修下册第六单元是高中的小说单元,"小说通过虚构的人物形象与故事情节反映社会生活,描摹人情世态,表达对人生的思索",本单元核心知识包含"小说的视点""小说的视角""小说的环境",通过视点明确小说情节,通过视角展现小说人物形象,通过小说环境来展现小说主题。群达语文课堂借助明晰的单元核心知识,让课堂教学聚焦到单元核心知识的突破,提升了课堂教学的效率。

(二)立足于"群",明确课堂的内容

"群"是学习任务群,以任务群的形式组织课堂,让教材单元变成完整的学习单元。在新课标实行之前,语文课的主流实施方式是单篇教学,虽然群文阅读也开始在教学中进行尝试,但实践范围较小。群文阅读是以议题为核心,通过比较、分析、整合完成议题知识体系建构,这就为大单元、任务群的推进提供了方法性。

学习任务群教学注重从事实性知识走向策略性知识。单篇课文学习有助于深入分析文本,能字斟句酌品味语言,但单个文本难以彰显文章的规律性内容。学习任务群的群即将单篇课文放在单元里进行思考,如高中必修下册第二单元以戏剧为学习内容,通过阅读鉴赏、选择编排等活动,除了学习戏剧的内容外,还重视鉴赏戏剧的语言特点、戏剧的主题选择,从读剧本走向写剧本,让学生从中获得可迁移的戏剧策略性知识。

学习任务群教学从以教师的教为中心走向以学生的学为中心。传统的教学讲究学以致用,新课标强调学生用以致学。仍以高中必修下第二单元为例,

巴南中学每年都会举行课本剧展演活动,为了参加活动,学生会通过学习第二单元的剧本完成展演。因此以用为主的学习更强调学生的自主性,群的目的就是以任务驱动学生真正在"做中学"。

(三)达成"教—学—评"一致,强调课堂的评价性

语文课堂一直以来存在着大化、泛化、非专业化的问题,究其原因,是语文学科的专业知识界定不清楚,从而造成了评价随意化、模糊化的问题。学习任务群教学强调"教—学—评"的一致性,群达语文课程重视教学后的评价。学生知识通达是对群达语文课堂的最终衡量标准。

语言群就强调语言的通达,思维群就强调思维的通达,所以"教—学—评"必须一致。教什么学什么就评什么,是群达语文课堂的基本要求。课堂的评价为学提供了方向,教为学提供了强有力的支撑。这样三位一体的课堂,才能真正避免语文教学出现大化、泛化、非专业化的问题。

三、搭建群达语文教学资源平台

当前我们处于信息爆炸的时代,只要能合理运用搜索引擎,需要的知识就能迅速获得。教师不再是曾经那个知识权威者、知识传授者。学生在网络上了解到的信息并不比教师少,那么学生还需要到学校学习什么,语文课程需要给学生什么内容呢?从当前学生实际来看,学生虽然能获取自己想要的知识,但是,没有经过筛选的知识,杂乱无章,学生选取的内容往往只是吸引眼球的信息。从信息获取的途径来看,从过去的阅读网页文字为主要方法变成了通过音频、视频获取信息为主要方法,而视频、音频内容大多属于二次加工,带有加工者的个人倾向,有一定的导向作用,学生在筛选信息时会或多或少地受到作者倾向的影响,而这种影响有积极的也有消极的。因此,学生需要的是筛选信息、甄别信息、分析信息、整合信息的能力,这也是语文课程应该教给学生的学习内容。搭建合理的资源平台,能帮助学生挑选合适的资源,提升学习效率。

(一)网络资源库

当前网络资源存在资源虽多但没有系统性的问题,且学生教师能用到的资源有限,大多数资源是需要付费的。从教学资源来看,开通主流平台,为师生提供学习资源是一个趋势。自疫情后,网络教育平台兴起,中小学网络云平台、可汗学院等都为师生提供了丰富的学习资源。我校统一下载、录制、剪辑相关的视频、音频,作为学科学习资源,制作网络资源库,帮助学生完成信息筛选。同时也引导学生在知网、国家图书馆、重庆图书馆等正规学术资源平台了解学习方式,教会学生在正规的网站上寻找学习资源。

除了学习资源的筛选,我校也重视网络资源的开发。我校教师根据学校学生学情进行作业设计,完成统一的课后作业本设计,并让学生进行了学科活动探究。

目前,我校开通了菁优网、第二教育网、学科网等网站的服务,给学生提供学习和评价资源。这些资源让学校师生能高效关注各省市的试题变化,并了解各省市的评价变化。

(二)打造学生展示平台

网络平台可促进学生学习交流。在"互联网+"时代,学生生活无法避免使用网络,而正确运用网络是教师们当下应当教会学生的重要技能。群达语文课程根据时代需要,建立起课程资源库,对五大群的核心知识进行分解后,形成五大群的学习资源包。如语言文字建构方面,建构文字、语法资源包,学生就可以在学校的资源平台上学习到自己需要的知识。

学生需要的不仅是内化的知识,还有外显的表达。学校引进朗读亭,运用优谷朗读平台举行朗读、朗诵比赛。还利用钉钉群、微信公众号等平台展示学生的学习成果,学生也可以在平台上发表自己的学习心得。

平台的开发,能让学生在更多的地方展现自己,学生也能在平台展示的过程中获得学习自信心。

四、群达语文课程的评价

群达语文课程重视"教—学—评"一致性,"从核心素养出发,强调学生体验学的过程和学会的结果,即在真实情境中用知识解决问题,不仅关注真实情境中的学会,而且鼓励学生能动地、自主地学会,强化学生的主体地位"[①]。

群达语文课程特别强调评价对于课程的作用,课程的实施效果可以用评价进行量化,评价与目标和学习内容保持一致,才能检测课程的有效性。单一的评价不能精准地分析课程效果,群达语文课程强调评价主体的多元,评价内容的丰富,评价方式的多样,真正做到用通达检测群的效果。

(一)多元的评价主体

群达语文课程突出学生的主体地位,《义务教育语文课程标准(2022年版)》要求"凸显学生主体地位,关注学生个性化、多样化的学习和发展需求",所以群达语文课程在实施中特别重视学生间的评价。可以是学生自己对自己的学习评价,可以是学习合作者之间的互相评价,可以是学习竞争者之间的评价,让学生学会评价能引导学生学会反思,取得进步。

(二)丰富的评价内容

群达语文课程的评价内容,不仅仅指向最终学习结果,还特别重视整个学习过程中学生的参与度、积极性,在语文课程开展之前,对学生的学习能力进行前测,用过程和后测的学习结果与前测进行对比。评价即学习,评价也是学习的过程。

(三)多样的评价方式

群达语文课程的评价方式是多样的,除了常见的量表、口头评价外,还有调查问卷、学习日志等多种方式的评价。

[①] 雷浩.基于核心素养的"教—学—评"一致性探讨[J].课程·教材·教法,2023,43(10):43.

第三章　群达语文课程的保障措施

巴南中学为了配合和完善高中群达语文课程创新基地的建设，建立了一系列基地管理制度，从课堂管理、教学常规、教师队伍、教育科研等方面进行了全方位的组织。这些管理制度以基地成员为基础，扩散至整个学校，形成了以基地课程管理制度为核心的科学教育管理制度。

第一节　管理制度和评价制度

群达语文课堂建设管理与评价制度

一、课堂学期计划制订

1.认真研读课标、教材。

2.注重学情分析。

3.规范学期教学计划。制订学年、学期计划，把课程标准的要求落实到学年计划和学期计划以及各个单元的教学之中。

二、备课活动

1.撰写单元教学方案。确定单元预期目标，明确基本问题，合理安排课段与课时。

2.提前撰写课时教案（导学案）。基于课程标准、教学内容和单元安排、学情水平，确定合理的目标。收集能达成目标的评估证据。设计能实现教学目标的活动，保证"教—学—评"一致性。

三、课堂活动

（一）课前准备

1.预备铃（提前2分钟）与学生同步进教室。

2.资料提醒。提前2分钟让学生进入教室后，安排科代表或自行提醒学生准备好当堂课的学习资料和学习用具（例如教材、教辅、笔记本、草稿纸）。

(二)课中行为

1. 学生学习活动。

①落实核心素养。学习活动的开展应基于课标和教材,这有助于学生语言能力的培养、文化意识的渗透、思维品质的发展和学习能力的提升。

②注重及时反馈。在教学过程中需对学习活动进行及时反馈,激发和保持学生的学习兴趣和自信心,将评价渗透在日常教学活动中。

2. 创设学习情境。情境有生活真实场景、个人体验场景和学科认知场景。要真实,要有思考性。

3. 开展教学活动。

活动指向明确。将教学目标具体分解和落实到教学活动中,使每一个教学活动都有针对性,并始终服务于教学目标,从而提高课堂教学效益。

科学实施活动。教学活动应有连贯性和层次性,各活动之间应有内在逻辑联系,活动的开展应符合循序渐进、由浅入深、层层递进的认知规律。

4. 课堂巡视。帮助学生保持专注,及时发现学生存在的问题,保持一定频率的巡视。

5. 学生学习状态提醒。密切关注学生听课状态,通过言语和动作的形式例如点名、拍肩、敲桌子等及时纠正学生的听姿、写姿、坐姿。

6. 优化课堂练习。练习内容有效,练习形式多样,练习设计分层,练习任务适量。

7. 注重课堂总结。利用思维导图(mind map)、图形组织器(graphic organizer)等工具提炼课堂精华,将隐含的、碎片化的知识以可见的方式展现,多维度、多形式、有深度地指导学生对课堂重难点加以梳理,使所学知识系统化、条理化、结构化。鼓励自主总结。结合课堂内容,发挥学生的主观能动性,鼓励学生主动思考、总结,教师适时给予点拨引导,切实加深对课堂内容的理解,帮助学生建构体系性知识,发展学生自主学习能力。提升综合能力。鼓励学生带着疑问走出课堂,让学生灵活运用所学语言知识、技能、策略,通过信息查阅、自我反思、互动交流等形式,参与实践,继续探究,提升用语言解决问题的能力。

(三)课后活动

1. 课后总结。

简要总结和强调当堂课的重点知识,加强学生对知识点的理解。

2.作业布置。

规范作业设计。作业时间可控;作业内容科学;作业形式多样,兼顾书面作业和非书面作业,书面作业可布置与教学匹配的练习、思维导图制作、课外阅读等;作业设计分层。

3.作业收集。

教师对作业要及时进行检查批改,了解学生对今日教学内容的掌握情况,以便调整自己的备课安排或将从中发现的问题涉及的知识点进行针对性讲解。批改形式可多样化。

4.作业评讲。

作业及时评讲,评讲方式高效。

5.预习的布置与检查。

提前一天布置学科预习任务。给出预习的建议时长,引导和帮助学生养成高效学习的习惯。也可带着学生预习,或每次随机抽查,提前进教室随机抽几位学生回答问题,或者整班检查。在抽查或检查过程中,重点关注学生提出的问题,以及学生是否有重点勾画、批注等。

6.复习布置与检查。

当堂课结束后布置当日学习任务或安排科代表布置,需给出复习的建议时长,引导和帮助学生养成高效的学习习惯。

利用相应的练习题检验学生复习情况,再次了解学生对知识点的掌握情况。也可累计检查多次复习任务,通过制成试卷测试等方式,检查学生近期的复习情况。

7.错题整理布置、检查。

使用错题本复习是学生重要且有效的复习途径之一,帮助学生建立定期进行错题整理的意识,明确要求学科专用错题本的配备,设定好每周的错题整理量和错题整理格式,例如备注错题来源、出错原因、考查的知识点、解题思路和留空白重做空间等。

为保证学生错题整理的质量,可以以重讲或重做的方式来检查和定期检查(两周一次)。

8.笔记整理任务布置和检查。

根据学科特点,要求学生做学科笔记。记录载体可以是教材、笔记本,向学生明确记录格式,推荐使用康奈尔笔记法。定期检查或抽查学生的笔记整理,检查内容包括学生笔记内容量,记录格式是否清晰,是否便于复习等。

四、评价制度

1.强化独立教学反思。

从教学任务的完成情况、教学效果以及学生的学习状态等方面进行反思,并提出整改措施。教学反思包括教案优化、教学后记、反思日志、学期总结、读书感悟、学术论文等各种形式。

教师能根据自身发展需要选择学习内容和学习方式,定期学习教育政策法规、教育理论和课程标准及学科专业知识,关注教育教学的前沿理论与方法,科学解决教育教学实践中的实际问题,促进自身专业化发展,提升社会责任感、创新精神和教育教学实践能力。

2.优化互助反思。

以我校高中群达语文课程创新基地为中心,鼓励老师们进行校本研修,规范教研活动。按照教研组(备课组)发展规划,定期开展基于问题解决的主题式教研活动,活动设计兼顾理论研修与课例展示。每次活动须有中心发言人,并由教师轮流担任活动主讲。做好活动记录与反思。教师应经常与身边的同行分享自己的教学经验和体会,提出遇到的困难及难题,讨论某个操作环节的细节,分享执教体验和收获等;健全听评课制度;开展课题研究。

3.加强课堂评价。

遵循评价原则。课堂教学中教师的评价应指向培养学生综合语言运用能力和发展学生学科核心素养;评价应体现出与学习目标、学习行为的一致性;评价应具有具体性、准确性和激励性,实现以评促学。

实现多维评价。课堂教学的评价方式多种多样,可以是口头的或书面的。口头评价应以鼓励为主。书面评价如家庭作业评定、课外活动点评等,多为书面反馈。

把握评价尺度。课堂评价要简练、明确、具体。注重评价的实效性,避免评价流于形式,使评价起到反哺学习活动的作用。控制评价频率,避免使用过于烦琐的评价程序,延误课堂教学任务的完成。

群达语文教学常规管理制度

一、具体要求

1.学校非毕业年级的任课教师备课必须写到学校统一配发的备课本上,毕业年级的教师可以详细备到复习资料(学生用书)上,有新课教学任务的毕业年级教师完成新课教学时要求写教案到备课本上。

2.原则上一课时一个教案。教学工龄在5年内(含5年)的教师必须写详案(备课过程中要写好课题,教学目的与要求,教学内容的难点重点,教学过程、步骤,板书设计,作业布置,教后小结,教学反思),其余老师可以写简案,但过程必须完整,不得写"干条条"。

3.教案数量:按学校所排课时数原则上每一节课写一个教案(语文、数学、英语的连堂课可以写一个教案),以当月单班课时数量为准。

二、检查方式:采用面查和点查相结合

1.基地成员教师的教案本由基地负责人及其领导小组进行不定时抽查,每学年举行优秀教案评比大赛,鼓励基地成员重视备课,重视教案的撰写。

2.学校其他非毕业年级学科的老师,每月末上交当月教案,由教务处保存、检查并做好记录;毕业年级老师的教案月末不上交,由年级领导小组负责检查;

3.学校其他非毕业年级老师教案由教研组长、备课组长、年级分管教学的主任和教学处一起协同检查。

教师队伍建设机制

为了加强我校高中群达语文课程创新基地的教师队伍建设,形成教师梯队结构,建立师资发展的激励机制,特制定本实施办法。

一、指导思想及原则

基地教师队伍的梯队建设是以语文教师的教学水平、科研能力、职业道德、年龄结构为标准,从有利于选拔、使用、培养等入手,以专业建设和课程建设为目标,建立以专业带头人、学科带头人、骨干教师和优秀青年教师等为不同层次和梯队的师资队伍。

为了促进优秀人才脱颖而出,保证教师队伍有计划、有目标、有重点地发展,在梯队建设过程中,要遵守如下原则:

1.公平竞争的原则。教师队伍的梯队结构的形成,学科带头人、骨干教师和优秀青年教师的产生是在同一标准、同一办法、同一程序、同一考核的基础上,通过教师个人申报、部门资格审查、民意测评、领导班子审批等程序进行的,坚持公平、公正、公开的原则。

2.坚持实效的原则。在评审过程中减少人为的因素,以实际的质量、数量和所提供的实际的成果为对象进行评审,提高评审的准确性和客观性。培养教师的务实精神,保证教师队伍的整体素质。

3.滚动发展的原则。打破终身制,按照年度考核、量化积分排位,择优选拔,以发挥该原则激励教师努力进取,提高效率,提高质量的作用。

4.权责利统一原则。被评为梯队成员的教师,是我校高中群达语文课程创新基地的教育教学骨干力量,要发挥其在教育教学、教研、育人等领域的示范骨干作用,发挥其在专业建设、课程建设、教研课题研究等方面的核心作用。专业带头人和骨干教师成员,还要承担着培养年轻教师的职责,同时进行学术交流、课题研究、人才培养等。

二、教师培训及经费资助

重点选拔、培养与合理分布相结合的原则。要注重对教师的选拔和培养,确定梯队成员在语文学科、群达课程和专业领域的分布,形成合理的梯队结构。在巴南中学高中群达语文课程创新基地教师水平普遍提高的同时,也将这一机制辐射至整个学校。例如,利用"新教师工作坊"和"青蓝工程",以结对帮扶的形式对新教师进行培训;通过"百师讲坛"对教师全员进行培训;对市区级骨干教师,要重点培养,重点支持,重点发展,以点带面,发挥其示范和导向作用。

三、选拔范围及条件

(一)学科带头人的选拔

1.学科带头人的选拔范围。

从高级教师中选拔,参加"市级名师培养对象培训"。

2.政治条件。

(1)有较高的思想道德水平和职业道德素质,遵纪守法,为人师表;治学严谨,学风正派。

(2)具备优良的学术才能,热爱科学和教育事业,有强烈的事业心和奉献精神。对专业发展有预见性,善于继承,勇于开拓、创新和拼搏。

3. 必备条件。

(1)有高级职称或硕士学位,所学专业对口,学术造诣深厚,学术思想活跃,在某一专业步入了专业前沿领域,有突出的专业研究方向,并取得了创造性的、具有一定学术水平的教学和科研成果,能组织和带领青年教师进行专业建设的拔尖人才。

(2)符合"双师型"要求,既有丰富的理论知识,又要有动手操作和实验能力,还要有经营能力和市场经营意识,在省内外同行中有一定的影响。

(3)公开出版过由本人撰写的专著或由本人参与编写的教材,或近3年在省级以上刊物公开发表学术论文或省级论文获二等以上奖励。

(4)近3年,成为省级以上课题主持人或参与者,或在省级以上的公开课、说课、教案或课件等教研评比活动中获二等以上奖励。

(5)积极参与专业建设、课程开发、教学研究,并在教学内容、方法、手段等改革方面是主要参与者,有突出成果,有突出贡献。

(6)能独立命题,并对教学有指导作用。

(二)骨干教师的选拔

1. 选拔范围。

从现任高级教师或中级教师(有突出业绩的初级教师也可列为选拔对象)中选拔。

2. 政治条件。

与专业带头人标准相同。

3. 必备条件。

(1)掌握现代化的教学技术手段,能熟练地应用计算机和运用互联网。

(2)能独立系统地讲授基础课、专业核心课程;专职教师教学工作量周授课时数均不少于12学时。

(3)教学效果突出,教学质量高,教学成绩显著,学生、教师、领导测评满意率均达90%以上。

(4)积极参加教学研究、课程开发或专业建设研究,并在教学内容、方法、手段等改革项目中是主要参与者,有突出成果,有较大贡献。

(5)能独立命题,并对教学有一定指导作用。

4. 符合以下任意3个条件:

(1)年度评价为优秀;

(2)积极参与教学改革,在教学改革中做出较大贡献;

(3)有较强的教学管理能力,担任班主任(或中层以上教育教学管理者)5年以上,所带班级成绩突出。

(4)近3年在省级以上刊物公开发表2篇文章或论文获二等以上奖励。

(5)近3年,成为市级以上课题主持人或主要参与者。

(6)在市级以上的公开课、说课、教案或课件等教研评比活动中获二等以上奖励。

(三)优秀青年教师的选拔

1.选拔范围。

年龄在35周岁(含35周岁)以下的初、中级教师,具有本科以上学历。

2.政治条件。

与专业带头人标准相同。

3.必备条件。

(1)掌握现代化的教学技术手段,能熟练地应用计算机和运用互联网。

(2)能独立系统地讲授专业课、专业基础课或基础课一门,具有讲授两门以上课程的能力。

(3)每学期教学工作量不少于180学时。

(4)教学效果突出,学生、教师、领导测评满意率均达90%以上。

(5)有较强的教学管理能力,担任班主任3年以上,所带班级成绩突出。

4.符合以下任意3个条件。

(1)积极参与教学研究、课程开发、专业建设研究,是教学内容、方法、手段等改革项目的主要参与者;

(2)积极参与教学改革,并有较大贡献;

(3)近3年,在省级学术刊物上发表1篇以上学术论文或论文获省级二等以上奖励;

(4)成为市级以上课题主持人或主要参与者;

(5)在市级以上的公开课、说课、教案或课件等评比活动中获二等以上奖励。

四、选拔程序

个人提出书面申请,详尽阐述申报的主要理由,首次选拔提供近3年有关教学、教研等的原始材料和依据(以后只提供近2年有关教学、教研等方面的原始资料和依据),教研组提出意见,上报给各主管教学部门。各教学部门在个人申报的基础上,按照条件,审查推荐人资格,提出初审意见,并将相关材料及其初审名单提交学校教科室。

群达语文课题管理方案

为了提高学校的教学质量,提升教师的科研水平,真正发挥我校高中群达语文课程创新基地对科研的带动优势,为我校教育教学工作服务。根据我校的实际,制定相关的课题管理制度,从而使我校课题研究工作走上新的台阶。

一、设立课题领导小组,负责课题的管理监督

组长:张礼

副组长:雏毅

组员:教科室主任、教学处主任、年级组长及我校高中群达语文课程创新基地领导班子

二、学校给予一定的资金,保障课题能顺利结题

1.学校对课题研究给予一定的资金支持。按区级、市级、国家级一次性给予课题研究经费3000元、10000元、30000元。对立项课题主持人的资助按上级部门的规定配备相应的课题经费。如研究工作对学校的发展贡献大,则相应增加其配套资金,具体由课题领导小组研究决定。

2.课题研究是学校的一项重要教研工作。学校支持课题主持人参加课题管理部门组织的课题研讨会,并报销相关费用。

3.课题主持人必须严格按照财务制度分工负责财务管理,公开、透明、合理地开支课题经费。课题管理领导小组对课题经费进行审核。

4.课题组除服从课题管理部门的监督管理,还必须服从本校教科室课题管理的监督管理,将课题组管理制度,课题研究方案,课题实施方案,课题研究工作计划,阶段性工作小结,课题组经费收支情况等交教科室存档。

5.课题按时结题后课题主持人要进行课题成果申报,争取课题成果推广,为学校教育教学服务。对于课题成果获奖的课题,按级别奖励如表3-1:

表3-1 课题成果获奖奖励表

获奖等级	校级	区级	市级	国家级
一等奖	1000元	2000元	3000元	5000元
二等奖	500元	1000元	2000元	4000元
三等奖	200元	500元	1000元	3000元

6.课题结题后,课题组资料归学校所有,须上交教科室存档。

三、注重课题过程研究,资料收集整理力求规范

1.市区级课题严格按照上级部门的课题管理要求,及时上传过程资料、中期报告,并在规定时间完成结题。

2.校级课题必须在规定的时间内完成过程资料和结题,过期没有结题,视为自动放弃。

3.校级课题结题必须有研究方案(报告)、过程资料、结题报告、研究成果等。

第二节　群达育人特色环境

自立项以来,学校积极进行基地建设,在原有的阅览室、录课室、音乐室的基础上迭代升级,进行了物理空间的系统改造,基地已经成为我校语文教师的专业发展中心和学生的学习活动中心。

(一)创设特色环境,营造育人氛围

群达语文课程把语文核心素养潜移默化地植根在学生心中,环境的作用不可忽视。我校深知校园环境对学生的重要影响,着眼于营造语文学科的厚重感,凸显语文学科特色,以环境化人。

1.特色环境,潜移默化

在巴南中学登瀛文化长廊中增加了群达元素(图3-1),用诗歌、名句的形式展现群达核心理念。在登瀛文化长廊外,改造阳光阅读区,使学生在优美的氛围中感受阅读带来的快乐。为突出语文课程内容之一——传统经典文化,学校在中国古代六艺塑像的基础上,建造成宽敞的"六艺大道"(图3-2),使学生在路过之时加深对中华文化的认识,感受中华文化的博大,形成民族自豪感和文化自信心。校园环境是学科情境营造的一部分,可在不知不觉中,促进学生语文素养的发展。

图3-1 登瀛文化长廊

图3-2 六艺大道

2.体验教室,行动实践

学校为支持基地的建设,开辟了高中群达语文课程创新基地研发实践中心、学生活动中心、智慧教室、体验中心、课程融合中心等物理空间,群达语文课程的课堂教学实践和学生活动都可以在基地里开展,教师和学生可以在这样的物理空间里共同成长,在实践中不断提升。

3.落实到班,共同构建

环境是课程实施的载体,在群达文化的影响下,各年级各班可打造具有特色的年级班级文化。各年级根据群达的内涵,围绕群达核心理念,装点年级区域,营造群达氛围。年级走廊外有《西游记》《红星照耀中国》等整本书的阅读成果展示,有学生书法作品展示,有学生大文科类的研究性学习展示,从作品中外显群达语文课程的作用。

各班级以传统经典文化、革命文化、社会主义先进文化、学校责任文化为依托,取班名、选择班级格言、编写班级口号、设计班徽、改编班歌,并进行班级比拼。有的班级以"鲲鹏"命名,即取义于庄子的《逍遥游》"北冥有鱼,其名为鲲……鹏之徙于南冥也,水击三千里,抟扶摇而上者九万里",代表着少年人敢拼敢闯、志向远大。语文学科特色在环境中得以体现,在学生的心中埋下理想的种子。

(二)立足课程开发,创新教学方式

在研判了学校实际情况,以及研究国家课程、地方课程的基础上,立足语文学科实际开发了五大群课程,包括语言群课程、思维群课程、鉴赏群课程、文化群课程和写作群课程。五大课程围绕核心词,以各项素养通达为具体目标,开发五大群创新课程资源,研究课程实施策略,制定课程评价机制。群达语文课程在现有的国家课程资源上搭设阅读、写作、交流平台使语文课程的校本化设计实体化、系统化、网络化、活动化,抓实五维一体,实现素养通达。

1.在教学实践中形成群达语文课程体系模式

根据国家课程安排,对课程标准中的十八个学习任务群进行了整合,形成了群达语文课程五大群课程,五大群课程又根据《普通高中语文课程标准(2017年版2020年修订)》和语文教材将其分为必修、选择性必修和选修三个部分。以"语言群课程"为例,该课程必修包含了"语言积累、梳理与探究"和"实用性阅读与交流"两大学习任务群,以语文教材为依托进行教学资源的整合,用项目化、专题化学习的形式开展教学活动,用创新性的教学方式来落实课程实施。选择性必修以"语言文字运用"为学习任务群主要内容,在采访、表演、辩论等语言实践活动中展现语言的运用。选修是以"汉字运用专题实践"为主题进行项目化学习,学生将分析汉字的特点,制作汉字推广方案,开展编绘汉字绘本、编制语言文字、设计汉字表情包等活动,多形式地落实课程目标。思维群、鉴赏群和文化群课程皆分为必修、选择性必修和选修三个部分,学生根据个人发展和学习情况进行学习。

除了以上提到的四大群课程外,虽然每个群中都涉及相关的写作任务,即读写一体的任务群学习,但是根据学校学生的实际学习情况还设置了写作群课程,解决学生的实际需要。写作群课程以文体为纲,形成诗歌专题训练、散文专题训练、剧本专题训练、小说专题训练、议论文专题训练的写作课程。

"核心素养是一个整体",在培养语文核心素养的实践过程中,往往呈现以一带三的趋势。四大核心素养之间又形成如下关系图3-3:

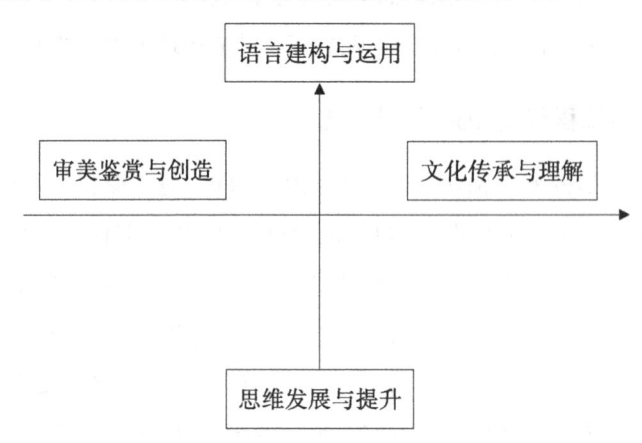

图3-3 普通高中语文核心素养关系图

语言是思维的外显,思维是语言的内隐,审美和文化素养的养成自然呈现在语言学习之中,所以群达的五大群课程内容之间又呈现出相互渗透和相互补充的特点。

2.围绕课程体系,开发课程资源

在建构了具体的课程体系的基础上,围绕课程的目标、内容,基地成员着手于课程资源的研发。具体包括:(1)建立语文在线课程资源数据库,包含好书推荐、名著导读、重要作家作品简介、古代经典作品解读等;(2)编制各大群知识微课,语文组教师根据《普通高中语文课程标准(2017年版2020年修订)》

和学生学情,制作形式多样的微课,并按五大群形成五大系列;(3)收集并分类语文课程主题的纪录片等影视资源。

丰富的课程资源帮助学生在经过课堂学习后,能通过老师指导或学生自主学习方式,突破学习难点。

3.指导社团建设与实施

除了在课堂上实施群达的五大群课程以外,学校还组织或指导各色各样社团活动的开展,学生的社团活动是学生体验语文、运用语文的重要阵地。在群达语文课程指导下,学校开设了书法社、陶艺社、文学社、剪纸社、器乐社、排舞社、篆刻社等社团。群达课程的指向是素养通达,由此及彼,从课堂内到活动中,从学科内到学科外,才能真正体现通达。

(三)优化课堂模式,强推专业发展

1.跨学科联动,交流课堂实践经验

基地多次与学校教研组开展跨学科教研活动,在跨学科教研活动中完善群达语文课程建设。与生物学科共选"杂交水稻"内容,用课堂展示的形式交流群达课堂的实践途径,并从生物学科的课堂中收集学生评价方式,丰富群达语文课程的评价方式。与历史学科共选宋代文学内容,用课堂展示的形式,展现语文学科核心素养中如何用语言学习带动思维、审美和文化学习,又从中结合历史学科重材料、重史实的特点,这对语文说理性文章写作有一定的指导意义。

2.引进来走出去,促进教师专业

基地的建设要助推教师的专业发展。语文组教师每学期根据群达核心模式课进行两次以上的公开课展示,强化群达理念在课堂教学中的进一步落实,将通达的理念和方法都植根于教师心中。基地为快速提升教师专业素质,开展多次引进来走出去的活动,基地教师在武汉、重庆等多地参加了国家名师优课的教学研讨会,参加了语文教育大会、语文中小学一体化教学研讨会等学术会议。基地又先后邀请了重庆市教研员钱金涛、重庆市名师胡春玲、重庆文理学院副教授胡牧、巴南区语文教研员李奇生、重庆市教科院江宏教授等名师到校指导学校教师教学,为基地建设指明方向。

为推进基地教师不断提升专业素养,学校组织青年教师进行课堂大比拼,以赛促教,提升教师教学水平。基地教师不仅要在学校进行教学实践,还肩负着引领区域内教师专业发展的使命,前后参加市区级的课堂展示或经验交流,在区域内展现高中群达语文课程创新基地的影响力。

(四)搭建活动平台,凸显学习效能

1.建构序列化语言实践活动,鼓励学生多平台参赛

基地充分利用各大活动室,充分调研不同年级学生的学情状况,组织了汉字书写、成语故事、新闻播报、名著阅读手抄报、自创诗歌朗诵、课本剧表演、演讲赛、辩论赛、写作征文等语文实践活动,从语言、思维、鉴赏、文化、写作角度训练学生,较好地提升了学生素养。学校学生在历届市区级中华魂征文赛获得市级特、一、二等奖,获世界华人征文赛全国一、二、三等奖若干,在重庆市文化局的批判饭圈文化活动中获得一、二等奖,获区级安全主题和红星照耀中国征文一、二等奖若干。群达语文系列活动开展以来,学生中考、高考语文成绩有显著提高,为学校发展做出了应有的贡献。

2.搭建校园学生展示平台,挖掘现实生活中的语文要素

基地指导下的文学社主办校刊《墨韵》,开辟多个写作板块,鼓励学生投稿。投稿稿件以学生平时的创作为主,体裁多样而丰富。同学们投稿踊跃,改版后的《墨韵》截至2023年已发三十六期,受到了市区级领导的高度赞赏。基地还组织学生进行多次实践探访活动,探访南温泉革命基地、红岩革命基地等多个研学教育基地,实地感受幸福生活的来之不易,深入感受革命文化和社会主义先进文化的价值。

第三节 培养教师素养落实

为了提高基地教师队伍素质,以基地为依托,我校开展了各种教研组活动、学校交流学习活动、区级教研学习活动以及其他以"群达语文"为主题的培训活动。

培训纪实一：直面真问题·开启真思考·实现真表达：
胡春玲老师区级教研分享会

在本次分享活动中，胡老师用简洁平实的语言分享其两届作文教学经验，介绍了高一高二的序列化教学和高三作文训练（图3-4）。

图3-4 胡春玲老师分享

其中，高一高二以文学类文本阅读为主，通过让学生回答老师设置的一些问题，来引导学生掌握阅读文章的方法。在这个阶段不必过于关注高考试题和答题方式，只提高学生语文素养。高三则通过非连续性文本阅读引进写作中容易涉及的关键概念，引出作文教学的方法，其中她分享到概念四位发散法，如图3-5：

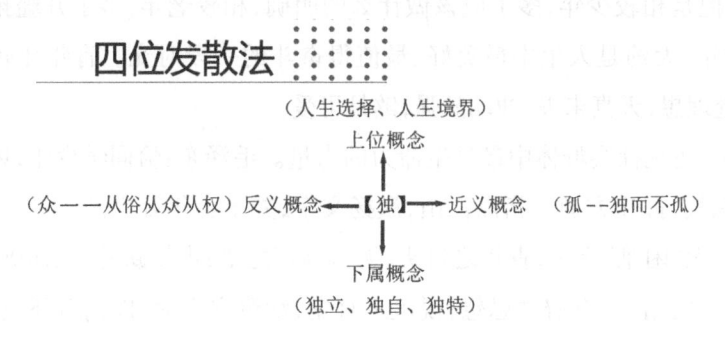

四位发散法

（人生选择、人生境界）
上位概念
↑
（众——从俗从众从权）反义概念 ← 【独】 → 近义概念 （孤——独而不孤）
↓
下属概念
（独立、独自、独特）

图3-5 四位发散法

接着胡老师举了非常多的实践例子（图3-6），帮助老师们更好地学习如何有序开展作文教学，进而帮助学生发展其思辨性思维。

(一)列举现象与事例

面对"百年未有之大变局"这个大话题,可以引导学生由现象联想实例进行分析、议论,讲明自己的感受和看法。具体如下:结合历史和现实,借助国家的举措来分析大变局中的机遇与挑战及其在世界舞台上的地位和作用。如清朝末年,外国势力不断入侵,国内动荡不安,新思想、新文化正在蓬勃兴起,经过一系列运动,民主科学的观点传入国内,进步人士日益增加,为社会变革提供机会。还可以借鉴一些企业或成功人士在面对大变局时如何调整从而实现价值的例子,如华为集团潜心研究芯片,终于实现自主生产手机芯片的实例;蓝仁东抓住射电望远镜建设的机会,经过十多年的奔走,终于建成天眼。还可以借鉴城市、新农村建设的实例,提出一些具有前瞻性和创新性的策略,如重庆、四川双城建设携手互助,为共同发展走向繁荣富强而努力。

(二)定位对象展开描述

例如,面对"作为新一代青年"这个作文话题时,可以引导学生采用对"新一代青年"这个主题词进行分析并描述的方法,得到以下思考结果:"青年,是你十八岁的青年时期。你有十八岁时的困惑与无力,也有青年时憧憬与理想的机会。但是相较少年,多了应该做什么的明确,相较老年,多了开疆拓土的希望。青年,大约是人生中最美好、最值得奋斗的一段时光。青年比较有勇气,喜奔赴理想,天真未失,冲动颇强,煞是可爱。"

"青年,还是社会群体中最具生命力的力量。毛泽东:恰同学少年,风华正茂;书生意气,挥斥方遒。指点江山,激扬文字,粪土当年万户侯。李大钊:青年之字典,无'困难'之字;青年之口头,无'障碍'之语;惟知跃进,惟知雄飞,惟知本其自由之精神,奇僻之思想,锐敏之直觉,活泼之生命,以创造环境,征服历史。"

(三)不断追问寻求答案

例如,在面对"创新"这一主题词的时候,引导学生围绕它进行多方位的思考与追问,能得到以下思维结果:"哪些举措是创新?往哪个方向创?怎么去创？创新创造与书山学海的故纸堆，矛盾吗？创新的能力与什么有关呢？学历吗？智商吗？知识吗？阅历吗？……"

图3-6 胡春玲老师讲座

培训纪实二：共享先进理念，助推教学发展
——"群达"语文落实核心素养：学校优秀教师刘皓琳分享

刘皓琳老师认为群达语文课程主要是为了帮助教师在课堂中落实语文核心概念，从而帮助学生学习语文，完成"通达"这一语文学习目标。以下为她的具体分享内容：

一、认识学习任务群

学习任务群是课程内容的组织方式，是教材内容的呈现形式，是一种新型的教学方式。这样的方式是为了落实语文的核心素养。语文教学最基本的目标是要让学生养成核心素养。核心素养是学生通过课程学习逐步形成的正确价值观、必备品格和关键能力，是课程育人价值的集中体现。义务教育阶段的语文核心素养是文化自信、语言运用、思维能力、审美创造，普通高中的语文核心素养是语言建构与运用、思维发展与提升、审美鉴赏与创造、文化传承与理解，明显看出初中和高中的核心素养是有梯度的。而达成核心素养的手段，课标给出的方法就是学习任务群。

普通高中语文课标对语文学习任务群的定位是以任务为导向,以学习项目为载体,整合学习情境、学习内容、学习方法和学习资源,引导学生在运用语言的过程中提升语文素养。

《义务教育语文课程标准(2022版)》对语文学习任务群的定位是"以生活为基础,以语文实践活动为主线,以学习主题为引领,以学习任务为载体,整合学习内容、情境、方法和资源等要素,设计语文学习任务群。""义务教育语文课程内容主要以学习任务群组织与呈现。设计语文学习任务,要围绕特定学习主题,确定具有内在逻辑关联的语文实践活动。"

其中的核心词之间的关系大体可以用这个图示(图3-7)来呈现,设计一个学习项目,用任务群的形式展开,这些任务中包含学习的情境、资源、内容和方法。

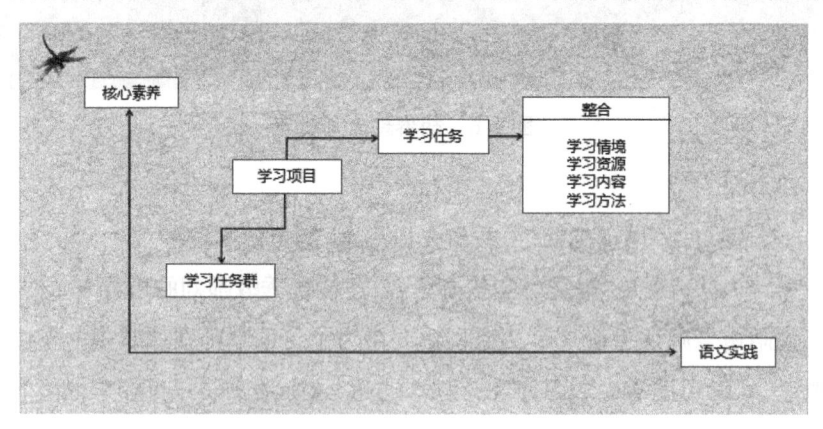

图3-7 语文实践与核心素养相关核心词图示

义务教育语文课程内容主要以学习任务群组织与呈现。设计学习任务群,要围绕特定学习主题,确定具体的有内在逻辑关联的语文实践活动。语文学习任务群由相互关联的系列学习任务组成,共同指向学生的核心素养发展,具有情境性、实践性、综合性。

从刚刚的图式以及义务教育课标的要求中可以提取出学习任务群的几大关键词。一是学习主题,每一个学习任务群有相关的学习主题,整个任务群围绕学习主题展开,有的也认为学习主题的上位概念就是大概念;二是情境性,一个学习任务群要聚焦情境,所谓真实情境并非一定发生或存在,而很可能是一种具有合理性的仿真情境;第三是结构化,学习任务群之间是具有结构化关系的,如果是技能与方法单元可以以并列式结构展开,如果是知识单元往往呈现出螺旋式的特点。

义务教育阶段的语文学习任务群分为三个类别,六个学习任务群,呈现出如下关系(图3-8)。

层面	类别	任务群名称
一	基础型学习任务群	语言文字积累与梳理
二	发展型学习任务群	实用性阅读与交流
		文学阅读与创意表达
		思辨性阅读与表达
三	拓展型学习任务群	整本书阅读
		跨学科学习

图3-8 义务教育阶段语文学习任务群关系图

基础型学习任务群是所有任务群的基础,在小学阶段可能会涉及更多的基础型学习任务群。当然在初中阶段也有,如古文、语法等。发展型学习任务群指向文体特点,包含实用性阅读与交流、文学阅读与创意表达和思辨性阅读与表达三大学习任务群,在发展型的学习上还有拓展型学习任务群,主要指向的是整本书阅读和跨学科学习。任务群和任务群之间也是一种结构化的展现。高中有十八个学习任务群,可以围绕核心素养分为四类。总的来说,学习任务群其实至少包含两种概念,一种是指向课程内容的,但是我们更关注的是另一种指向教学层面的概念。

二、学习任务群的要素与设计

"战国四公子"专题阅读案例是2017年就设计好的一个比较符合学习任务群的案例,因为它出现时间较早,目前对学习任务群的设计已有所更新。此设计围绕"战国四公子"展开,共有8个课时。我着重谈一谈第一二课时和周末任务。

以下引用的是王岱老师的课例①。

第一、二课时学生阅读《孟尝君列传》（原文和注释共约8400字）

思考：

1.请对照注释阅读，画出读不懂的地方，小组讨论解决。(缺情境性)

2.请为孟尝君编制大事年表。

3.请用一句话概括冯谖是一个怎样的人。

4.请为孟尝君写一段评语(50字左右)(任务型语言)

学生自主阅读，小组交流，教师巡视答疑，教师就共同问题点拨。

周末完成以下任务：

1.请比较四公子，若你是当时的一名士，你更愿意到谁的门下生活？请说明理由。

2.从"战国四公子列传"中你还能读出什么（政治、文化、社会等）信息？你得到了哪些人生启示？

3.请说一说《史记》塑造人物的方法。

4.从"战国四公子列传"的自主阅读中你积累了哪些语言现象和文言文的阅读方法？有什么体会？

5.请就这四篇列传中你感兴趣的某一问题进行探究。

从这个课例中我们发现了"战国四公子"案例具有学习主题，有它的情境性……并且有结构化的任务。"学习任务群"核心是统领性任务或者是学习主题，其下由多个任务组成，任务和任务之间存在结构化的关系，活动和活动之间也存在结构化的关系。

初中当前所使用的部编教材中活动探究单元就具有学习任务群的设计理念，以八下四单元设计为例，这是之前根据学习任务群理念进行的大单元教学设计(图3-9)：

---

① 王岱.以挑战性学习任务提升学生的语文核心素养——"战国四公子"专题阅读教学案例[J].语文学习，2017(3):37-38.

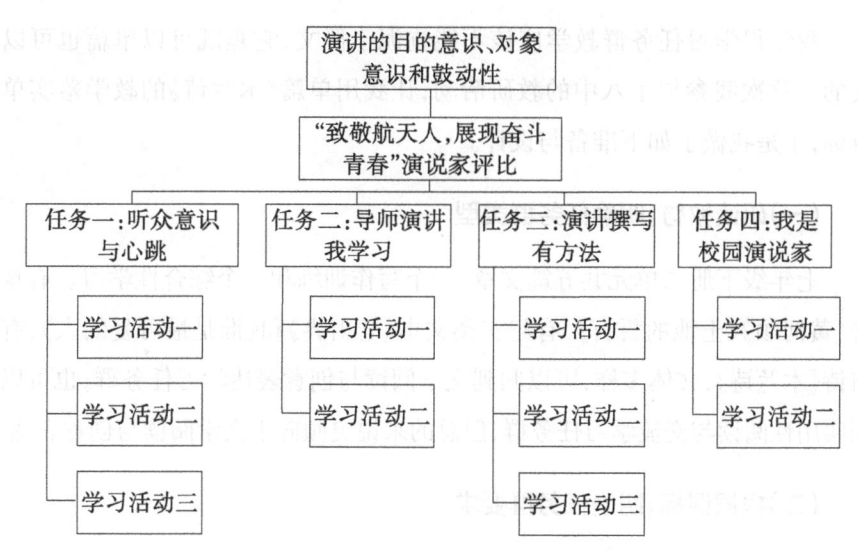

```
                    ┌─────────────────────┐
                    │ 演讲的目的意识、对象 │
                    │   意识和鼓动性       │
                    └──────────┬──────────┘
                    ┌──────────┴──────────┐
                    │ "致敬航天人,展现奋斗 │
                    │  青春"演说家评比     │
                    └──────────┬──────────┘
         ┌────────────┬────────┴────────┬────────────┐
    ┌────┴───┐   ┌────┴───┐       ┌────┴───┐    ┌────┴───┐
    │任务一:听│   │任务二:导│       │任务三:演│    │任务四:我│
    │众意识   │   │师演讲   │       │讲撰写   │    │是校园   │
    │与心跳   │   │我学习   │       │有方法   │    │演说家   │
    └────┬───┘   └────┬───┘       └────┬───┘    └────┬───┘
    ┌────┴───┐   ┌────┴───┐       ┌────┴───┐    ┌────┴───┐
    │学习活动一│   │学习活动一│       │学习活动一│    │学习活动一│
    └────┬───┘   └────┬───┘       └────┬───┘    └────┬───┘
    ┌────┴───┐   ┌────┴───┐       ┌────┴───┐    ┌────┴───┐
    │学习活动二│   │学习活动二│       │学习活动二│    │学习活动二│
    └────┬───┘   └────────┘       └────┬───┘    └────────┘
    ┌────┴───┐                     ┌────┴───┐
    │学习活动三│                     │学习活动三│
    └────────┘                     └────────┘
```

图3-9　演讲大单元教学设计结构图

学习项目、情境是:参加演讲比赛—明确演讲稿的注意事项—学习演讲稿—学习写演讲稿—进行演讲比赛

目前我们初中的教材不是所有的单元都像活动探究单元一样,其他的学习任务群设计团队也有了很多尝试。根据活动探究单元的设计经验,我想我们进行学习任务群的教学设计可以依照以下路径:

(1)研读教材,明确任务群类型;

(2)根据课标,明确任务群要求;

(3)结合教材和学情,确定教学目标;

(4)设置情境任务,安排学生活动;

(5)确定评价方式。

三、学习任务群教学的争议

目前看来,学习任务群教学设计比较复杂,许多老师感叹任务群教学一个老师完全做不下来。当然许多时候新的教学都是从团队共同设计共同碰撞开始的。

另外,目前有许多人会有疑问,学习任务群教学必须群文展开吗?可不可以单篇? 学习任务群教学与大单元教学有什么关系?

我觉得学习任务群教学应该不能拘泥于群文,它是既可以单篇也可以群文的。这次我参加了八中的教研活动,让我用单篇《木兰诗》的教学落实单元目标,于是我做了如下准备与设计。

(一)研读教材,明确任务群类型

七年级下册二单元共五篇文章、一个写作训练和一个综合性学习。有现代诗《黄河颂》《土地的誓言》,有纪实类文本《老山界》和《谁是最可爱的人》,有乐府诗《木兰诗》,文体多样,可以归到文学阅读与创意表达学习任务群,也可以归到实用性阅读与交流学习任务群,但总的来说更倾向于文学阅读与创意表达。

(二)根据课标,明确任务群要求

【文学阅读与创意表达】

本学习任务群旨在引导学生在语文实践活动中,通过整体感知、联想想象,感受文字语言和形象的独特魅力,获得个性化的审美体验;了解文学作品的基本特点,欣赏和评价语言文字作品,提高审美品位;观察、感受自然与社会,表达自己独特的体验与思考,尝试创作文学作品。

【第四学段(7—9年级)】

引导学生阅读表现人与自然的优秀文学作品,包括古诗文名篇,体会作者通过语言和形象构建的艺术世界,借鉴其中的写作手法,表达自己对自然的观察和思考,抒发自己的情感。

【教学提示】

注意整合听说读写,引导学生综合运用朗读、默读、诵读、复述、评述等方法学习作品。重视古代诗文的诵读积累,让学生感受文学作品语言、形象、情感等方面的独特魅力和思想内涵,提升审美能力和审美品位;鼓励学生在口头交流和书面创作中,运用多样的形式呈现作品,发挥自己的创造性;引导学生成长为主动的阅读者、积极的分享者和有创意的表达者。

评价应围绕学生阅读文学作品的过程性表现进行。第四学段侧重考查学生对语言、形象、情感、主题的领悟程度和体验,评价学生对文学作品的欣赏水平,并关注学生的创意表达能力。

(三)结合教材和学情,确定教学目标

初一学情分析:

学生有朗读古诗文的经验,有一定的联想想象能力,具备把握叙事作品的基础能力,能大致明确作者的情感方向。大部分学生还不能准确概括作品中人物的形象,不能准确把握作品中的情感,不能体味到作品背后的深层含义。

根据教材和学情,确定以下教学目标:

1.能在熟悉诗歌的基础上,运用批注,快速了解叙述的故事情节。
2.能细读诗句,准确概括诗歌中花木兰的人物形象。
3.能在助读资料的帮助下,感受花木兰的英雄情怀。

(四)设置情境任务,安排学生活动

1.课时情境

2020年迪士尼电影《花木兰》真人版在万众期待中上映,上映后却在豆瓣上仅得到4.9的评分。为什么得分这么低呢?网友各有各的说法,我们今天就以"真正的木兰"为主题进行《木兰诗》探讨活动。

2.任务活动

任务一:我当编剧写故事

活动一:如果你是编剧,制片人需要你真实地展现《木兰诗》中的情节,需要你与大家齐读全诗,然后用概括式的批注方式,用四个字概括诗歌中展示的故事情节。

活动二:观看视频,从视频中感受电影版《花木兰》着重展示了哪些情节?并思考诗歌的情节取向和电影的情节取向为何不同。

任务二:我当演员演木兰

活动:如果你是演员,你将如何还原《木兰诗》中的花木兰形象?请你继续细读课文,批注关键诗句,从中提取出花木兰的形象特点。

任务三:借助资料谈英雄

活动:中国著名导演张纪中曾在采访中说"迪士尼版《花木兰》电影中的剧情,和我们传统意义上所讲的花木兰的故事,差距太过遥远"。从战功来看,花木兰确实是英雄,是奇女子,那么为什么在迪士尼电影里把她塑造成的英雄形象与我们传统意义上的花木兰形象差距过大呢?我们尝试借助一些诗歌,去理解花木兰的女性英雄主义。

任务四:我来回帖说家国

活动:请你根据今日所学,完成回帖。

(五)确定评价方式

任务一评价:通过朗读自读,能准确流利朗读文章,并借助批注,用词语对诗歌内容进行概括。

任务二评价:能回到文本,借助批注准确概括诗歌中的人物形象。

任务三评价:能借助材料,理解英雄的概念,并用自己的话回答花木兰与传统英雄的差别。

任务四评价:能有理有据地完成回帖。

从课例来看,《木兰诗》的任务群设计也可以很好地完成单元的目标,所以学习任务群教学既可以是单篇的也可以是群文的。

那么大单元教学和学习任务群教学的关系是什么,我认为他们从教学层面来讲,理念是基本一致的,大单元教学是学习任务群教学的一种。不过到底是大单元教学大还是学习任务群教学大目前还众说纷纭,我想我们也可以去探索探索。

培训纪实三:生物语文同展学科魅力,携手共研杂交水稻之秘
——我校优秀教师罗玉婷老师和胡龙泷老师献课

为加强学科交流,践行立德树人的教育理念,2023年3月29日下午,在巴南中学高中群达语文课程创新基地,我校生物教研组与语文教研组联合开展了一次跨学科教研活动。

首先，由我校生物老师胡龙泷展示《杂交水稻的秘密》（图3-10），本节课由袁隆平院士研究杂交水稻的原因导入，将常规水稻、杂交水稻、雄性"不育系"等的研究过程作为课堂任务，把袁隆平对杂交水稻的"三系法""二系法"的发现与总结以及其团队对"一系法"的继续探索进行了解密。胡老师深入浅出地引导同学们探索遗传物质的秘密，激发学生对生物知识的学习热情，让学生在浓烈的兴趣引导下掌握深奥的遗传理论，而在拓展提升环节，学生展示的"三系法"思维图，巩固了本节课的学习重点——杂交水稻遗传物质的原理。

图 3-10　胡龙泷老师跨学科教学实践

其次，由罗玉婷老师展示《喜看稻菽千重浪》（图3-11）。该课程以概括袁隆平研究杂交水稻事件为基础，体现并分析袁老的科学精神和人格魅力，进而引导培养同学们热爱劳动、勇于创新的品质。罗老师以《打墙歌》引入劳动最光荣的思想，带领同学们进入科学家袁隆平的劳动世界——杂交水稻的研究；然后通过研读细节描写进而总结人物精神，从人物通讯特点到诵读颁奖词，燃起了同学们对科学的期待和对劳动的热爱之情。罗老师还将《心有一团火，温暖众人心》纳入课堂进行对比阅读，充分展现大单元教学的语文教学理念。最后，同学们踊跃展示自己为普通劳动者张秉贵书写的颁奖词，字里行间彰显出新时代青年对劳动精神的理解与感悟。

图3-11 罗玉婷老师跨学科教学实践

接着,生物教研组和语文教研组进行评课活动(图3-12)。胡龙泷老师和罗玉婷老师分别介绍了自己的课程设计理念及过程,随后,生物教研组组长周彬老师和语文教研组组长谭庆仙老师对两位老师的课堂进行点评,高度肯定了胡老师教学的趣味性、逻辑性,罗老师以身示范写作颁奖词的示范性。参加研讨的李学鑫、陈伟、杨洪利、左映红、张燕等老师都对两堂课分别给出了专业的评价与建议。

图3-12 语文、生物老师跨学科教研研讨

培训纪实四：素养导向下学习任务群的设计与实践
——我校优秀教师刘皓琳教学经验分享

刘皓琳老师的分享提醒各位老师着重来看课程标准的主要变化，她认为课程标准的变化首先是核心素养部分，以下为她的具体分享内容：

一、核心素养与学习任务群

核心素养是本次课程标准修订中最为重要的概念之一。《普通高中语文课程标准（2017年版）》首次提出了"语文学科核心素养"的概念，成为语文教育改革的一个重要坐标。《义务教育语文课程标准（2022年版）》清晰地表述了核心素养的内涵：核心素养是学生通过课程学习逐步形成的正确价值观、必备品格和关键能力，是课程育人价值的集中体现。其中的正确价值观、必备品格和关键能力容易被误解为三个独立的部分，实际上它们是一个整体且整体的内涵应该大于部分之和。核心素养是通过课程学习逐步形成的，课程学习是由识字与写字、阅读与鉴赏、表达与交流、梳理与探究等语文实践活动逐步积累建构的，课程学习也是在真实的语言运用情境中表现和提高核心素养。

义务教育阶段的语文核心素养与高中语文核心素养进行比较（表3-2），义务教育阶段是基础，高中是提升，实际上义务教育阶段的语文核心素养是与高中阶段的语文学科核心素养一脉相承的。

表3-2 义务教育与高中语文核心素养比较

义务教育阶段的语文核心素养	高中阶段的语文学科核心素养
文化自信	文化传承与理解
语言运用	语言建构与运用
思维能力	思维发展与提升
审美创造	审美鉴赏与创造

除了对核心素养的关注，与我们的教学息息相关的则是教学内容的变化，也就是学习任务群。自《义务教育课程方案和课程标准（2022年版）》颁布后，"学习任务群"又一次引起了一线教师的关注，接下来我将结合教学实际谈谈学习任务群。

"学习任务群"最早来自于《普通高中语文课程标准(2017年版2020年修订)》,里面提到,"'语文学习任务群'以任务为导向,以学习项目为载体,整合学习情境、学习内容、学习方法和学习资源,引导学生在运用语言的过程中提升语文素养。"明确指出了语文学习任务群的目的是提升语文素养,其形式是任务和项目。

《义务教育语文课程标准(2022年版)》对"语文学习任务群"进行了升级。其中提到"以生活为基础,以语文实践活动为主线,以学习主题为引领,以学习任务为载体,整合学习内容、情境、方法和资源等要素,设计语文学习任务群。""义务教育语文课程内容主要以学习任务群组织与呈现。设计语文学习任务,要围绕特定学习主题,确定具有内在逻辑关联的语文实践活动。语文学习任务群由相互关联的系列学习任务组成,共同指向学生的核心素养发展,具有情境性、实践性、综合性。"

相比于《普通高中语文课程标准(2017年版2020年修订)》的十八个学习任务群,《义务教育语文课程标准(2022年版)》的三种层面的学习任务群更能体现义务教育阶段的学生语文学习所需要的核心内容。

图3-13揭示了三个层面学习任务群之间的关系,语言文字的积累与梳理是基础,任何一个学习任务群都离不开它,发展型任务群是主体内容,将功能和文体类的文本都融合在一起,整本书阅读和跨学科学习则是在发展型任务群上的拓展型任务群。

学习任务群之间的关系基本如此。其实我想我们不只是关心学习任务群之间的关系,更关心的是怎么将学习任务群教学进行落地的问题。

发展型任务群
4. 思辨性阅读与表达
3. 文字阅读与创意表达
2. 实用性阅读与交流

拓展型任务群
5. 整本书阅读
6. 跨学科学习

1. 语言文字积累与梳理
基础型任务群

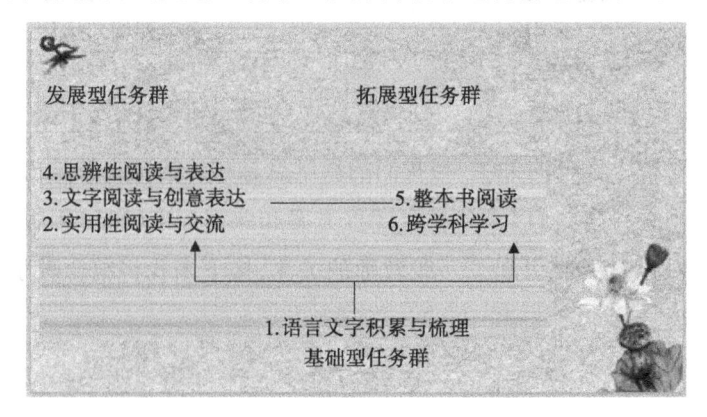

图3-13 义务教育阶段语文学习任务群关系图

二、学习任务群的内在结构与设计路径

"部编版"初中语文教材目前还没有按照学习任务群的方式进行编订,那么参考高中语文教材,我们发现其实学习任务群的要求绝不仅仅停留在同一文体、同一主题的整合探讨上(吴欣歆教授认为学习任务群不是按文体划分,而是按文本功能进行划分)。

参考高中语文必修上第一单元。第一单元由《沁园春·长沙》《立在地球边上放号》《红烛》《峨日朵雪峰之侧》《致云雀》《百合花》《哦,香雪》组成,其中前五首是诗歌后两篇是小说,在"青春的价值"主题引领之下,进行任务安排。根据单元任务要求,从不同文体中找到触动点,感悟"青春的价值"的体现。把握诗歌的意象、语言、意蕴、情感和风格。把握小说人物心理活动分析典型的细节描写并点评。还要学习创作诗歌。由此可以形成内部的结构(图3-14):

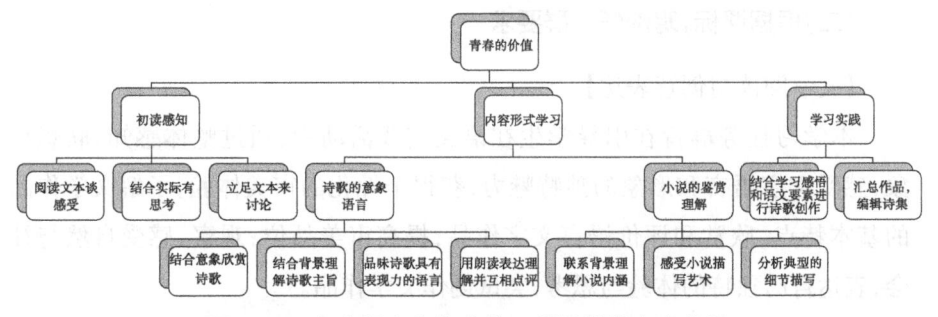

图3-14 高中语文必修上第一单元教学内容分析

根据高中教材安排发现"学习任务群"核心是统领性任务或者是学习主题,其下由多个任务组成,这些任务和任务之间是存在逻辑联系的,然后由多名学生完成一个任务。基本构成以下图式(图3-16):

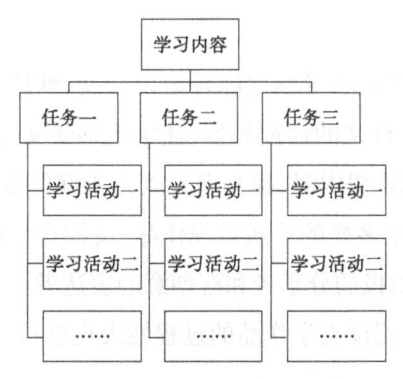

图3-16 语文学习任务群基本结构图

参加演讲比赛—明确演讲稿的注意事项—学习演讲稿—学习写演讲稿—进行演讲比赛

按照这种路径,我试着对七年级上册第一单元进行了学习任务群教学设计。

(一)研读教材,明确任务群类型

七年级上册第一单元共四篇课文和一个写作训练。其中前三篇为经典的散文——朱自清的《春》,老舍的《济南的冬天》和刘湛秋的《雨的四季》,散文以写景为主,风格各异;第四篇由四首古诗组成,从古体到近体再到元曲,也以写景为主;一个写作训练为"学会观察生活",主要教会学生热爱生活,热爱写作。

散文和诗歌都是文学作品,而新课标的学习任务群中的发展型任务群就有"文学阅读与创意表达"这一学习任务群。

(二)根据课标,明确任务群要求

【文学阅读与创意表达】

本学习任务群旨在引导学生在语文实践活动中,通过整体感知、联想想象,感受文字语言和形象的独特魅力,获得个性化的审美体验;了解文学作品的基本特点,欣赏和评价语言文字作品,提高审美品位;观察、感受自然与社会,表达自己独特的体验与思考,尝试创作文学作品。

【第四学段(7—9年级)】

阅读表现人与自然的优秀文学作品,包括古诗文名篇,体会作者通过语言和形象构建的艺术世界,借鉴其中的写作手法,表达自己对自然的观察和思考,抒发自己的情感。

【教学提示】

注意整合听说读写,引导学生综合运用朗读、默读、诵读、复述、评述等方法学习作品。重视古诗文的诵读积累,让学生感受文学作品语言、形象、情感等方面的独特魅力和思想内涵,提升审美能力和审美品位;鼓励学生在口头交流和书面创作中,运用多样的形式呈现作品,发挥自己的创造性;引导学生成长为主动的阅读者、积极的分享者和有创意的表达者。

评价应围绕学生阅读文学作品的过程性表现进行。第四学段侧重考查学生对语言、形象、情感、主题的领悟程度和体验,评价学生欣赏文学作品的水平,并关注学生的创意表达能力。

(三)结合教材和学情,确定教学目标

七年级上册第一单元的单元导语要求:学习本单元,要重视朗读课文,想象文中描绘的情景,领略景物之美;把握好重音和停连,感受汉语声韵之美。还要注意揣摩和品味语言,体会比喻和拟人等修辞手法的表达效果。需要落实三个重点即朗读、景物特点、语言。

再结合本单元各篇的预习要求和课后练习发现本单元的重点仍是朗读、景物特点和语言三个方面。

进行"一头备教材,一头备学生"的学情分析才能真正落实因材施教。初一的学生有朗读散文和古诗文的经验,有一定的联想想象能力,具备阅读文学作品的基础能力,能找到比喻、拟人等常见修辞手法,也能找出部分关键词句,能大致明确作者的情感方向。但是大部分学生还不能在理解的基础上进行朗读,不能明确重音和停连在表情达意上的作用,无法明确掌握系统的朗读标记,标记随意或不标记;还不能用较为准确的语言描述修辞手法以及关键词句的表达效果;对作者情感概述不够具体。

根据以上分析,确定了以下教学目标:

(1)在通读全文的基础上,能准确抓住写景散文中所写景物并用简洁的语言描述对美景的感受。

(2)能在理解的基础上,注意重音和停连,会标注朗读脚本,有感情地朗读文章与诗歌。

(3)能在过去经验的基础上,把握文章的具体内容,能揣摩和品味语言,并用较为规范的语言描述比喻和拟人等修辞手法以及其他手法的表达效果。

(4)能在阅读学习的基础上,从结构、视角、修辞等方面突显景物特征,并运用个性化语言进行写作,突显个人独特的情感。

(四)设置情境任务,安排学生活动

之前已经说了学习任务群具有情境性、综合性和实践性,而让语文学习

"活起来"则需要情境的设置。为了契合学生们的生活,我设置了以下情境:

抖音快手等平台的快速发展,让越来越多的人愿意用视频或图片的形式展现个人生活,我校现准备借此机会向大家展示重庆的魅力。请你策划一期主题为"家乡之美"的短视频展,在视频展中可以用声音、文字、图片、视频等多种方式带领众人全方位领略重庆风光,深度感受自然之美。

前置任务:拍摄你觉得最能代表重庆秋天之美的照片或选择网络上能代表重庆其他季节之美的照片。

在情境之下,设置以下结构化任务(结构化是学习任务群设计的最核心的特点),见表3-3。

表3-3　初中语文统编教材七年级上册第一单元结构化任务设计

任务	教学内容	课时安排
任务一:感受四季之美	《春》《济南的冬天》《雨的四季》《观沧海》《闻王昌龄左迁龙标遥有此寄》《次北固山下》《天净沙·秋思》	2课时
任务二:品味四季之美	《春》《济南的冬天》《雨的四季》《观沧海》《闻王昌龄左迁龙标遥有此寄》《次北固山下》《天净沙·秋思》	3课时
任务三:展现家乡之美	根据拍照或选择的照片或视频,运用学到的方法为视频配文案。	3课时

任务一:感受四季之美

学生活动一:

请同学们自主朗读朱自清的《春》,说一说这篇文章给你的感受。

学生活动二:

1.请再次朗读课文,勾画出作者描绘了春天的哪些景物。这些景物构成一幅幅画面,请你给画面取一个合适的名字。

活泼春草　灿烂春花　温暖春风　宁静春雨　快乐迎春

2.(为什么取这个名字)请你说说此景物美在哪里。

3.作者借文中的景物抒发自己特有的情感,请你根据景物之美,说一说这篇文章表达了作者怎样的情感。

学生活动三：

1.朱自清用文字表现了春天之美，我们现在要用声音展示春天之美。请你选择一个段落自主朗读，用声音来展示春天之美。

学生朗读展示（你为什么要这么读？你觉得为什么这个字要重读？这里你读得非常好，你能给大家说说为什么你选择这样读呢？）

【通过学生的自主朗读和发现总结方法。】

【重音】朗读时，为适应传情达意的需要，对语句中的某些词或短语以重读的形式加以强调。

【停连】朗读语流中声音的中断和延续。声音的中断即停顿，声音的延续即连接。无论停还是连，都要与文章的思想情感发展变化的要求相适应，不是随意的。

2.小组互比：每个同学再次自主挑选段落进行练习，然后在小组内展示朗读。小组内同学票选组内的朗读之星。

学生活动四：

刚刚很多同学都朗读了这一段，但是为了方便我们的朗读需要，我们还可以标注朗读标记来提醒我们进行有感情地朗读。

【朗读脚本设计标记】

∧：短停顿　　　　　▲：长停顿

V：连接音　　　　　…：重音号

小草V偷偷地从土里V钻出来，嫩嫩的，绿绿的。园子里，田野里，瞧去，一大片一大片V满是的。坐着，躺着，打两个滚，∧踢几脚球，∧赛几趟跑，∧捉几回迷藏。风V轻悄悄的，草V软绵绵的。

作业：请你重新选择文中一段文字标注朗读标记，并有感情地朗读。

学生活动五：

我们通过朗读走进了春天，本单元还向我们展示了其他季节的美丽风光，请同学们阅读《济南的冬天》《雨的四季》《观沧海》《闻王昌龄左迁龙标遥有此寄》《次北固山下》《天净沙·秋思》，按季节分类，并说说各篇文章主要描绘了哪些画面，各自抒发了作者怎样的情感。

学生活动六：

1.从以上文章任选一篇(或某篇文章的某个画面)。要求：标注朗读标记，有感情地朗读。

(可以小组合作,可以个人展示)

2.对比阅读：同一个季节作者选择不同的景色表达不同的情感，请你为《观沧海》和《天净沙·秋思》标注朗读标记，并自主有感情地朗读诗歌,注意用声音表现诗歌的情感。

不同的情感要用不同的音高、语调、语速去表现。

任务二：品味四季之美

学生活动一：

通过对不同画面的句子的品味,同学们可以总结出哪些表现美的方法呢?

学生活动二：

刚刚我们总结了用不同的写作手法来展现景物之美，进而表达作者情感，请你再从本单元中另选一首诗或一篇文章的文段，品味其语言之美，并说明作者的情感。

学生活动三：

根据本单元所学，请你筛选自己拍摄的或者网络上选择的能代表重庆之美的图片,为展现家乡之美做好准备。

任务三：展现家乡之美

学生活动一：

拟写家乡之美的文案提纲。

(1)所展现季节：……

(2)为画面拟写小标题：……

(3)重点突出景物的美点：……

(4)重点想突出的感情是：……

学生活动二：

小组内展示自己的照片，在小组内分享你的写作提纲,其他同学互提建议。

学生活动三：

根据所学的展现景物之美的方法，为你的图片配上生动的文字。

学生活动四：

(1)为自己所写的文字配上合适的音乐并录下自己朗读文案的音频。

(2)在家长帮助下制作短视频。

学生活动五：

展示自己的短视频作品，同学投票产生优秀者。

学生活动六：

推送优秀作品到学校公众号。

(五)确定评价方式

评价方式除了总结性评价还需要表现性评价，此教学设计在朗读方面设计相应的评价量表(表3-4)，根据学生的不同等级进行评价。

表3-4　朗读评价量表

要求	水平1	水平2	水平3	得分 自评	得分 他评	得分 师评
准确、流畅	字音大多准确，基本流畅	字音基本准确，语速相对适中	字音准确，语速适中			
重音、停连	有重音、有停连	重音处基本准确，停连基本准确	重音准确，停连与情感一致			
感情	有感情的词句处有体现	听众能感受到情感	情感与作者基本一致，听众能准确感受到朗读者的感情			

在品味语言部分，通过总结后选择多篇进行评价，重视学生品味语言的方式。整个教学过程是一个具体真实的活动，学生也常常用短视频记录生活，在这个方式里增加了文案写作，这样就落实了语文在生活中的运用。

这是我的学习任务群的教学设计，虽然没有落地实施，但是我想这不失为一次真实的尝试。

三、学习任务群教学与大单元教学、群文教学、单篇教学的关系

除了教学的具体设计,我想我们可能还会对学习任务群教学与大单元教学、群文教学、单篇教学的关系产生一些疑惑,我想它们的关系应该是:

第一,学习任务群的目的是改变过去线性的单篇教学模式。

学习任务群是以自主、合作、探究性学习为主要学习方式,凸显学生学习语文的根本途径,追求语言、知识、技能和思想情感、文化修养等多方面、多层次目标发展的综合效应,而不是学科知识逐"点"解析、学科技能逐项训练的简单线性排列和连接。

过去,我们以单篇教学为主,小学教说明文讲举例子、列数据,初中教说明文也教举例子、列数据。单篇之间没有形成结构化的内容,也体现不出学生的阅读发展层级。学习任务群就是要建构各类文本图式,重视语文学科在不同情境下的运用。

当然不是说所有的单篇教学都是线性的,也不是说大单元教学和学习任务群教学就摒弃了单篇教学。

第二,单篇和群文都是实现大单元教学和学习任务群教学的手段。

单篇的精读和多篇的比读,只要能帮助学生构建结构化的知识体系,逐步掌握能够迁移的学习能力,无论单篇教或者群文教都可以。有的单篇是经典的文本,就是王荣生教授所讲的起到"定篇"的作用,所以也可以将这样的单篇置于整个学习任务群中,成为一个任务或者一个任务的一部分。

第三,大单元教学和学习任务群教学理念基本一致,大单元教学是学习任务群教学的一种。不过到底大单元教学大还是学习任务群大目前还众说纷纭,我想我们也可以去探索。

从目前的大单元教学实践研究来看,大单元教学的设计更尊重教材本身的自然单元,或是对教材的同题材、同文体的原始单元进行整合与设计,其实这种尊重教材自然单元的大单元教学也属于学习任务群教学。

在此基础上,对教材内容打乱重新整合,或者对教材内容进行补充,形成结构化的任务,设计结构化的活动,用以完成学习内容这也是学习任务群教学。

比如小人物单元中,除了七年级下册第三单元的几篇课文,像孔乙己也是小人物的典型,也可以进行资源整合。当然,从实施的角度看,尊重教材自然单元的教学更受一线教师喜欢。

第四章 群达语文课程的建设实践

第一节 群达语文课程的建构核心阐释

重庆市巴南中学高中群达语文课程创新基地在语文学科的人文性和工具性的基础上,以语言、思维、鉴赏、文化、写作五大群为实践路线,探索适合教师和学生发展的课程。

一、理解语言建构与运用

依据《普通高中语文课程标准(2017年版2020年修订)》,高中群达语文课程创新基地的课程规划紧紧围绕语言建构与运用、思维发展与提升、审美鉴赏与创造、文化传承与理解四个核心素养。实际上,在语文教学中无论教给学生什么知识,都会把语言建构与运用作为四个核心素养的基础,因此,可以说,语文还是最应该教学生建构语言,运用语言。

如何理解语言建构与运用？一方面是按照语言内部系统来建构话语,用词语组构句子,用句子组构段落和篇章;另一方面是在个人言语经验的基础上,逐步建构起自己的言语体系。

语言建构与运用,首先是要求学生掌握语言文字的基本知识,懂得科学准确地表达个人的观点。其次,在长期的语言运用中,形成自己独特的个人风格。

困惑诸多语文老师的问题是:考试成绩与语文素养是矛盾的吗？在此基础上,我们开始探究如何做好语言建构。

从实际的教学来看,建构语言,就是要教给学生语言的基本知识,包括字词句篇的基本知识,以及常用的修辞手法等等。这部分的内容,在旧版的教材里统称为语言文字应用知识。但是,在王宁教授的相关论述里,还包含有对学生说话和写作的要求,要每个学生形成自己独特的语言风格。这种风格的形成,是先从模仿学起的。从这个角度来看,它包含了指导学生勤于阅读,并且在阅读中把握作家的语言风格,适时进行模仿与创新的内容。我们借助高中群达语文课程创新基地,借助朗读亭,指导学生真正学会模仿;也开展课前演讲,用文字图像让学生形象直观地建构语言。总体上而言,语言建构与运用是绝不可以单纯地以文学一以贯之的。在实际操作过程中,必须有明确的语言运用规范的约束。

二、理解思维发展与提升

语言建构很大程度上离不开思维功能。语言是社会现象,是社会的交际工具,同时是人类思维的工具。无论是思维的形式、思维的过程还是思维的生理机制都和语言密切相关。高中群达语文课程创新基地一直重视学生思维的培养,培养学生在语文学习过程中的联想想象、分析比较、归纳判断等认知能力,锻炼学生的直觉思维、形象思维、逻辑思维、辩证思维和创造思维。

高中学生必须具备一定的逻辑思维常识,从概念入手,注重判断的准确性、推理的合理性,进而获得对文章所论事理的把握,判断观点的正确与否和论证是否缜密。选择性必修上册第四单元"逻辑的力量",可以很好地帮助学生训练逻辑思维,并可以此为支架去更好地阅读理解议论文,研读《庄子》《孟子》中的名篇,追问庄、惠的"濠梁之辩",探究《过秦论》《六国论》中的宏论雄辩,从逻辑思维的角度去析辞章,寻考据,明义理。学习了"逻辑的力量"单元后,学生可以学着用逻辑思维进行思辨性表达,筹备辩论赛。我们借助语文课程研发中心、课程融合中心,让学生在具体的场景中感悟语言、思维的严密性、逻辑性。

议论文写作更是语言运用和思维锤炼的集中体现——准确把握概念的内涵而做出精准的判断,立论之后必须作出有理有据的证明。议论文写作不只是简单地把文字写得通顺流畅,而是要进行理性写作、分析性写作。而创造性思维能力需要经过长期的知识积累、在实践中磨砺才能具备,至于创造性思维的过程,则离不开繁多的推理、想象、联想、直觉等思维活动。对于同样的生活事件,一般人熟视无睹,作家却能从中得到意外的收获,创造出惊天动地的故事,形成文学艺术。如何产生一个想法,如何表达一个观点,如何寻找与之相关的素材,如何有效地论证,如何有条理地表达,如何面对各种质疑和反驳,如何把要表达的内容清晰地、优雅地、有说服力地呈现给不同的写作对象……都是群达语文训练的目标。思维能够对语言进行完善:人类思维的过程需要语言,思维的成果需要用语言表达。强化思维训练,可以促进语言理解和运用能力的增长,可以深度促进语言表达的完善与精确,让学生有话可说、有情可抒、有理可证。

三、理解审美鉴赏与创造

审美鉴赏与创造这个核心素养,与我校"134生态课堂"可以做到紧密结合,我们希望学生在学习阅读之时,能爱上阅读并且享受阅读。在鉴赏课程中,以"阅读与鉴赏"为课程的核心,以"审美鉴赏与创造"为出发点,以"鉴赏通达"为具体目标,让学生对文学作品中的语言、形象、情感表达等相关因素有独特的见解,体味人生、自然、世界的丰富多彩,从而树立正确的价值观、高尚的审美趣味,真正提升学生的语文核心素养。

在分析文本的基础上,学生要学习运用书面或口头语言表达自己的审美体验及感受、情感态度及价值判断,思考、领悟文本的思想价值和时代精神,能自觉地、创新地使用语言文字表达对美的理解与欣赏,最终实现鉴赏能力的应用与通达。学生要将阅读方法和经验应用于其他文本及生活场景中,并根据自己的个性和喜好,在自己感兴趣的阅读领域有所发展。鉴赏群要构建与语言群、思维群、文化群、写作群的结构化联系。从阅读接受到主动探究,体会中华文化的博大精深,增强文化自信。

"部编版"高中语文教材的阅读与鉴赏学习任务群包括整本书阅读与研讨、文学阅读与鉴赏、中国革命传统作品研习等几个主要内容。《乡土中国》和《红楼梦》的整本书研读与鉴赏,要求学生通过对整本书的阅读与鉴赏培养起基本的阅读能力并且具有一定的审美能力,进一步拓宽他们的阅读视野并萃取出适合自己的阅读方法。而依托基地的场地、设施,可以开展《红楼梦》课本剧编写及展演活动,让学生在实际运用中,展现鉴赏的成果。文学阅读与鉴赏,包含精读古今中外优秀的文学作品,以高中语文必修上、下册为依托,集中在必修上册的第一单元、第三单元、第七单元和必修下册的第二单元、第六单元、第七单元。每个单元的作品体裁不一,主题一致,学生应在设定的情境中按照诗歌、散文、小说、剧本等不同艺术表现形式有所侧重地赏析,从中归纳出不同文学体裁的特性,发现它们的文学价值以及美学价值。选择性必修上册一单元和选择性必修二单元中的中国革命传统作品研习,让学生在阅读和研讨语言典范、论辩深刻、时代精神突出的革命传统作品中,深入体会革命志士及广大群众为民族解放事业英勇奋斗、百折不挠的革命精神和革命人格,进一步发展其语言运用能力、思维能力和审美鉴赏能力,陶冶性情、坚定志向、砥砺人格。

学校的精品选修课"诗词与人生境界",通过对古代著名诗人的生平介绍与名篇代表作的阅读与鉴赏,帮助学生大致梳理古代诗歌发展与流变的过程,让他们感受不同诗歌的风格,把握诗歌的意象、意境与作者情感的关系,提炼与总结古代诗人的精神品质,进而培养学生热爱生活的优秀品质,激发他们用喜欢的方式写作,表达自己的感情。其他选修课程还包括中国现当代作家作品专题研讨,要求学生阅读自现代以来的优秀文学作品,引导学生以正确的价值观鉴赏相关文学作品,提升自己的审美能力、表达交流能力、写作能力。

四、理解文化传承与理解

文化传承与理解这个核心素养,包括"传承中华文化""理解多样文化""关注、参与当代文化"几个方面的学习任务。"传承"即通过对祖国语言文字的学习,体会中华文化的博大精深、源远流长,继承并弘扬中华优秀传统文化。"理解"是指理解多样文化,尊重和包容不同民族、不同区域、不同国家的文化,吸收人类文化的精华。"关注、参与当代文化"可以视为对"文化传承与理解"的当代文化观照。

文化群与语言、思维、鉴赏、写作任务群之间并不是割裂开来的,五大群既是独立存在,也是相互融合的。语言是文化的产物,是记录、传承文化的一种重要方式,两者不可分割。在学习中华优秀传统文化和革命文化作品的过程当中,无疑会让学生得到思维上的锻炼、审美上的提高。因此,文化群是以"文化"为主,以"语言""思维""审美"为辅的。

依托教材,必修上册第四单元围绕"家乡文化生活"展开学习活动,旨在引导学生关注和参与当代文化生活,学习剖析、评价文化现象,积极参与中国特色社会主义先进文化的传播和交流,增强文化自信;必修下册第一单元,是中华传统文化经典研习,旨在引导学生通过阅读中华传统文化经典作品,积累文言阅读经验,培养民族审美趣味,增进对中华优秀传统文化的理解,提升对中华民族文化的认同感、自豪感,增强文化自信,更好地继承和弘扬中华优秀传统文化。

文化群的课程首先建立在语言的积累上,再是文化的传承与理解。在基地开展的"诗文江湖令"背诵比赛,很好地体现了文化群的课程目标,以一项比赛带动全年级的学生背诵、理解古诗文,既助力高考得分,又影响了学生对古代优秀作品的态度,让他们在读背之中,真正地理解传统文化,并产生传承的自觉。师生共同搜集整理从古至今有关巴南的诗歌,既是对家乡文化生活的调查,也是对优秀传统文化的传播与交流,赋予了历史材料新的生命活力,让学生在学习活动中,对家乡有了更深入、细致的了解,并使学生能在学习活动中确定自己的研究对象,深化认识。

群达语文课程围绕五个群整合教材、设置课程,全面培养学生的语文学科核心素养,为学生的全面发展和终身发展奠定了基础。

第二节　语言群课程的建构与实践

"语言建构与运用"是指学生在丰富的语言实践中,通过主动地积累、梳理和整合,逐步掌握语言文字特点及其运用规律,建立个人的语言经验,在具体的语言情境中正确合理地使用语言文字进行交流沟通。语言建构与运用离不开对语言知识的积淀,语言规律的掌握以及语言活动本质的探索。现代语言学明确界定了语言是重要的交际工具,也是重要的思维工具,语言与思维的发展相辅相成;语言文字是文化的载体,是文化的重要组成部分;语言文字是文学作品的审美对象,语文学习的过程也是人审美能力和审美品质发展的重要途径。所以,语言建构与运用成为语文课程实践研究的重点。

《普通高中语文课程标准(2017年版2020年修订)》中有"语言积累、梳理与探究""汉字汉语专题研讨""实用性阅读与交流"等任务群,在群达语文课程中统一到"语言群"中,按照必修、选择性必修和选修进行统整,基于课程标准,但在课程标准上进行创新,一改过去提到基础知识就枯燥地讲解的情形,而是用活动的形式开展学习。

一、语言群课程目标

(一)积累·整合

使学生能围绕任务群内容加强语言积累,在积累过程中,注重梳理,逐步形成个性化的语言学习体系。

使学生能运用多样的学习方法掌握语文基本知识。

(二)思考·领悟

使学生养成对语言、文学以及文化现象独立思考、质疑探究的习惯。

(三)发现·创新

使学生能留意并评述现代语言现象,提高其探究能力和探究成果的质量,勇于提出自己的见解。

二、语言群课程内容

第一阶段:必修课程,课程内容包括"语言积累、梳理与探究""实用性阅读与交流";

第二阶段:选择性必修课程,课程内容包括"语言文字运用";

第三阶段:选修课程即校本课程,以学生活动为主要载体,进行"汉字运用专题实践"。

三、语言群课程实施策略

"语言建构与运用"教学落实路径,就是督促学生能够主动地积累、梳理和整合语文知识,积极地引导学生积累语言素材,进而获得宝贵的语感,赏析文本,辨析语言表达的准确性和艺术性,掌握语言文字在文本中运用的规律,品味中华文字的魅力。同时,提高学生在具体语境中运用语言文字进行交流的能力。在实际教学中,教师充当领路人的角色,目的是引导学生在阅读文本时学会移用和仿用优美、典雅、曼妙的字词和句式,品味语言的艺术,这类语言赏析可以在一定程度上提高学生的审美能力,在此过程中,学生的语言建构与运用能力得到了实际呈现。所以,教师有必要在教学活动中有意识地引导学生通过阅读文本践行真实的言语活动。在此过程中,学生要发挥主动性,不断地积累文本,同时,将积累的语言文字甚至句式句型内化到自己的语言体系里面,进而提高其自我语言建构与运用的核心素养能力。笔者写到这里,读者不难发现,建构重于"语言",运用重于"言语"。换句话而言,"语言"呈现稳定的静态特征,它往往被社会广泛认可接受,具有普遍性、规律性和恒定性的特点;"言语"呈现交互的动态特征,它往往是在个体与他人及环境交际过程中产生语境义,更具象化、经验化等特点。"语言"和"言语"置身于一个语境之中,揭示了语言建构与运用的内在逻辑规律,可以发现语言规律和创生语言行为等。

(一)培养学生学习语文的语感,为语言建构与运用打好基础

语感能力的强弱,不仅关乎着学生是否能充分理解和体会语言文字的深层含义,也关乎着学生是否能有效地提升其语言建构与运用能力。对于培养学生的语感,如何培养,怎样培养,是教师在备课和组织教学过程中必须思考的问题,因为它是培养学生学习语文兴趣的重要因素。在日常学习中,教师可以注意积累一些便于沟通交流的文本和音频资料,引导学生通过学习和研究发现语言和文字内在的规律,并通过分享交流帮助学生挖掘学习语言的天赋。教师还可以引导学生以以下方式积累资料,丰富自己的知识储备。

1.鼓励学生积累课本中的语言材料

学生语文素养的培养离不开教材,因为教材的内容积极向上,哲理深刻,文字优美,让学生在学习中既能享受到文字的魅力,又能帮助学生树立正确的人生观和价值观。

2.鼓励学生增加课外阅读构建语言基础

虽然部编教材的课本内容都是经过编者精心挑选的,内容积极向上适于

学生学习,但是篇目较少,不能有效地满足学生的学习需求。结合着学生的实际情况,教师可适当地在阅读课堂上对学生进行阅读指导。鼓励学生大量阅读课外读物,丰富自己的语言结构,吸收新的语言元素,培养语感,为日后语言建构与运用打下坚实的基础。

(二)提升学生的表达能力

孔子言,一言可兴邦,一言可丧邦。可见,古代教育就已经知道语言表达的重要性。在当今竞争日益激烈的社会,语言表达能力在处理人际交往中起着很重要的作用。初中阶段是学生提升表达能力的黄金时期,在初中教育教学过程中,为了培养学生语言建构与运用能力,教师在教学过程中应该在注重成绩的同时,关注学生语言表达能力的培养,让他们的口语表达和书面表达能力得到进一步的提升,通过各种教学方法,让学生学习的语言活起来,让沉静的文字有生命,有活力,有价值,而不是一潭死水。然而,在现实教学中,我们会发现一个很普遍的现象,很多学生不愿意去表达。通过观察,我们不难发现学生不愿意表达的原因来自三个方面:首先,学生自身的心理问题;其次,学生的学习问题;最后,社会环境问题。面对这些棘手的问题,作为教师,我们很多时候无能为力,但我们不能袖手旁观,我们可以在自己教育的平台领域,通过提升学生语言表达的能力,让学生健康地成长。提升学生语言表达的能力有以下几种方式:

1.开展课堂活动提升学生口语表达能力

我们常说:"兴趣是最好的老师。"我们可以在课堂教学过程中设计一些有趣的"小节目",吸引学生的注意力,通过乐学乐教的方式提高学生的表达能力。除了三分钟演讲、口头作文、举办辩论赛之外,我们还可以结合文本的内容,设计"小节目",帮助学生内化知识,提高学生口语表达能力,最终为语言建构与运用打好基础。

2.组织写作活动提升学生书面表达能力

培养学生的语言建构与运用能力,说和写是很关键的。高中是学生建构语言的高级阶段,可以通过活动来激励学生进行语言实践。如为了鼓励学生写作现代诗,配套举办自创诗歌朗诵比赛;为了训练学生的议论文写作,配套举办辩论赛等。

(三)将"写"与"说"进行有机深度融合

对于高中学段的学生而言,活跃学生语文思维的方式有很多种,而培养良好的语言建构能力是最基础的,同时,这也是提升学生语言表达能力的关键。相关调查结果表明,将"写"和"说"进行深度融合是现阶段提升学生语言运用能力最合理的途径,这种方式实际就是我们教师平时教学中常用的方式,可以理解为将学生平时的写作训练和表达训练有机结合,既提高了学生的写作能力,又提高了学生的语言表达能力,进而提高学生的语言核心素养。为了将"写"与"说"进行深度融合,教师可以要求学生在写作训练之前,选择语文课本中的文章进行仿写,原因是语文课文是学生最好的学习仿写范文,它更具有权威性。例如,我们在学习一篇励志的文章——《我有一个梦想》后,以学生的梦想为切入点,来锻炼学生的语言建构能力,为此设置一个演讲题目是《我有一个梦想》,教师可以让学生在班里面讲述自己的梦想。演讲结束后,教师可以让学生根据自己演讲的内容,合理构思,写成提纲。最后,根据提纲,写一篇《我有一个梦想》的作文。通过这种方式,不仅能够有效地锻炼高中阶段学生的语言建构与运用能力,同时也在一定程度上为高中学生的写作提供了大量的素材,以此提升高中语文的教学质量。

(四)发挥"演技",锻炼学生语言素养

教师要抓住学生个体具有自我创造性的特点,让学生对语文更有兴趣,对语文课本内容和人物塑造领悟得更深刻。教师可以激发学生的"演技",让学生选取自己喜欢的语文片段进行表演,比如《雷雨》等文章。此时,高中语文教师就要在实际的语文教学过程中,对教材内容进行深度的分析,并结合学生的实际情况设计教学活动内容。通过这种方式,教师不仅践行了素质教育,也在进行着课程改革,进而锻炼了学生语言素养。

(五)凸显汉语词汇的严谨性、准确性和多元性

随着时代的发展,某些汉语的意义也随之变化,目的就是为了适应时代的变化,甚至会创造出一些新词新语,满足人们的日常生活需要。当然,在此过程中,一些人为了追求短期利益肆意地篡改文字,比如一些卖衣服的商家,为了吸引顾客的注意力,将店铺广告牌的文字谐音化——美丽女人,"菲"常可爱。商家一个简单的改动,却忽视了汉字的严谨性和准确性,不利于学生学习汉字,更不利于汉字文化的传播。甚至,词典编纂者在词汇编辑过程中稍不注意就会导致字词在词典中的解释可能与现实存在一定的偏差。同样地,高中语文教师在教学过程中,缺乏对汉语词汇的严谨性和准确性的态度,将直接对高中学生造成误导和困惑。为了改变这一现状,高中教师在教学过程中,既要凸显汉语词汇的严谨性和准确性,还要传播词汇的多元性,选取合适的词语,使学生在枯燥的学生生活中感受语言文字的魅力。最终目的是提高学生语言的建构与运用能力。

四、语言群课程的评价及意义

语言建构与运用的评价标准可以从是否恰当、是否简洁明了、是否连贯流畅、是否具有表现力和是否具有思想性几个方面进行考察。根据实际应用中的语言使用情况,判断语言使用是否恰当。根据语言的表达效果,判断语言是否简洁明了。根据语言的整体表达效果,判断语言是否连贯流畅。根据语言的表达效果,判断语言是否具有表现力。根据语言的实际意义和价值,判断语言是否具有思想性。

语文课程的建构是为了提升学生的语言建构和运用能力,教师要建立评价机制,不仅评价自己,还要评价学生。在教学过程中,教师要多倾听学生的意见,根据学生的听课效果和学生的学习反馈,针对教学的不足,及时想出相应的措施,更改自己的教学内容。同时,针对不同类型的学生要采用不同的方式来引导学生的语言表达,提高学生的语言表达能力,发现不同学生的闪光点并加以鼓励引导,尤其是内向的学生,提高他们的自信力,激发他们的兴趣,适当给予奖励,使学生的语言核心素养得到提高。

综上所述,随着网络信息技术的不断发展,人们的生活节奏越来越快,人与人之间的交往频率也越来越紧密。随之社会对人们的语言建构与运用能力提出了更高的要求,为了让学生快速走向社会并适应社会,学校管理者、教师以及学生都要积极地培养自己的语言建构与运用能力。为此,学校要制定相关政策,保证培养学生语言建构与运用能力的实施;教师要不断地转变自己的教育教学思路,将这一政策真正落实到每一个学生身上;学生本人更要自主地提高自身的语文核心素养。

五、语言群课程课例展示

课例一：

语言的积累、梳理与探究

必修上第八单元教学整体设计

【学习任务群分析】

必修上第八单元是词语积累与词语解释,以"语言积累、梳理与探究"为主题,属于"文学阅读与写作"任务群,在群达语文课程里定位在语言群中。其中包括丰富词语积累、把握古今词义的联系和区别、词义的辨析和词语的使用。通过本任务群的学习,学生可以更好地掌握本单元的词汇和语法知识,提高阅读和写作能力;通过深入理解词语的含义和用法,学生可以更好地体会文章的语境和修辞效果,提高文学鉴赏能力;通过课堂讨论和小组合作,学生可以培养合作学习和自主学习的能力,提高学习效率。

教材要求本单元围绕词语积累与词语解释开展学习活动。高中生应该掌握了一定数量的词汇,包括常见的动词、名词、形容词等。应该能够理解并解释常用的成语、惯用语、歇后语、谚语等。应该能够根据不同的语境和写作目的,正确地使用不同的词语和表达方式。例如,能够区分近义词的不同含义和用法,能够使用适当的褒义或贬义词语进行形容,应该能够辨析近义词、反义词、形近字等,并能够理解它们的异同点和使用场合。

【学习任务群目标】

1.了解词语的特点,通过多种方式积累词语。

2.学习辨析词义的方法,把握词义变化的规律,认识词语古今含义的联系和差异。

3.结合词义特点,探究语言表达中词语选择的艺术,提高理解和运用词语的能力。

【学习任务群评价】

评价学生对文章内容的理解程度,包括对文章主题、思想内涵、人物形象等方面的把握。评价学生的语言表达水平,包括词汇运用、句子表达、修辞手法等方面的能力。评价学生的阅读能力,包括快速阅读、信息筛选、推理判断等方面的能力。评价学生的写作能力,包括处理文章结构、理清逻辑关系、语言表达等方面的能力。评价学生的学习态度,包括学习积极性、主动性、合作精神等方面的表现。

在评价过程中,可以选取多个角度,如课堂表现、作业批改、小组讨论等,以便全面了解学生的学习情况。同时,评价结果要及时反馈给学生,帮助他们发现问题并改进学习方法。

【学习任务群教学过程】

任务一 丰富词语积累

活动一:了解词语"家族",让积累更加有效。

"我们一直都在积累词语,但未必有方法上的理性认识。请介绍一下你是如何积累词语的,在积累的过程中有哪些利弊,写一段文字,写完后与小组同学交流。"

汉语中的词语并非杂乱无章,而是有"家族"、成系统的。有些词包含共同的语素,如包含语素"清"的词语有"清洁""清新""清理""清幽""清雅""清白"等。有些词,通过语义上的各种关系聚合在一起,如亲属关系、顺序关系、同义关系、反义关系等。从词语的"家族"或者"系统"出发,触类旁通,就可以增加词汇量。

必备知识:积累词语的方法

1.讲故事法。一些词语可能源自古老的传说,也可能是一个寓言的精华,或者一个典故的精华。只要能够把握住这些传说中的精彩瞬间,就可以牢记于心。如:指桑骂槐、毛遂自荐、亡羊补牢、风声鹤唳、买椟还珠等。

2.串联法。通过串联的方式,将词语的首尾连起来,形成一串有关的话题。最典型的就是词语接龙,如"守株待兔、兔死狐悲、悲天悯地、地大物博、博采众长、长相厮守……"这种方法在课堂上一般不被采用,在游戏竞赛中用得较多。

3.随文积累法。通过阅读和思考,我们可以更好地理解和熟练使用所需的词汇。为了更好地理解和使用这些词汇,建议将它们作为一种工具,并定期进行检查和评估。无论是正在听课,还是正在做测验,如果发现了一些优秀的词汇,请务必保存并加以练习。比如:积累了描写江河的词语"一泻千里",可以再思考一下,除了江河,还有什么可以用"一泻千里"形容呢?

4.发散法。通过发散法,我们可以从一个核心词语开始,向周围扩散,从而更好地理解汉语词汇。汉语词汇中存在大量的同义词和反义词。比如,"坚持不懈",形容有恒心、有毅力,它的反义词有"有头无尾、半途而废、虎头蛇尾、浅尝辄止"等;它的同义词有"始终不渝、持之以恒、坚持不渝"等。

5.集合法。就是把含有相同特点(包含共同的语素)的词语集合在一起进行积累掌握的方法。如包含"人"字的词语:差强人意、引人入胜、人面桃花、人情世故、一鸣惊人、平易近人、万人空巷等;再如包含"安"字的词语:安步当车、安定团结、万世之安、安危相易等。

活动二:丰富成语积累,让语言多姿多彩。

"举办一次'积累成语,领略魅力'的主题活动。"

熟语是一种常见的语言,其中就包括成语、惯用语和歇后语。我们可以根据不同的需求,收集一些成语,然后将其应用到实际生活当中。此外,我们也可以通过对比来训练自己的掌握能力。

1.全班分成九个小组,仔细研究课本中的成语,以探究其来源。同时,要重点关注这些成语所蕴含的古代汉语词汇、语法等方面的特点。

2.以爱国、诚信、友情、坚持、感恩等主题分类整理成语,小组分工,以《成语中的____文化》为题,写一则400字左右的语言札记。

成语研究示例。

成语	出处	意义
跬步千里	语出《荀子·劝学》:"故不积跬步,无以至千里。"	形容学习要注重一点一滴细节的积累。
青出于蓝	语出《荀子·劝学》:"青,取之于蓝,而青于蓝。"	蓝色从蓼蓝提炼而成,但是颜色比蓼蓝更深。比喻学生胜过老师,后人胜过前人。

续表

成语	出处	意义
锲而不舍	语出《荀子·劝学》："锲而舍之，朽木不折；锲而不舍，金石可镂。"	锲：雕刻。舍：放弃。雕刻一件东西，一直刻下去不放手，比喻做事情能坚持到底，不半途而废。也形容有恒心，有毅力。

活动三：关注新词语，让语言鲜活生动。

"全班分成九个小组，搜集新词语，从中选择五个，为它们制作'档案'。其内容涵盖这些词语的起源、含义，以及它们所反映的社会生活的变化和文化现象。"

随着时代的发展，新的词语不断出现。为了更好地掌握这些词汇，我们必须关注它们的来源。这些词汇可以是汉语本身的创造性词汇，也可以是外来的术语，比如"高铁""供给侧""凡尔赛""卷"等。

必备知识

1.新词语的内涵与外延（图4-1）。

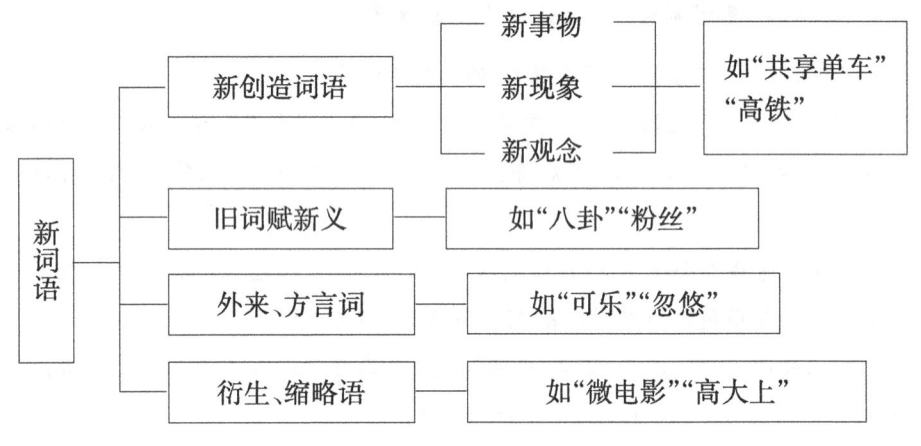

```
            ┌─ 新创造词语 ─┬─ 新事物 ─┐
            │              ├─ 新现象 ─┤── 如"共享单车""高铁"
            │              └─ 新观念 ─┘
新词语 ─────┼─ 旧词赋新义 ─── 如"八卦""粉丝"
            │
            ├─ 外来、方言词 ── 如"可乐""忽悠"
            │
            └─ 衍生、缩略语 ── 如"微电影""高大上"
```

图4-1 新词语的内涵与外延

2.举例说明。

（1）新词语整理示例。

敲黑板

【类型】最早出自微博的热门评论。

【概述】当遇到针对某个事件某些人将要发表言论的时候，阅读理解"满分"的网友们就会很熟练地提醒大家接下来的内容非常重要,开头总会说一句"敲黑板"。

【释义】类似"前方高能""重点来了"。敲黑板就是起强调作用的一个词,后面通常还会紧接着其他的信息,是为强调接下来要说的东西的重要性,表示这是言简意赅地为大家整理出的重点信息。

(2)不同类别的新词语举例。

类别	举例
科技类	动车、复兴号、蓝牙、转基因、高铁、AI(人工智能)、VR(虚拟现实)、生物芯片、轻轨……
文化娱乐体育类	宅男、颜值、圈粉、超女、网红、粉丝、黑马……
日常生活类	菜鸟驿站、尬聊、外卖、料理、房奴、按揭、秒杀、买单、敲黑板、剁手党、流量、共享单车……
互联网语言类	菜鸟、网虫、创客、打call、下载、潜水、病毒、晒客、博客、播客、吃瓜群众、网民、抢沙发、刷屏、翻墙……
国家政治类	"一带一路"、社保、和谐社会、人类命运共同体……
游戏类	装备、皮肤、手游……

任务二 把握古今词义的联系与区别

活动一:探究一词多义。

"每位同学梳理一词多义的十个例子,撰写摘抄笔记。"

一个词语有很多不同的理解,这种情况在古代汉语里十分普遍。因此,我们应该认真研究这些词的用法,以便更好地了解其实际的用法。为了更好地掌握这种情况,我们可以参考一些一词多义的示范,比如"朝""解""涉""曾"和"坐"。虽然一词具备众多含义,但它们之间仍然具备一定的内涵和逻辑性。多义词的各个义项并不是孤立的,其间存在着各种联系。例如,兵,本义是武器,引申指拿武器的士卒、战士,由此义引申指军队,又引申指战争、军事。

举例说明:

(1)朝

①朝(早晨)服衣冠。(《邹忌讽齐王纳谏》)

②今朝有酒今朝(日,天)醉。(《自遣》)

③于是入朝(朝廷)见威王。(《邹忌讽齐王纳谏》)

④三顾频烦天下计,两朝(朝代)开济老臣心。(《蜀相》)

⑤强国请服,弱国入朝(朝见,朝拜)。(《过秦论》)

(2)解

①天下土崩瓦解(分裂、分离)。(《史记》)

②子墨子解(解开)带为城,以牒为械。(《公输》)

③庖丁为文惠君解(解剖)牛。(《庖丁解牛》)

④师者,所以传道受业解(解答,解释)惑也。(《师说》)

⑤惑而不从师,其为惑也,终不解(理解)矣。(《师说》)

⑥何以解(解除)忧?唯有杜康。(《短歌行》)

⑦太后之色少解(消减,缓和)。(《触龙说赵太后》)

(3)涉

①涉(徒步蹚水过河)江采芙蓉,兰泽多芳草。(《涉江采芙蓉》)

②送子涉(渡过,渡)淇,至于顿丘。(《氓》)

③然后可以刚健强力,涉(经历,经过)险而不伤。(《教战守策》)

④园日涉(到,走)以成趣,门虽设而常关。(《归去来兮辞》)

(4)曾

①曾(通"增",增加)益其所不能。(《生于忧患,死于安乐》)

②同是天涯沦落人,相逢何必曾(曾经)相识。(《琵琶行》)

③盖将自其变者而观之,则天地曾(尚且,甚至)不能以一瞬。(《赤壁赋》)

④汝心之固,固不可彻,曾(竟然)不若孀妻弱子。(《愚公移山》)

(5)坐

①因击沛公于坐(通"座",座位),杀之。(《鸿门宴》)

②却坐(坐着)促弦弦转急。(《琵琶行》)

③本无谋,又非亲属,何谓相坐(犯法,因……而犯罪)?(《苏武传》)

④停车坐(因为,由于)爱枫林晚,霜叶红于二月花。(《山行》)

⑤扪参历井仰胁息,以手抚膺坐(徒然,空)长叹。(《蜀道难》)

必备知识:掌握一词多义的方法。

1.抓住词的本义,进行推衍联想。

比如:亡,《说文解字》解释为"亡,逃也",可见"亡"字的本义是"逃跑"。由"逃跑"这个意思可以引申出物丢失不见和人的死亡等。

2.抓住词义引申的一般趋势。

①由具体到抽象。②由个别到一般。③由实到虚。

3.了解一词多义演变的联想方法。

①类似联想。②接近联想。③对比联想。

活动二：把握古今词义的不同。

"梳理下面的词语(也可以另找)，看看词义变化的情况。可以用表格的形式，也可以用其他形式，在班里展示、讲解。"

菜 宫 睡 河 瓦 臭 禽 汤 走 去 走狗 丈夫 钩心斗角 闭门造车 粉墨登场 道貌岸然

古今异义是词义发展演变的结果，而变化的结果与一词多义并不一样。如"河"，在古代专指黄河，而后来多泛指大河，词义的外延扩大了，这就是"词义的扩大"；"妻子"，古代可以指妻子和儿女，现在专指妻子，词义的外延缩小了，这是"词义的缩小"。再如"爷"，在古代多指父亲，而现在指爷爷，这是词义发生了转移。又如"鄙"，古代多用作中性词，指边境，现在指品质低下，用作贬义词，这是感情色彩发生了变化。

梳理示例：

词语	古义	今义
菜	专指蔬菜，不包括肉、禽、蛋等类食物	经过烹调供下饭下酒的蔬菜、蛋、鱼、肉等
宫	房屋，住宅，特指帝王的房屋，宫殿	现在指一些群众文化活动或娱乐用地房屋的名称，如"文化宫、少年宫、科技宫"等
睡	专指坐着打瞌睡	指一切形式的睡眠
河	专指黄河	指一般的河流
瓦	陶器	①铺屋顶用的建筑材料；②瓦特的简称
臭	气味	难闻的气味
禽	兽的总名	现在专指鸟类
汤	热水，开水	食物煮后所得的汁水
走	跑	人或鸟兽的脚交互向前移动
去	离开	从所在地到别的地方
走狗	善跑的狗，猎狗	比喻受人豢养而帮助作恶的人
丈夫	成年男子	现在专指妻子的配偶

续表

词语	古义	今义
钩心斗角	心：宫室的中心。角：檐角。指宫室建筑结构复杂而精密	比喻各用心机，互相排挤
闭门造车	只要按照同一规格，关起门来造成的车子，用起来也能合辙	关上门造车，比喻只凭主观办事，不管客观实际
粉墨登场	指演员化妆上台演戏	现在多指坏人经过一番打扮登上政治舞台（含讥讽意）
道貌岸然	道貌：正经，严肃的外貌。岸然：高傲，严肃的样子。指神态严肃，一本正经的样子	现在常用来形容故作正经，表里不一之状（含有讥讽意）

活动三：避免以今律古，望文生义。

"所有学生都应该收集并整理一些容易混淆的成语，然后分小组进行讨论。最后在全班交流这些成语的意义。"

词义是一种复杂的现象，它可能有古义，也可能有新的含义。在阅读古诗文时，我们应该注意避免用现代的语言来理解古诗。例如，在下面这些句子中，如何理解加横线的词语的意思？

今齐<u>地方</u>千里。（《邹忌讽齐王纳谏》）

未尝不叹息<u>痛恨</u>于桓、灵也。（《出师表》）

问今是何世，乃不知有汉，<u>无论</u>魏晋。（《桃花源记》）

<u>因为</u>长句，歌以赠之。（《琵琶行》）

提示说明：

这些句子中加横线的词语其实都是两个词的组合："地方"的意思是"土地方圆"，"痛恨"的意思是"痛心遗憾"，"无论"的意思是"更不必说"，"因为"的意思是"于是写作"。

学习现代汉语词语，尤其是从古代沿用而来的成语，容易望文生义而误用。了解成语的来历，或者理解成语中某些字的含义，往往能够帮助我们准确理解词义。如"出人头地"，这个成语引申自欧阳修的《与梅圣俞书》，原话是："老夫当避路,放他出一头地也。",意思就是欧阳修不挡苏轼的路,要放他出人头地。

示例:

1.不足为训:不能当作典范或法则。现在常被误用来表示不值得教训某人。

2.首鼠两端:迟疑不决或动摇不定。现经常被误用来形容一个人言行前后不一致。

3.奉为圭臬:把某些言论或事物当作准则。圭臬,借指准则或法度。现在常被误用来表示将某人奉为某领域的创始人或先行者。

4.七月流火:指夏去秋来,天气转凉。现也用来形容天气炎热。

5.万人空巷:并不是指街上空无一人,而是说家家户户的人都从巷子里出来观看或参加某些大的活动等,多用来形容庆祝、欢迎等盛况。

6.久假不归:长期借去,不归还。假,借用;归,归还。

7.一言九鼎:一句话的分量像九鼎那样重,形容所说的话分量很重,作用很大。

8.李代桃僵:借指以此代彼或代人受过。

9.石破天惊:多用来形容事情或文章议论新奇惊人。

10.百身何赎:自身死一百次也换不回来。比喻对死者极其沉痛地哀悼。

11.细大不捐:小的大的都不抛弃。

12.首当其冲:指最先受到攻击或遭遇灾害。

13.明日黄花:比喻已失去新闻价值的报道或已失去应时作用的事物。

14.犯而不校:别人触犯自己也不计较。

15.目无全牛:形容技艺已达到十分纯熟的地步。

16.登堂入室:比喻学问或技能由浅入深,循序渐进,达到更高的水平。

必备知识:防范"望文生义"的方法。

1.把握成语来源。如"登高自卑",出自《礼记·中庸》:"辟如行远必自迩,辟如登高必自卑。"从句中看,这里的"卑"是"低处"的意思,不是"卑微、卑贱"的意思,"自"是"从"的意思,其整体意思就不难理解了。

2.掌握一词多义。比如"不三不四",常见的意思是"行为不端、不正派";但其还有一个不常见的意思是"不伦不类、不像样子"。

3.关注关键词。比如"不足为训"中的"训"不是"教训"的意思,而是"准则、典范"之义。

4.切忌断章取义。一个成语的意思也不是构成成分的简单相加,如"差强人意"易误解为让人不满意,实际上它是"大体上还能让人满意"的意思。

任务三　词义的辨析和词语的使用

词语的选择对于构建完整的文章来说至关重要,它不仅需要精准无误,还要具有鲜明的个性和生动性。"炼字"中的"炼"更加凸显了这一点,表明选择词语的过程并非易事。

活动一：准确理解词义,把握词语的用法。

"从课文中搜集、梳理一些例子,在相应位置作好点评,然后与小组同学讨论,词语选用如何'最恰当、最合适'?"

要做到"恰当""合适",就要仔细辨析词义,准确理解词语的意义,把握其用法。我们可以通过阅读《咬文嚼字》体会用词的准确。可以通过作家对不同词语的选择体会词义的细微差别,如鲁迅《孔乙己》的句子"(孔乙己)便排出九文大钱……"中的"排"字。除了辨析词义,还要注意词语的用法,尤其是与其他词语的搭配,如史铁生《我与地坛》的句子"它<u>剥蚀</u>了古殿檐头浮夸的琉璃,<u>淡褪</u>了门壁上炫耀的朱红,<u>坍圮</u>了一段段高墙,又<u>散落</u>了玉砌雕栏……"里加横线的词语。

必备知识：恰当、合适地选用词语

1.有正确的立场、观点,对客观事物要有正确的认识。注意分辨词语的感情色彩和语体色彩,体会作者喜爱或憎恶的情感。

2.注意区分词语在意义上或用法上的细微差别。

活动二：体会词语的感情色彩。

"每位同学搜集所学课文中典型的段落和语句,试着探究作者是如何利用词语的褒贬色彩表达自己情感态度的。"

汉语中的许多词语都带有褒贬不同的情绪,即使是中性词汇,在特定的语境下也可能会产生不同的情绪。 提示:词语的感情色彩可以分为褒义、贬义和中性三种。褒义词汇通常包含赞美、喜爱、肯定、尊重等感情,而贬义词汇则可能包含贬低、憎恨、怀疑、轻蔑等感情。

通过对"说反话"的准确把握,我们不仅可以更好地阐述自身的观点、态度与感受,还可以更准确地把握他人的思想、意图及行动。然而,由于某些原因,有时会出现一些不同的感情,这时就需要根据实际情况来选择恰当的词汇,比如,有时会出现一些贬义褒用的词汇,这时就需要恰当地把握。

活动三:把握词语的语体色彩。

"搜集所学课文或者阅读到的文章,提炼、总结自己的心得体会,任选一篇作品,探究词语使用的艺术,写一则400字左右的语言札记。"

在日常交流中,人们通常会根据对方的需求和目的来使用各种语言风格的词汇。这些词汇通常可以分为口头语言风格和书面语言风格两大类。这些风格表明,不同的词汇可以应用于不同的场合,也可以应用于不同的文体。一般来说,为了达到语言的统一性,使用带有特定语体色彩的词汇是必不可少的。

我们可以探究作家是如何运用词语的语体色彩以获得更好的表达效果的。如:《蒲柳人家》和《溜索》都是表现地域特色的小说,我们可以鉴赏其在词语的选用上的特点和风格。

(雷长缨)

课例二:

感知时代律动 争做有为青年
统编版高中语文必修下第五单元教学整体设计

【学习任务群分析】

必修下第五单元可归属于"实用性阅读与交流""思辨性阅读与表达"任务群,在群达语文课程里定位在语言群中。学习革命导师、志士仁人顺应历史潮流,勇担时代使命的精神,进而思考新时代的青年人应该具有的抱负与使命,并将思考用切合实际、有针对性的方式,有理有据地表达出来。学习任务包括对文学作品的深入阅读、理解和分析,探讨文学作品中的主题、人物形象、艺术手法等,同时还需要关注文学作品所反映的文化背景和社会现象。通过学习,提高学生对文学作品的欣赏能力和文化素养,培养学生的语言表达能力、审美情趣和人文关怀。

本单元设置了多个文本比较阅读和群文阅读的任务,需要学生对多篇文学作品进行比较、分析和归纳,从中发现文学作品中的共性和差异,加深对文学作品的理解。同时,还需要学生运用批判性思维,对文学作品进行评价和反思,以提高他们的思辨能力和语言表达能力。

本单元鼓励学生在学习过程中进行自主学习和合作交流。学生可以通过自主研习的方式，同时也可以通过小组合作的方式，与同学一起探讨文学作品中的问题，互相学习、互相启发，以提升合作交流能力和团队意识。

综上所述，统编版教材语文必修下第五单元的学习任务群旨在培养学生的文学欣赏能力、思辨能力、阅读能力和语言建构能力，提高学生的审美情趣和人文素养。五单元共有两课，四篇课文。第一课是《在〈人民报〉创刊纪念会上的演说》（马克思）和《在马克思墓前的讲话》（恩格斯）两篇演讲词。第二课是《谏逐客书》（李斯）和自读课文《与妻书》（林觉民）。四篇作品，创作于不同的历史时期，涉及演讲词、奏疏和书信等多种体裁，但都聚焦于"抱负与使命"的主题，要求学生理解不同时期青年人应承担的时代责任，引导学生思考当今时代的抱负与使命，学会写演讲词，学习用流畅的语言表达自己的观点。

【学习任务群目标】

1.整理各篇课文及作者的相关背景资料，梳理文章结构，理解作者的写作目的，并学习勇担时代使命的精神。

2.分析各篇课文的重点语句和段落，揣摩其中蕴含的深刻含义，以及作者在不同体裁、不同目的写作中运用的语言表达技巧。

3.结合课文及资料归纳写作演讲词的要点，能够面对不同对象，有针对性、有理有据地通过演讲词流畅地表达自己的观点。

【学习任务群评价】

1.评价学生是否完成了学习任务，例如是否按照要求阅读了文学作品，撰写了读书笔记或演讲词等。

2.评价学生对文学作品的理解程度，例如对文学作品的主题、人物形象、艺术手法等的理解是否深入，是否能进行作品赏析和评价等。

3.评价学生的语言能力是否得到了提高，是否能够有理有据地表达自己的观点。

4.评价学生是否能够快速准确地把握文学作品的重点和要点，是否能够自主选择合适的阅读策略等。

5.评价学生的合作交流能力是否得到了提高，例如是否能够积极参与小组讨论和合作完成写作及演讲任务。

【单元教学目标】

1.体会作品中的时代洪流与个人志向、人生选择之间的深切联系,理解文中人物的精神品质和人生价值,思考新时代青年应具有的抱负和承担的使命。

2.梳理文章结构,分析重要词句的深层意蕴,结合历史、政治等学科的内容来理解文章内容,感受作者思想的光辉和表达的力量。

3.把握课文各自的文体特点,体会文章的实用性、针对性,感受作者在态度、语气、叙述策略、表达方式、语体风格等方面的差异。

4.进一步学习演讲稿的写作,注意准确、充分地发表见解,阐发主张,明确立场,抒发情感,特别要注意突出演讲的针对性。

【单元教学重难点】

分析文章中的深邃意蕴,感受时代特征与人物形象,合作探究文章语言特点。

【教学方法】

对比阅读法,小组探究法,读写结合法,跨媒介阅读法

【课时安排】

8课时

【学习任务群教学过程】

任务一:参读两篇演讲词,走近革命领袖

【教学目标】

1.对比阅读马克思和恩格斯的文章,梳理通顺文章内容。

2.比较两篇文章的不同特征。

【教学重难点】

对比阅读文章,初步感受演讲稿的针对性特征。

导入

建立名声的成就可以分为两类:立功、立言。这是通向名声的两条必经之路。就基本条件而言,立功者需要有一颗伟大的心灵;立言者则需要一个伟大的头脑。——叔本华

当一个人完成了从无人做过的事业,或者虽曾有人尝试但失败了的事业,那么他所获得的荣誉,将远远高于追随别人而做的事业——哪怕后者更难也罢。——培根

叔本华和培根所说到的历史上的伟人,马克思便是其中的一个。

活动一：课前预习检测。

1.了解演讲词。

演讲词（演说词）：俗称演说辞、演讲稿、讲话稿，旨在表达感情，发表建议和主张，提出号召和倡议。通过它，讲话的人可以把自己的主张、观点、见解以及思想感情传达给与会者，从而产生一定的作用和影响，达到宣传和教育的作用。演讲词属于议论文的范畴，但它一般不讲求说理的严密性和思维的逻辑性，而总是以某一种精神鼓舞人，以真切的感情打动人。

2.观看视频《世界历史》了解欧洲革命。

1848年革命，也称民族之春（英语：Spring of Nations）或人民之春（英语：Springtime of the Peoples），是在1848年欧洲各国爆发的一系列武装革命。这一系列革命波及范围之广，影响国家之大，可以说是欧洲历史上最大规模的革命运动。

第一场革命于1848年1月在意大利西西里爆发。随后的法国二月革命更是将革命浪潮波及几乎全欧洲。但是这一系列革命大多都迅速以失败告终。尽管如此，1848年革命还是造成了各国君主与贵族体制动荡，并间接导致了德国统一及意大利统一运动。1848年欧洲革命，是平民与贵族间的抗争，主要是欧洲平民与自由主义学者对抗君权独裁的武装革命。这次战争的重大意义是打击了欧洲各国的封建专制制度。

3.观看视频《世界历史》了解《人民报》的创办情况。

①英国工人运动活动家厄·琼斯在宪章运动失败后，被捕入狱，出狱后创办《人民报》，成为宪章运动后期的著名领袖。②1852年5月8日，《人民报》创刊。③1856年4月的《人民报》上揭露的事件在英国引起了轰动，《人民报》声誉大振。

4.了解马克思。

马克思，1818年生于德国，后到法国、比利时，1849年到英国伦敦，直到逝世。他是世界无产阶级的革命导师，国际共产主义运动的开创者，把无产阶级解放作为毕生的事业。可参考恩格斯《在马克思墓前的讲话》。

活动二：了解两篇演讲词的演讲思路。

1.阅读《在〈人民报〉创刊纪念会上的演说》，梳理行文思路，完成表格：

演讲场合	《人民报》创刊4周年宴会
切入点	1848年革命
当前社会问题	工业和科学带来衰退的征兆
问题本质	生产力和社会关系的矛盾
解决问题	无产阶级革命

2.阅读《在马克思墓前的讲话》，梳理行文思路。

第1段　开头：述己哀——悼念——悲痛

第2—7段　主体：赞其功——评说——敬仰

第8—9段　结尾：颂其德——悼念——盛赞

活动三：了解文意。

结合相关背景及两篇演讲词，完成下面表格：

作品	《在〈人民报〉创刊纪念会上的演说》	《在马克思墓前的讲话》
演讲对象	英国伦敦现场听众，《人民报》报社人员、《人民报》邀请的朋友	出席马克思葬礼的亲友
目的	鼓舞革命同道	致敬亲密战友
主题	无产阶级必将迎来自身的解放	马克思是当代最伟大的思想家
主要内容	1848年的欧洲革命宣告了无产阶级的解放	马克思的逝世是不可估量的损失
	1848年欧洲革命是工业和科学发展推动的结果	马克思发现了人类历史的发展规律
	工业和科学的发展催生了现代无产阶级	马克思提出了剩余价值理论
	工人阶级要通过革命争取自己的解放	马克思首先是一个革命家，斗争是他的生命要素
我的疑问		

【布置作业】

1.查资料，了解演讲的技巧。

2.查资料，了解马克思的"人的异化理论"。

任务二：参读两篇演讲词，分析演讲意图

【教学目标】

1.进一步感受两篇演讲词的意图。

2.理解伟大革命导师在时代境遇中的抉择、行为与成就。

【教学重难点】

探究两篇演讲词的不同意图。

导入

在新世纪来临之际，英国著名的广播公司BBC举办了一次"千年最伟大思想家"评选活动，结果马克思位居爱因斯坦、牛顿、达尔文等巨人之前，被评为过去千年最伟大的思想家。为什么马克思会获得如此高的评价呢？带着这个问题，我们开启本节课之旅。

活动一：了解《在〈人民报〉创刊纪念会上的演说》的切入点。

结合相关背景，思考：马克思是从什么角度切入的？为什么？

宏观分析，宪章派办报的背景即"所谓的1848年革命"。

《人民报》办报目的是希望团结和组织无产阶级，为无产阶级正义事业继续战斗，从1848年革命说起，符合创刊纪念会这一特殊演说场合。

活动二：了解《在〈人民报〉创刊纪念会上的演说》的意图。

1.结合唯物辩证法、异化劳动及生产力与生产关系的相关理论，思考问题：怎么从第二段的"两万磅重的压力"谈到了"伟大事实""不敢否认的事实"？如何理解马克思对这一"事实"的阐释？

(1)从主观感受到客观事实，进入演讲的主体部分。

(2)结合马克思的相关理论对"事实"进行理解。

理论	具体内涵	推论
唯物辩证法	一切事物内部无不包含矛盾	资本主义社会的发展亦是如此
异化劳动	劳动产品与劳动者本身的对立，和带有强制性、被迫性的劳动本身与劳动者的对立	现代工业和科学与现代贫困衰颓的对抗、生产力与社会关系的对抗

续表

理论	具体内涵	推论
生产力和生产关系	社会的物质生产力发展到一定阶段,便同它们一直在其中活动的现存生产关系或财产关系发生矛盾	当时的社会在工业和科学力量的带动下,生产力取得了巨大进步,然而生产关系却严重衰颓滞后

(3)分析演讲特点,由普遍到特殊,层次递进,条理清晰,逻辑严密。

2.面对这一"事实",不同党派的态度分别是怎么样的?这些"党派"都是什么群体?工人阶级应该有怎么样的态度?马克思是怎么来表述的?思考以上问题。

总体方向,演讲是为了从情感和逻辑上告诉和鼓励大家一定要进行无产阶级革命。

活动三:探究《在马克思墓前的讲话》的意图及情感。

对比阅读《马克思墓前悼词草稿》(简称《悼词草稿》)与《在马克思墓前的讲话》(简称《讲话》),探究改动之处及目的效果,填写下面两个表格。

作品	《悼词草稿》	《讲话》
身份	代表个人,表达个人的哀思和寄托	不仅代表个人,更代表革命进步人士,准确全面评价马克思一生的成就
关系	亲密无间的战友,充满丰富而直接的情感	志同道合的同志,最了解马克思的革命思想和经历
庄重程度	突显友情(面对马克思)	更要面对全世界
深刻程度	全面介绍马克思的一生	更加深刻、含蓄

序号	改动之处	如何改动	目的效果
1			
2			
3			

【布置作业】

查阅资料,借助网络,观看演讲类节目,感受演讲技巧。

任务三：了解演讲词的特点，学习写作演讲词

【教学目标】
1. 感受演讲的鼓动性、号召力和影响力。
2. 总结和归纳演讲词写作的基本特征。

【教学重难点】
探究演讲词在内容和形式上的特征。

导入

1860年，林肯坐着一辆耕田用的马车，亲自深入到选民中间，与选民进行亲切的交流，并做了精彩的演讲。通过演讲，感动了人民，作为穷小子的林肯击败了对手，当上了美国第16任总统。

他在演讲时有这么一段精彩的话："如果大家问我有多少财产，那么我告诉大家，我有一个妻子和三个女儿，都是无价之宝。此外，还有一个租来的办公室，室内有桌子一张，椅子两把，墙角还有大书架一个，架子上的书值得每一个人读。我本人既穷又瘦，脸很长，不会发福。我实在没什么依靠的，我唯一的一个依靠就是你们。"从这段话中，我们可以看到林肯在演讲中的选材朴实无华，但充满了真挚的感情，极具亲和力，真正打动了听众，最终取得了竞选的成功。可见好的演讲须具备一定的演讲技巧，那么《在〈人民报〉创刊纪念会上的演说》与《在马克思墓前的讲话》中又有什么演讲技巧呢？今天就继续阅读两篇文章，一同走进演讲词的内部世界。

活动一：揣摩演讲词的形式（用词、句式、修辞、表达方式等）。

书面的语言，能超越时空，具有稳定性。而演讲则不同，是通过声音来表达意义的，要求朗朗上口，娓娓动听，声声入耳。马克思说："你怎么说就怎么写，怎么写就怎么说。"就是这个道理。这两篇演讲词语言准确生动，都有值得揣摩的词句，需要我们认真学习。

1. 在《在〈人民报〉创刊纪念会上的演说》中，马克思的语言风趣幽默，但是非常具有锋芒和战斗力，试结合文本分析马克思运用了哪些手法来进行演讲。

（1）比喻、对比。

马克思把无产阶级解放运动喻为"一片汪洋大海"，一旦它汹涌动荡起来，就

能把"由坚硬岩石构成的大陆撞得粉碎"。马克思把1848年资产阶级民主革命与将来的无产阶级革命以比喻性的评价对照起来,这就把后者的宏伟气势、重大意义艺术性地展现在听众的面前,震撼着人们的心灵。从将革命形象比喻为"欧洲社会干硬外壳上的一些细小的裂口和缝隙",到描述革命"暴露出了外壳下面的一个无底深渊。在看来似乎坚硬的外表下面,现出了一片汪洋大海"。把"细小的裂口和缝隙"与"无底深渊""汪洋大海"进行对比,写出了1848年革命的重要意义。

(2)语言灵活,妙用典故。

"我们的勇敢的朋友、好人儿罗宾,这个会迅速刨土的老田鼠、光荣的工兵——革命","历史本身就是审判官,而无产阶级就是执刑者",语言幽默精彩;那个经常在这一切矛盾中出现的"狡狯的精灵""菲墨法庭的判决"等典故,使整个演讲始终处在一种鲜活的语境和生动的文化氛围中。

2.《在马克思墓前的讲话》综合运用了叙述、议论和抒情等多种表达方式,以及比喻、对比等修辞手法,使表达更加准确生动。请结合文本对这一特点加以分析。

(1)作者综合运用了叙述、议论和抒情等多种表达方式。叙述部分,如恩格斯简述了马克思在其他众多领域的研究情况,将"两个发现"和"他所研究的每一个领域"形成点和面、详和略的叙述关系,进一步赞扬了马克思卓越的研究能力、广泛的研究兴趣和深入的研究精神,全面丰富地展现了马克思的个人风采。议论部分,如恩格斯用"首先""真正使命"等词语,强调了革命对于马克思一生的重要意义。抒情部分,如开头用讳饰的手法委婉地说明了马克思逝世的时间、地点及当时的情景,体现作者无限的遗憾、不舍与悲痛之情。

(2)作者多次运用比喻、对比等修辞手法。恩格斯将无产阶级与其敌人对待马克思的截然不同的态度相对比,将敌人对马克思的忌恨、污蔑与马克思的毫不在意相对比,这样的对比,既体现了马克思顽强的革命意志、宽广的领袖气度与胸怀,又表达了人们对他的敬仰与爱戴;恩格斯将剩余价值规律发现之前的一切相关研究比喻为"都只是在黑暗中摸索",表达了马克思的发现所具有的划时代意义。

活动二:探究演讲词的逻辑性。

演讲说理要有层次,用理性的力量征服听众。请结合文本和相关资料分析《在马克思墓前的讲话》的逻辑性。

《在马克思墓前的讲话》的逻辑性主要表现在严谨的结构和富有逻辑性的论

证。悼词首先描述马克思的逝世,并用一句"当代最伟大的思想家停止思想了",含蓄、深情地总结了马克思作为思想家的非凡地位。主体部分从理论和实践两个方面评价马克思的巨大贡献,具有很强的理性力量,形成了一个极其严密的逻辑结构。恩格斯是与马克思并肩战斗了几十年的最亲密战友,他们之间的深厚友谊是常人难以想象的,然而在《讲话》中,恩格斯把巨大的悲痛藏在心里,而更多地表现出一种理性的思考和客观的评价,因为他知道自己面对的不只是前来参加葬礼的十一个人,而且还有全世界所有的无产者甚至全人类。演讲中强烈的客观性和逻辑性,是对马克思主义以及全世界无产者最大的尊重,具有很强的震撼力和说服力。

活动三:对比两篇课文,探究演讲词的针对性等特征。

1.《在〈人民报〉创刊纪念会上的演说》和《在马克思墓前的讲话》在形式和内容上有什么异同?

(1)形式上的相同之处:两者都综合运用比喻、对比等修辞手法,注重整散句、长短句的变化使用。

(2)形式上的不同之处:《在〈人民报〉创刊纪念会上的演说》自我发挥空间大,切入点自由,而《在马克思墓前的讲话》形式固定,但发挥自如,凝练生动。

(3)内容上的相同之处:针对性强,逻辑严密,感情真挚。

(4)内容上的不同之处:《在〈人民报〉创刊纪念会上的演说》注重听众感受,运用辩证思维,以理动人;而《在马克思墓前的讲话》注重身份关系,讲话准确完整,情理结合。

2.思考:造成以上差异的主要原因是什么?

不同的选材和针对对象。演讲词为了以思想、感情、事例和理论来晓谕听众,打动听众,"征服"听众,必须有现实的针对性。这里所说的针对性,主要体现在选材上。作者提出的问题需要是听众所关心的问题,评论和论辩要有雄辩的逻辑力量,这样,才能起到应有的效果。

活动四:总结演讲词的基本特征。

结合两篇演讲词,从内容和形式两方面梳理演讲词的基本特征。

内容特征:

①目的明确:两篇演讲词都有明确的目的。《在〈人民报〉创刊纪念会上的演

说》是为了庆祝《人民报》创刊4周年,回顾历史,展望未来;《在马克思墓前的讲话》则是为了纪念马克思的逝世,表达哀悼之情,并评价其伟大贡献。

②情感充沛:演讲词往往富有情感。《在〈人民报〉创刊纪念会上的演说》中充满了对《人民报》历史的自豪和对未来的信心;而《在马克思墓前的讲话》则表达了对马克思逝世的哀悼和对其伟大事业的敬仰。

③主题鲜明:两篇演讲词都有明确的主题。《在〈人民报〉创刊纪念会上的演说》的主题是庆祝和展望;《在马克思墓前的讲话》的主题则是纪念和评价。

④联系实际:两篇演讲词都紧密联系实际。《在〈人民报〉创刊纪念会上的演说》回顾了《人民报》在不同历史时期的作用和贡献;《在马克思墓前的讲话》则联系了马克思的思想和理论对无产阶级事业的巨大影响。

形式特征:

①结构清晰:两篇演讲词的结构都清晰有序。《在〈人民报〉创刊纪念会上的演说》先回顾历史,再展望未来;《在马克思墓前的讲话》则先叙述马克思逝世的情景,再评价其伟大贡献。

②语言简练:演讲词的语言往往简练有力。《在〈人民报〉创刊纪念会上的演说》中使用了"只不过是些微不足道的事件"、"始终是因循时宜地把握新理念"等简练的表达;《在马克思墓前的讲话》则用"最伟大的思想家停止了思想"这样的句子开篇,简洁而有力。

③修辞手法多样:两篇演讲词都运用了多种修辞手法来增强表达效果。如《在〈人民报〉创刊纪念会上的演说》中使用了排比、对比等修辞手法;《在马克思墓前的讲话》则运用了隐喻、讳饰等修辞手法。

④逻辑性强:演讲词的逻辑性强,能够引导听众的思维。《在〈人民报〉创刊纪念会上的演说》通过回顾历史、展望未来,展示了《人民报》的发展历程和未来的方向;《在马克思墓前的讲话》则通过评价马克思的伟大贡献,揭示了其思想的重要性和对无产阶级事业的深远影响。

综上所述,演讲词在内容和形式上都具有鲜明的特征,这些特征使得演讲词能够有效地传达信息,感染听众并引导听众的思考。

【布置作业】

以"我的时代我的使命"为主题,写一篇演讲词。

要求:题目自拟,800字左右,参考下面的演讲词的评价量表。

任务四：了解古代政论文，研读《谏逐客书》，了解其中的劝谏艺术

【教学目标】

1.了解李斯其人以及文章的写作背景，积累文言基础知识。

2.把握文章的论证思路，用流畅的语言概括内容要点。

【教学重难点】

体会政论文语言准确严密的特点，积累重点词语。

导入

"燃除六籍忍坑儒，本欲愚人卒自愚。若使当时甘被逐，东门牵犬叹应无。"

大家知道这首诗写的是谁吗？写的就是李斯！从这首诗里，可以看出李斯当年不甘心被逐，为此他还写了一篇《谏逐客书》，今天就一起来学习他这篇著名的政论文。

活动一：预习效果检测。

1.梳理文中出现的"客卿"。

五子、商鞅、张仪、范雎

2.借助工具书，解决字音、文言实词、文言虚词、文言现象。

3.参阅《史记·李斯列传》，了解人物生平、《谏逐客书》的写作背景。

（1）厕中鼠与仓中鼠。

李斯者，楚上蔡人也。年少时，为郡小吏，见吏舍厕中鼠食不洁，近人犬，数惊恐之。斯入仓，观仓中鼠，食积粟，居大庑之下，不见人犬之忧。于是李斯乃叹曰："人之贤不肖譬如鼠矣，在所自处耳！"

（2）辞别荀子。

乃从荀卿学帝王之术。学已成，度楚王不足事，而六国皆弱，无可为建功者，欲西入秦。辞于荀卿曰："斯闻得时无怠，今万乘方争时，游者主事。今秦王欲吞天下，称帝而治，此布衣驰骛之时而游说者之秋也。处卑贱之位而计不为者，此禽鹿视肉，人面而能强行者耳。故诟莫大于卑贱，而悲莫甚于穷困。久处卑贱之位，困苦之地，非世而恶利，自托于无为，此非士之情也。故斯将西说秦王矣。"

（3）名利人生。

至秦，会庄襄王卒，李斯乃求为秦相文信吕不韦舍人。不韦贤之，任以为郎……

秦王乃拜斯为长史,听其计,阴遣谋士赍持金玉以游说诸侯。诸侯名士可下以财者,厚遗结之,不肯者,利剑刺之。离其君臣之计,秦王乃使其良将随其后。秦王拜斯为客卿。

公元前237年,秦王下令驱逐六国客卿。李斯上《谏逐客书》阻止,为秦王嬴政所采纳,不久官为廷尉。秦统一天下后,被任为丞相。他建议拆除郡县城墙,销毁民间的兵器,以加强对人民的统治;反对分封制,坚持郡县制;又主张焚烧民间收藏的《诗》、《书》、百家语,禁止私学,以加强专制主义中央集权的统治。还参与制定了法律,统一车轨、文字、度量衡制度。他是秦代散文的代表作家,现存《谏逐客书》《泰山刻石文》《琅玡台刻石文》等,以前者最为著名。秦始皇死后,他与赵高合谋,伪造遗诏,迫令始皇长子扶苏自杀,立少子胡亥为二世皇帝。后为赵高所忌,于秦二世二年(前208年)被腰斩于咸阳闹市,并夷三族。

(4)《谏逐客书》的写作背景。

韩国派水工郑国游说秦王凿渠灌溉,秦王下逐客令,李斯写《谏逐客书》。

活动二:理解文章内容。

1.秦国历史上的国君很多,李斯为何在文章中独以穆公、孝公、惠王、昭王为例来说明用客的重要性?本文第一段在选材上有什么特点?

(1)因为穆公等四国君在秦国历史上政绩最突出,而且都是因为用客而取得成就的。

(2)选取典型的历史事实来说明四国君任用客卿为秦国所做的巨大贡献,从而证明逐客是错误之举。

2.李斯为什么要对秦王所喜好的珍宝、美色、音乐等进行铺张描写?

(1)为了与秦王逐客形成鲜明对比,使秦王明白逐客做法的错误。

(2)想借这种对比向秦王说明,秦王重物而轻人,玩物丧志,不是称霸天下的人所为,以警示秦王,切中秦王要害。

3.梳理文章结构。

立论:逐客为过。

说历史:客卿大功于秦。

用物喻:择人当如取物。

说后果:逐客实为资敌。

活动三：学习论辩劝谏艺术。

1.探究李斯每一步的劝谏意图，完成思维导图。

2.李斯的上书言辞犀利精辟，请分析《谏逐客书》成功的原因。

(1)避重就轻，缓和对立情绪。在李斯的叙述语境中，秦王还没有颁布逐客令，而只是自己听说大臣们有这样的建议，发表一点个人的看法而已。这种说服的高妙之处在于：第一，把批评的矛头从秦王身上移开，集中于大臣身上，这样避免了和秦王的直接对立；第二，使自己避开了抗命不遵的雷区，另一方面也为秦王收回成命铺好了台阶。

(2)谈古论今，用事实说话。运用了大量无可辩驳的事实来论证逐客之害和纳客之利。首先，他回顾历史，列举了秦国穆公、孝公、惠王、昭王重用客卿而民富国强的史实，来说明客卿对秦国的巨大贡献。其次，着眼现实，列举秦国今天所拥有的珍宝，它们无一出自秦国，都来自诸侯六国，从侧面说明逐客令的荒唐与毫无道理。

(3)以美为刺，满足虚荣心。运用了许多谦卑和溢美之词，如开头一句"臣闻吏议逐客，窃以为过矣"。用一个"窃"字，摆出一种谦卑的姿态，去迎合秦王的强势心理。接着列举了穆公、孝公、惠王、昭王四代国君任用客卿所取得的成就，虽然这些都是历史事实，但李斯在行文中，特意采用了大量的排比句，营造了一种势不可当的气势，有力地彰显了秦的强大。第二段更是用铺张扬厉的笔法，极力铺陈各种奇珍异宝，这些宝物都是秦王征服诸侯、雄霸天下的见证和标志。所以，列举得越多，就越能体现秦的强大与富饶。这实际上是一种委婉的歌颂，迎合了秦王好大喜功的本性。

(4)多种方法的融合使用。道理、举例、类比、对比等多种论证方法使用，事、情、义、理融为一体。

活动四：赏析艺术特色。

1.《谏逐客书》铺陈排比，气势恢宏。请结合文本分析。(分小组讨论，选代表发言)

《谏逐客书》在列举事实和申述道理时极尽铺张排比之能事，而且整篇文章一以贯之。这种铺张由一个接一个的排比句式组成。从文章的第二句开始，就首先铺陈了秦国在逐渐壮大富强的发展过程中众多客卿的功业，由四位国君唯才是用的史事组成一个大的排比,每个排比句式中,又彰显出铺张的痕迹。比如说到秦惠王用张仪之计,从西、北、南、东各个方向上的拓展来铺陈和展示张仪的作为。在说到秦王嬴政纳取异国之物为己所用时,则一气铺排了昆山之玉,隋、和之宝,明月之珠,太阿之剑,纤离之马,翠凤之旗,灵鼍之鼓等多件器物玩好,真可谓铺张中有排比,排比中见铺张。由于铺陈中的角度、句式变化,用词中的同中有变、变中有同,所以铺陈虽多,但仍能一气贯通,完美地使恣肆与严谨相得益彰。

2.举例说明本文所采用的正反对比的说理方法。

本文在提出中心论点之后,即反复采用正面论述和反面推理相结合、正反对比的方法进行论证。第一段中,四位秦君"皆以客之功"的事实是正面论述,"向使"句以下转入反面说理。第二段中,秦王重"异国之物"与用人上的"非秦者去,为客者逐"形成对比。第三段中,五帝三王之成功与秦王却客以助仇,也是正反对比。

活动五:多维探究。

问题:在司马迁的笔下,李斯既是一个眼光敏锐的政治家,又是一个目光短浅的庸人;既有身居相位的无上荣耀,又有腰斩咸阳的无奈凄凉;既有追求功名的豪情壮志,又有厌恶争斗的心灰意冷,是外似刚愎而内心游移的两面派,你是如何看待李斯的?

观点一:是能人。李斯一生中绝大部分时间都在实践着法家思想,他受到秦王嬴政的重用后,以卓越的政治才能和远见,辅助秦王完成了统一六国的大业,顺应了历史发展的趋势。秦朝建立以后,李斯升任丞相,在巩固秦朝政权、维护国家统一、促进经济和文化的发展等方面做出了卓越的贡献。他建议秦始皇废除分封制,实行郡县制,又提出了统一文字的建议,之后又在统一法律、货币、度量衡和车轨等方面付出了巨大努力。

观点二:是小人。李斯害怕秦王重用韩非,向秦王讲韩非的坏话,秦王轻信李斯,把韩非打入大牢。李斯建议秦始皇下令焚书,先秦许多文献古籍都被烧掉了,使中国文化遭到了巨大的损失。

【布置作业】

1.梳理重要文言实词、虚词及文言现象。

2.预习《与妻书》。

任务五：学习《与妻书》，体会革命先烈的深情与大义

【教学目标】

1.了解时代背景和资料，掌握重要文言实词、虚词及文言现象。

2.梳理感情线索，理解重要语句的含义，厘清文章的思路。

3.学习革命前辈不怕牺牲，"为天下谋永福"的光辉思想和高尚情操。

【教学重难点】

1.理解文中有深刻内涵的句子。

2.体会情与理相融的特点。

导入

生命诚可贵，爱情价更高。

若为自由故，二者皆可抛。

——裴多菲《自由与爱情》

无情未必真豪杰，怜子如何不丈夫。

知否兴风狂啸者，回眸时看小於菟。

——鲁迅《答客诮》

活动一：预习效果检测。

1.借助工具书和注释，解决字音、词义。

2.说明课文中时间的记法。

(1)辛未(实为辛亥年，此处为作者笔误)三月廿六夜四鼓。

(2)适冬之望日前后。

①辛未三月廿六夜四鼓。

辛未，干支纪年。

三月，农历三月，当年为公历四月。

廿六，二十六日。廿，二十。

四鼓，即四更，凌晨1~3点。

②适冬之望日前后。

冬之望日，农历立冬之月的十五日，即农历十月十五日。

3.查阅资料,了解《与妻书》的作者及写作背景。

(1)了解作者。

林觉民(1887—1911),近代民主革命者,字意洞,号抖飞,福建人。少年时就接触民主思想,一生大致分为三个时期:一是国内求学——接受新思想("中国非革命无以自强"),二是1907年日本留学——参加同盟会时期,主要思想("中国危殆至此,男儿死就死了,何必效新亭对泣,凡是有血气的男子,怎么能坐视第二次亡国的惨状呢?"),三是24岁——参加广州起义——黄花岗之役成为七十二烈士之一。主要的思想:"革命前仆后继,决无退却之说!不可失信于海外侨胞和国内同胞","只有革除暴政,建立共和,能使国家安强,则死也瞑目"。

(2)《与妻书》写作背景。

中国民主主义革命的先行者孙中山先生所领导的旧民主主义革命运动,从1905年创立兴中会开始直到1911年10月10日武昌起义(辛亥革命)的胜利,其间先后发动了十多次武装起义,1911年4月27日的广州起义是一场战斗最激烈、对社会震动最大的一次起义,后因起义牺牲的烈士都埋在广州城外的黄花岗,故又名之曰"黄花岗起义"。

林觉民起义前三天深夜,写了两封遗书,一封给他的父亲,字数不多,"不孝儿觉民叩禀:父亲大人,儿死矣,惟累大人吃苦,弟妹缺衣食耳,然大有补于全国同胞也。大罪乞恕之。"另一封给他的妻子,就是《与妻书》,题目是后人加的。

4.梳理《与妻书》的结构思路。

"爱汝"之情:临终三忆

——怀有至爱汝之念;临终三愿。

"就死"之理:国家灾难

——为天下人谋永福;人民命运。

活动二:研读课文,勾画重要语句并体会其含义。

1.林觉民在起义前夕在绢帛上写下了一封信留给妻子,这是一封情书,还是一封遗书呢?请同学们阅读第一段,思考林觉民写下这封《与妻书》的用意是什么?(请同学们在原文中找出答案。)

(1)吾今以此书与汝永别矣。

(2)又恐汝不察吾衷,谓吾忍舍汝而死,谓吾不知汝之不欲吾死也,故遂忍悲为汝言之。

可见用意:一是以此书与妻子作诀别;二是要让妻子明白"吾衷"。

2.林觉民说深怕妻子不能体会"吾衷","吾衷"即我的心意,林觉民有怎样的心意呢?又表达了怎样的情感?(抓住段首句,从中体悟。)

掐头去尾,我们看一下中间六段段首句。

(1)②段"吾至爱汝";③段"汝忆否?";④段"吾真真不能忘汝也!";⑤段"吾诚愿与汝相守以死";⑥段"吾今与汝无言矣";⑦段"吾平生未尝以吾所志语汝"六个"吾"字和"汝"字中你读出了怎样的一份情感?由②④⑤三段段首可知,作者直抒胸臆,反复表达了自己的"吾衷"就是"吾至爱汝",从"吾至爱汝"到"吾真真不能忘汝也!"再到"吾诚愿与汝相守以死"。林觉民对妻子的爱可谓是层层递进,让我们真切感受到他对妻子的"挚爱"之情。⑥⑦两段段首,又表达了对自己先死的愧疚之情。

(2)①段"又恐汝不察吾衷";④段"更恐不胜悲";⑦段又"恐汝日日为吾担忧……为汝谋者惟恐未尽"。在这四个"恐"字中你又读出怎样的情感?四个"恐"字饱含着一个丈夫对妻子的无限牵挂之情和处处为妻子着想的心意。正是这"不能以寸管形容之"的悲痛,深深打动了无数读者。正如普希金所说的:"如果你的语言不是出自内心,你就不能打动别人的内心。"

从"吾今以此书与汝永别矣"到"吾至爱汝"再到"吾今与汝无言矣",作者从永别的痛苦中回忆起过去夫妻之间的恩爱甜蜜,又痛感死后妻子的孤独和悲戚,感情跌宕起伏。

3."吾至爱汝"通过哪些事件表现出来?请在文中画出相关语句品读,分角度概括,小组交流讨论后发言。

(1)三忆——先死、双栖之所、两次离家。

三忆:谁先死的谈话、新婚的甜蜜、两次离家未能告诉妻子的心情。

(2)诀别——嘱托、三愿。

诀别:嘱咐后事,三愿,一愿九泉之下"哭相和";二愿真有鬼;三愿心电感应有道。

泪墨齐下,字字泣血,皆出肝胆肺腑。时时处处吐露着对妻子的无限眷恋和不舍,按理,这不舍应当是离开的牵绊,然而林觉民却说:"吾至爱汝,即此爱汝一念,使吾勇于就死也。"

4.如何理解"吾至爱汝,即此爱汝一念,使吾勇于就死也"?(在文中画出相关语句品读,小组交流讨论后发言。)

①"助天下人爱之所爱"②"为天下人谋永福"③"天下人之不当死而死与不愿离而离"。一颗仁爱、博爱、无私、宁牺牲自己为天下人的心。

总结:本文以写情为主、情理结合。全文以"吾至爱汝"这一纲领性的句子,结合叙情忆事,进行深刻的说理,阐明了本文的中心思想——"吾至爱汝"并"吾充吾爱汝之心,助天下人爱其所爱",从而"使吾勇于就死",并"敢先汝而死""牺牲吾身与汝身之福利,为天下人谋永福",进而慰"汝不必以无侣为悲"。

5.请你用工整的语言评价你心目中的林觉民。(读出原文中相关的句子,然后评价。)

⑤段"天灾可以死,盗贼可以死……"像战斗檄文(排比手法)。

评价示例:一颗愤慨揭露当时社会黑暗现实、深切同情人民疾苦之心宛然可见,这颗心纯洁到为天下人牺牲己之所有;这颗心高尚到为民族命运慨然赴死;这颗心也令敌人肃然起敬。这位面貌如玉、心肠如铁、心地光明如雪的奇男子,在遍地腥云、满街狼犬之际,舍个人幸福,取全民幸福。儿女情虽长,却更显革命豪情英雄志坚。牺牲一己,为天下谋永福。烽火泪滴尽相思,方寸心只愿天下有情人成眷属。一曲爱的壮歌动天地。忠诚革命的大英雄!挚爱妻子的好丈夫!

活动三:探究写作艺术,说说作者的语言是如何打动人心的。

1.作者是怎样表达衷情的?

全文以"忍悲为汝言吾衷"的"吾衷"为主线,结合抒情忆事,进行深刻的说理,表达了"吾至爱汝"又不得不"忍舍汝而死"的复杂的思想感情。

2.白居易说:"感人心者,莫先乎情。"想一想,这篇绝笔书为什么感人?

(1)叶绍袁《甲行日注》云:"大凡真能爱国家、爱民族,真能为国家民族作出一点牺牲,而不是专门讲大话唱高调的人,于家庭骨肉之间,亦必有真感情、真爱心,我不相信刻薄寡恩的人,能够有民胞物与的胸怀,有对国家民族的真正责任感。"这番话,验之于林觉民之信之死是非常深刻的,也道出了本文感人至深的原因。

(2)文章第三段,作者以深情的笔墨记叙了几件往事,表达了对妻子的爱恋和为妻子着想"无所不至"的一片真情。这种"吾至爱汝"的夫妻之情,至诚美好令人感动;但更令人感动的是,"即此爱汝一念,使吾勇于就死""吾充吾爱汝之心,助天下人爱其所爱,所以敢先汝而死"的献身精神及由此而阐述的道理。

(3)林觉民为造福天下放弃自己幸福和生命的说理过程,是对其挚爱陈意映的说理,更是对自己的说理。正是因为它是对革命者本身的说理,革命者本身才由意志作出决断,自愿牺牲本身的生命、幸福、自由,以及与此相关联的家人、好友的幸福、情感,投身于革命洪流。在这个过程中,我们看到了革命者的人性的光辉和理性的自觉。

3.为什么说《与妻书》是一曲爱情的颂歌,更是一首正气歌?(讨论此题旨在了解本文将儿女之情与革命豪情相结合的写法。)

(1)林觉民在牺牲前给妻子的绝笔书中表现了儿女之情的缠绵细腻,也表现了革命豪情的激昂慷慨。这封信所表现的对妻子的爱情,正是作为献身革命和人民的一种基础和衬托。没有对亲人的爱,也就无法将这种爱扩充成为对天下人的爱。对妻子笃深的感情,更衬托他舍此捐躯之高尚情操。

(2)《与妻书》所抒发的思想感情之所以能与广大读者产生共鸣,就在于作者给人世间经常发生的生离死别赋予了悲壮的爱国主义色彩,在于他把热爱亲人和热爱人民的情感水乳交融地结合起来。"为汝言之",说明写遗书的原因和写遗书时的心情。其中深含"吾至爱汝"的感情,而写遗书的原因就是下文要详谈的全文中心的后半部分:"即此爱汝一念,使吾勇于就死也。"

【布置作业】

1.上网搜索书信朗读节目《见字如面》中演员赵立新朗读的《与妻书》,感受书信朗读的魅力。

2.揣摩林觉民写《与妻书》时的内心世界,朗诵(表演)书信内容,录音频(视频),上传至班级共享网盘。

任务六:对比阅读《谏逐客书》和《与妻书》,学习社会交往类实用文体的特点

【教学目标】

1.学习《与妻书》中的抒情、记叙、议论三种表达方式技巧。

2.拓展阅读,致敬革命先烈、仁人志士。

3.对比阅读《谏逐客书》和《与妻书》两篇文章,辨析主旨、态度异同。

【教学重难点】

1.感知革命先烈、仁人志士的伟大情怀。

2.对比阅读,探究实用类文本的特点。

导入

人们用眼睛看他人、看世界,却无法直接看到完整的自己。所以,在人生的旅程中,我们需要寻找各种"镜子",不断绘制"自画像"来审视自我,尝试回答"我是怎样的人""我想过怎样的生活""我能做些什么""如何生活得更有意义"等重要问题。

毕业前,学校请你给即将入学的高一新生写一封信,主题是"如何为自己画好像",与他们分享自己的感悟与思考。

——2020年高考全国卷Ⅲ作文试题

活动一:掌握《与妻书》抒情、记叙、议论相结合的写法

问题:为了表达"吾至爱汝"又不得不"忍舍汝而死"的复杂思想感情,作者运用了哪些表达方式?(遗书中非常自然地综合运用了抒情、记叙、议论三种表达方式。)

抒情是这封遗书的主要表达方式。通览全文,很多语句都是直接抒情的。从开头的"吾作此书时,尚是世中一人;汝看此书时,吾已成为阴间一鬼",到末了的"嗟夫!巾短情长,所未尽者,尚有万千……汝不能舍吾,其时时于梦中得我乎!"这些话语,正是面临为革命英勇献身之时,从内心汹涌而出的强烈的感情浪涛。

为了抒情,作者很自然地记叙了一些往事。如第三段里对于夫妻生活的三个回忆,深深地抒发了对妻子的爱恋和为妻子着想"无所不至"之情。

作者在记叙、抒情的基础上发表议论。通览全信可知,①、⑤段基本上属于抒情,③段基本上是记叙,②、④、⑥段则是在抒情、记叙的基础上说理。既抒革命之情,又说革命之理。正因为作者对妻子的"情"是那样深挚,他忍心舍掉妻子英勇赴义的"理"就具有巨大的说服力和感人力量。说理时选择了带有感情色彩的词语和表达丰富感情的句式,使议论也涂上自己所憎所爱的感情色彩。(例如,作者在谈到清朝血腥凶残的统治时,并不直说,而用"遍地星云,满街狼犬"来比喻。又如⑥段中说:"……第以今日事势观之……吾能乎? 亦汝能之乎? ……")作者

在分析现状的黑暗时,接连使用了排比、设问、反问等句式,酣畅淋漓,一气呵成,具有无可辩驳的说服力,从而有助于思想观点的表达。

活动二:对比阅读,对实用类文本进行深入探究。

比较阅读《谏逐客书》和《与妻书》。两篇文章一为奏章,一为遗书,从某种意义讲都是书信,都有明确的写作对象和写作目的,但写法各有特点。阅读两篇文章,体会二者在态度、语气、表达方式、语体选择上的差异。(填写下表,并做总结。)

比较点	《谏逐客书》	《与妻书》
写作对象		
写作目的		
态度		
语气		
表达方式		
语体		

《谏逐客书》阐述政见,雄辩滔滔,侧重以理服人;《与妻书》申明理想,抒写真情,偏向以情动人。《谏逐客书》是写给君王的奏章,立场鲜明,讲究策略,斟酌语气,选择书面语体,便于议论;《与妻书》是写给至亲的绝笔书信,心怀袒露,情感饱满,选择的是口语语体,便于抒情。通过比较让我们了解到,在阅读和写作实用类文体时,一定要注意根据不同的对象和写作目的,选择不同的语体和表达方式,还要注意根据语境不同而使用不同的词汇和语气等问题。这样才能更准确地传情达意,完成写作目的。本单元的四篇文章可以看作是实用类文体写作的经典范本,但我们也不可忽视这四篇文章在精神上给予我们的启示。思考作者所处的时代各有什么特点?作者看到了哪些社会现象和问题?体现了作者哪些深邃的思想?完成下表,并做具体分析。

作者	时代特点	社会现象和问题	思想
马克思			
恩格斯			
李斯			
林觉民			

具体分析：

马克思和恩格斯不仅看到资产阶级革命的勃兴，更看出了这种革命其实只是更大规模社会革命的前兆，而后者应该是以无产阶级为主力的，是对资本主义制度的反抗和摧毁。

见微知著：在《在〈人民报〉创刊纪念会上的演说》中，马克思深刻洞察历史发展的规律，从纷纭复杂的社会现象中抽丝剥茧，发现了资本主义的深刻矛盾和无产阶级的历史使命。这种见微知著的思想深度值得我们学习。

远见卓识：在《在马克思墓前的讲话》中，恩格斯跳出了朋友的角色，站在整个人类历史发展的进程高度，对马克思思想做了最高的评价。他能理解马克思，并能阐述马克思思想的成就与贡献，可见其思想的高度。这种远见卓识也值得我们学习。

瞻前顾后：李斯在天下归秦的历史大势中，透彻地看出六国尚有余力的形势，因此提出秦国应继续广占人才资源，不能自乱阵脚，这一主张堪称一个伟大的国家战略。"人才储备战略"至今依旧有着重大意义。这种战略眼光、这种瞻前顾后的思想值得我们学习。

洞察世事：在林觉民给妻子分析的"今日事势"中，我们看到他对清朝末年内忧外患、积贫积弱，必须有人起来革命，才能避免举国皆为死地、人人面临绝境惨祸的社会现实有着清楚的认识。

可见这四篇文章都包含了作者对时代发展趋势的深刻认识。这些认识都是合乎当时的现实，也合乎历史发展趋势的。他们"见微知著、远见卓识、瞻前顾后、洞察世事"思想之深邃，看问题之透彻，启迪我们要不断培养自己观察社会现象和分析社会问题的洞察力。这些思想都是留给我们的宝贵的精神财富。

活动三：致敬仁人志士

拓展阅读：赵一曼给儿子的遗书

宁儿：

母亲对于你没有能尽到教育的责任，实在是遗憾的事情，母亲因为坚决地做了反满抗日的斗争，今天已经到了牺牲的前夕了，母亲和你在生前是永久没有再见面的机会了，希望你，宁儿啊，赶快成人，安慰你地下的母亲。我最亲爱的孩子，母亲不用千言万语来教育你，就用实行来教育你，在你长大成人之后，希望不要忘记你的母亲是为国而牺牲的。

你的母亲赵一曼

活动四：请小组讨论，表达感受

示例："一代人有一代人的长征，一代人有一代人的使命。"百多年前，革命烈士为了国家和民族的自由抛头颅、洒热血，用生命诠释了"生命诚可贵，爱情价更高。若为自由故，二者皆可抛。"从而换来了我们今天的幸福生活。而一百多年后的今天，在病毒来袭的时候，也有一批英雄，我们称其为"最美的逆行者"。他们也是为人父母，为人儿女，为人妻，为人夫……但他们舍小家为大家，为国家，英勇走向抗疫前线，为我们筑起生命的防线，为患者带来生的希望。"哪有什么岁月静好，是有人替我们负重前行！"他们展现的精神品质和人生选择，值得我们去思考和学习。

【布置作业】

查找和阅读更多书信，从中选择一封有意义的书信，反复朗读，准备参加班级"书信朗读大会"。

任务七：品味语句，赏析至情之言

【教学目标】

能结合文章关键词句鉴赏，并用流畅的语言进行表达。

导入

《文心雕龙》："夫缀文者情动而辞发。"鲁迅说："无情未必真豪杰，怜子如何不丈夫。""情"之一字深刻地显露在本单元的作品中，《与妻书》中有对妻子的爱恋之情、死别的悲伤之情，有对黑暗现实的愤懑之情，有献身革命的豪迈之情。《在马克思墓前的讲话》中有对马克思的崇敬之情、哀悼之情，《在〈人民报〉创刊纪念会上的演说》中有激昂奋斗的自信之情，《谏逐客书》中有劝谏君上的诚挚之情。这些情感穿透了百年的时光，读之，让人口齿噙香，回味不已。

"请你找出四篇文章中最打动你的句子或语段，勾画出来，填写《我最喜欢的至情之言》阅读卡，并与大家一起分享。"

活动一：《我最喜欢的至情之言》阅读卡

（1）我最喜欢的至情之言：《与妻书》

动人语句：初婚三四个月，适冬之望日前后，窗外疏梅筛月影，依稀掩映；吾与汝并肩携手，低低切切，何事不语？何情不诉？及今思之，空余泪痕……

个人短评:这几句写作者对婚后生活的回忆,冬日月夜,一对爱侣临窗低语,携手庭中,在月光与疏梅交相掩映中互诉心怀。和平、宁静、温柔、幽谧的夜色,烘托着、渲染着人间醉人的幸福。借景抒情、情景交融的手法运用,形象地描绘出作者夫妻两人的恩爱之情,"何事不语? 何情不诉?"在虚实之间,给人以不尽的遐想。又通过时时出现的叠字,如"低低""切切"把作者对妻子的无限爱恋表达了出来。

(2)我最喜欢的至情之言:《在马克思墓前的讲话》

动人语句:他对这一切都毫不在意,把它们当作蛛丝一样轻轻地拂去,只是在万不得已时才给以回敬。

个人短评:面对敌人疯狂的嫉恨、恶毒的污蔑,作者用一个比喻句生动地写出了马克思的态度,"当作蛛丝一样轻轻地拂去"。敌人的嫉恨像蛛丝,蛛丝是网,能网住虫子,却对马克思这样意志坚定的伟人无可奈何,写出了马克思的毫不在意、举重若轻的态度,对敌人的极端蔑视,表现出马克思崇高的精神境界,让人敬佩!

小结:本单元语言的赏析从说理和抒情两个方面进行,单元选择的文章在深刻的道理中也蕴含真挚的感情,意在让学生自主发现、自主学习,找到最能打动自己的句子,在对句子的赏析中更深刻地体会作者深厚的文字功底和勇于担负使命的精神。

任务八:结合"11.27"开展红岩精神系列演讲活动——"看今朝,新时代青年的'可为'与'有为'"

【教学目标】

1.从时代主题和领域提升知识视野。

2.构建语言表达(包括语音、语调的把握)等方面的能力。

3.通过演讲培养批判性思维能力。

活动一:从下面这些词语中任意挑选一组词,并说明挑选的理由。

机遇:改革开放 经济快速发展 中国在全球地位上升 科技水平不断提高 5G的快速发展……

挑战:反华国家对中国各方面的打压 人口老龄化 劳动力缺乏

政治:地位不断上升(举例:中国外交部赴美会谈,彰显大国自信)

经济:快速发展(举例:"一带一路"、改革开放)

科技:水平不断提升(举例:航天发展、5G技术)

民生保障和社会事业:取得了新进展(举例:脱贫攻坚战、抗击疫情)

示例:选择"机遇:改革开放　经济快速发展　中国在全球地位上升　科技水平不断提高　5G的快速发展"这组词。

理由:这组词展现了中国在改革开放以来所经历的巨大变化和发展。改革开放为中国带来了前所未有的发展机遇,使得经济快速发展,中国在全球的地位也随之上升。科技水平的不断提高,特别是5G的快速发展,进一步推动了中国在科技领域的领先地位,为未来的发展奠定了坚实的基础。这组词不仅体现了中国的发展成就,也预示了中国未来更加繁荣和强大的前景。

活动二:当今社会,有哪些奋斗的青年让你印象深刻呢?我们请四位同学代表以他们独特的方式来展示交流。

1.彼时,青年任正非白手起家,开启"华为"之门,经数十年奋斗,终于筑就"华为"之巍巍昆仑;而今,河南暴雨,华为捐款3000万,派千名工程师投入救灾,荣耀和担当的背后是对"中华可为"的坚定信念和对"中华当有为"的坚毅恒心。

2."海归"青年肖磊和曹东川,分别毕业于美国华盛顿大学和宾夕法尼亚大学,去乡村开设了自己的工作室,以创新理念使新昌县生田村这座"空心村"重新焕发了生机,成功的背后是对"乡村可为"的坚定信念和对"青年当有为"的坚毅恒心。

3.东京奥运会,我国运动员们充满韧性与坚持,追逐卓越,超越自我,带给世界一场场运动美的视觉盛宴,向世界展示了中国拼搏向上的竞技风采,夺冠的背后是对"奥运赛场可为"的坚定信念和对"奥运健儿当有为"的坚毅恒心。

4.自媒体发展时代,河南文化屡屡出圈。"唐宫夜宴"的热潮还未褪去,"洛神"又于水中翩然起舞,惊艳国人,出圈的背后是对"中华文化可为"的坚定信念和"华夏儿女当有为"的坚毅恒心。

小结:原来,他们都是这样"知可为""奋有为"的青年啊!为了国家的发展,为了人民的需要,为了自我价值的实现,积极投身到建设美好中国的时代浪潮中……

教师引导:奋斗的青春最美丽,有担当的青春更出彩!我辈青年生逢锦时,何不逐潮动、踏浪行,用自己的作为卷起时代的风云?请各小组联系当下社会,以"我们的使命"为话题,交流、讨论,并推荐代表发言。

示例：

对于国家、民族的发展而言，每一个时代都有历史赋予的任务，完成历史任务才不会辜负时代、错过时代，才不会落后于时代甚至为时代所淘汰。习近平总书记指出："青年是整个社会力量中最积极、最有生气的力量，国家的希望在青年，民族的未来在青年。今天，新时代中国青年处在中华民族发展的最好时期，既面临着难得的建功立业的人生际遇，也面临着'天将降大任于斯人'的时代使命。"我们的使命，是使自己成为一个对得起自己、对得起国家的人；我们的使命，是尽自己的努力为社会出一份力。找到我们的使命，要有志向；驾驭我们的使命，需要奋斗；实现我们的使命，要有恒心。一代青年人勠力同心、将个人命运与时代发展紧密相连。时代风云变幻，祖国快速发展。我们沐浴着新时代的阳光，我们濡染着百年峥嵘的芳华。实现中华民族伟大复兴，是亿万中华儿女的共同责任，是时代赋予我们青年人的神圣使命。"感知时代律动，争做有为青年！"作为新时代的青年，我们郑重承诺：洪流涌动，踏浪前行；生逢盛世，再添华光！"九万里风鹏正举"，数风流人物，还看今朝。

活动三：请同学互评演讲稿，结合他人的优点进一步修改、完善自己的演讲稿。班级合作，设计《演讲评价表》。

项目	评价标准	评价等级
文本内容	针对性强	
	观点鲜明	
	内容丰富、得当	
	逻辑清晰、严密	
口语表达	声音洪亮、情感丰富	
	语言清晰、流畅	
	语调、语速合理	
体态姿势	动作自然、得体	
	眼神交流到位	
	表情自然、丰富	

按学习小组推荐代表，在全班作3—5分钟的现场演讲。由学生组成评委团，从文本内容、口语表达、体态姿势三方面进行等级评判，并颁发相应奖项。

设计意图:使学生通过学习,感悟革命导师、志士仁人顺应历史使命、勇担时代使命的精神。学生体察实用类文体切于实用、关注特定对象、富于针对性的特点,撰写具体作品,学习有理有据地发表意见,表达阐发主张,提高语言建构能力;结合当代时代特征,理清自己的使命,明确自身抱负,从而落实语文教学"立德树人"的实际作用。

(杨洪利)

第三节　思维群课程的建构与实践

"思维群"来源于语文课程核心素养四个维度,文化自信、语言运用、思维能力、审美创造。《义务教育语文课程标准(2022版)》指出,思维能力是指学生在语文学习过程中的联想想象、分析比较、归纳判断等认知表现,主要包括直觉思维、形象思维、逻辑思维、辩证思维和创造思维。思维具有一定的敏捷性、灵活性、深刻性、独创性、批判性。有好奇心、求知欲,崇尚真知,勇于探索创新,养成积极思考的习惯。

"思维发展与提升"是指学生在与文本对话中,通过阅读和思考,领悟其丰富内涵,探讨人生价值和时代精神,以逐步形成自己的思想、行为准则,树立积极向上的人生理想,增强民族使命感和社会责任感,养成独立思考、质疑探究的习惯,增强思维的严密性、深刻性和批判性,乐于进行交流和思维碰撞,在相互切磋中加深领悟,共同提高。在引导学生对文化现象进行研究的过程中,培养学生探究意识和发现问题的敏感性,追求思维的创新表达。

结合对2022年初中和高中新课标的解读,紧扣语文课程核心素养,结合教材、学生实际水平、地区教学特点,特拟定以下课程目标、内容、实施策略、评价体系。

一、思维群课程目标

"思维群"课程设置侧重于发展理性语言素养。培养学生乐于探索、勤于思考的习惯,使学生初步掌握比较、分析、概括、推理等思维方法,辩证地思考问题,有理有据、负责任地表达自己的观点,养成实事求是、崇尚真知的态度。

(一)积累与整合

(1)阅读教材中的论述类文本,概括作者的观点,分析其论据运用、论证方法、论证结构,掌握议论文常用论证知识和驳论文的基本结构。

(2)阅读古今中外论说名篇,大量阅读各类文学文本,分析质疑人物、情节,多元解读形象、主题,在分析和讨论中培养、提升学生的判断、归纳能力。

(3)运用理性思维,批判地思考文本,围绕文本进行概括性和总结性的探究。引导学生有意识地从经典的论说名篇中学习"阐述观点的方法和逻辑",从代表性的时事评论作品中学习"评说国内外大事或社会热点问题的立场、观点和方法"。这是实施这一任务群首先要完成的基础内容。

(4)在把握原文的主要观点、逻辑结构和论证方法的基础上,运用批判性思维进行"分析质疑,多元解读",学习其中的分析和论证方法,培养理性思维。

(二)感受与鉴赏

(1)表达和阐发自己的观点,力求立论正确,语言准确,论据恰当,讲究逻辑。学习多角度思考问题。学习反驳,能够做到有理有据,以理服人。

(2)结合语文教学主题,阅读近期有关的时事评论,学习作者评说国内外大事或社会热点问题的立场、观点、方法,掌握分析事件的角度,联想现实生活的类似情景,比较分析,把握能表现自己价值观的观点、方法,为以后的学习生活提供思路。

(3)结合教材所学,选择自己关注的社区热点或焦点事件,通过联想、想象,借助一定场合表达和阐发自己的观点,力求立论正确,语言准确,论据恰当,讲究逻辑。

(4)联系现有科技,展开联想想象,写作有前瞻性的科幻文章,表达自己的科学思维、价值观,反映时代精神。

(三)应用与拓展

(1)围绕感兴趣的话题开展讨论和辩论,能理性、有条理地表达自己的观点,平等商讨,有针对性、有风度、有礼貌地进行辩驳。

（2）实施本任务群的教学时，把握"思辨性"这个核心，而非紧扣单一体裁；在写作教学中，真正培养学生理性思考和表达的能力，避免将理性表达的实践片面等同于"议论文写作"，或者窄化其为针对"论点""论据""论证"等几个方面的一系列"规定动作"的训练。

（3）设置理性思维活动的真实情境，将思维的各个环节与表达的多种方式，有机地结合起来的。阅读哲学著作，分析归纳其辩证思维体系，掌握辩证思维的基础知识。

（4）观看辩论赛视频，讨论辩论语言和技巧，学习反驳的角度、方法，能够做到辩论有理有据，以理服人。

（5）在阅读中巩固思维能力，在实践中运用掌握的论证知识，形成自己的论证体系。

二、思维群课程内容

第一阶段：必修课程，课程内容包括必修上第六单元"学习之道"，必修下第三单元"探索与发现"和第八单元"责任担当"。

第二阶段：选择性必修课程，课程内容包括"演讲与辩论"，"演讲赛、辩论赛"。学生活动方面，有格言反说或文学短评、科幻征文写作等选择性必修课程。

第三阶段：选修课程即校本课程，课程主题与开展形式是教师讲座加学生活动，主要是学术论著专题研讨等。

三、思维群课程实施策略

《普通高中语文课程标准（2017年版2020年修订）》强调："思维发展与提升是指学生在语文学习过程中，通过语言运用，获得直觉思维、形象思维、逻辑思维、辩证思维和创造思维的发展，促进深刻性、敏捷性、灵活性、批判性和独创性等思维品质的提升。"

（1）阅读与鉴赏：采用灵活多样的教学方式，倡导自主、合作、探究的学习方式，让学生在理解、运用语言的过程中发展思维能力。

（2）鉴赏与表达：提供赏析名篇，充分发挥语文作为语言学科的特点和功能，为思维提升开辟新路径。

(3)表达与交流:设置学习情境,让学生在自我探究和合作探究中尽量展露语言学习过程中所隐含的思维过程。

(4)发现与创造:结合学生实际和教材编排体系,按照思维发展的规律和年龄特点设计活动以提升学生思维能力。高中学生的年龄决定其思维多为形象思维、直觉思维、创造思维,而理性思维和辩证思维相对缺失。

四、思维群课程评价

(1)阅读与鉴赏的评价:对论述类文本阅读的评价,着重考查学生对作者观点的准确概括,以及对文本思路的分析和建构;对哲学类文本阅读的评价,着重考查学生的抽象思维能力;对文学类文本阅读的评价,包括概括情节,分析背景,尤其是形象的辩证分析和主题的多角度解读,对文本价值的独到理解等等,着重考查学生的个体体验和创造性的解读。

(2)鉴赏与表达的评价:评价学生结合不同文体特征进行阅读与鉴赏的能力,以及运用有关资料阐发作品的能力;对文言文阅读的评价,重点考查学生借助语感和必要的文言常识阅读浅易文言文的能力,还要考查学生对传统文化的热爱和兴趣,在文言文阅读中能否有意识地了解文化背景,感受中国文化精神。评价要有助于学生确立古为今用的意识,用现代观念审视作品的内容和思想倾向。

(3)表达与交流的评价:对理论类文本写作的评价,应考查学生是否认识到理论类文本的作用与价值;是否能有意识地通过议论类文本的写作来表达自己的观点,理解议论类文本的写作要求,并运用多种写作技巧,不断地改进自己的写作。对实用类文本写作的评价,应考查学生是否认识到实用类文本的重要性和实用价值;是否理解实用类文本中常用文体的特点和要求;是否能根据要求完成基本的实用文写作。

(4)思维能力的评价:考查学生对问题的分析是否全面公正;考查学生写作文章是否条理清晰、论证有理有据,论证方法是否丰富多样,语言是否简洁明白;反驳对方是否抓住重点,表达是否清楚明确。

五、思维群课程课例展示

课例一：

"学习之道"
必修上第六单元教学整体设计

【学习任务群分析】

本单元属于"思维性阅读与表达"学习任务群，单元人文主题为"学习之道"。本单元选择了六篇课文，其中《劝学》和《师说》都是我国古代探讨学习问题的名篇；《反对党八股》是毛泽东同志倡导马克思列宁主义学风和文风的一篇政论文；《拿来主义》是鲁迅的一篇探讨如何对待外来文化的杂文；黑塞的《读书：目的和前提》和王佐良的《上图书馆》，则是有关读书的两篇随笔。本单元重点培养学生思辨性阅读和表达的能力。学生需能够准确把握作者的观点、态度和语言特点，理解作者陈述观点的方法和逻辑。此外，学生还需学习作者评述的立场、观点和方法，以多角度思考问题，并能清晰地表达和阐述自己的观点。在表达过程中，学生需要力求论证正确、语言准确、论据恰当，并注重逻辑性。同时，学生也应具备围绕感兴趣话题展开讨论和辩论的能力，并能有条理地表达自己的观点。

本单元的学习旨在通过对"学习"这一丰富而广泛的话题进行探讨，以锻炼学生的思辨性阅读和表达能力。通过学习，学生将发展实证、推理、批判和发现的能力，从而增强思维的逻辑性和深刻性。学生将学会认清事物的本质，提升辨别是非、善恶和美丑的能力，并提高理性思维水平。

各篇目的教学重点分别是：《劝学》，理解学习的重要性和方法，掌握学习的正确态度和途径。《师说》，针对当时士大夫阶层"耻学于师"的风气，论述"从师学习"的必要性。《反对党八股》是毛泽东同志1942年在延安干部会上的讲话，是党的整风运动的重要文献之一，讲话指出了党八股的八大罪状，分析了党八股的危害，提出了正确的马克思主义的学风和文风。《拿来主义》针对国民党政府的媚外"送去"政策和革命阵线内部全盘否定外来文化或全盘西化的主张，提出要采取"拿来主义"，既要大胆地吸收借鉴，又要认真地分清精华与糟粕，加以批判吸收，以期改造民族素质，创造民族的新文化。《读书：目的和前提》，探讨获得修养的重要途径。《上图书馆》讲述作者不同时期进入不同图书馆的经历。

关于生活经验：进入高中学段后，学生展现出了认真学习的态度，但对于学习的非功利意义和科学方法的重要性并没有深刻的认知。虽然学生对于考试成绩的追求较为积极,但还需要加强对于学习本身价值的理解和体会。他们需要明白学习不仅仅是为了应付考试,而且是为了提升自我素质、培养终身学习的能力以及拓宽视野。

高中学生已经初步接触到了议论文,了解了其基本要素和结构。然而,对于复杂逻辑和说理方法的理解还有待加强。学生需要进一步学习如何运用合理的论证方法,清晰地表达自己的观点,并能够准确把握作者的观点和思路。同时,他们也需要学会从多个角度思考问题,增强思辨能力,以便能够做出更全面、客观和深入的分析。学生在说理方面已具备一定的能力,然而针对性和思辨意识还需进一步加强。学生需要能够更加有针对性地进行说理,为自己的观点提供充分的论据并运用恰当的逻辑推理。同时,他们也需要培养批判性思维,能够从多个角度思考问题,并能够积极参与讨论和辩论,形成独立而合理的观点。综上所述,学生在高中学段初期展现了认真学习的态度,但对于学习的非功利意义和科学方法的认知尚需加强。在语文学科中,学生已初步了解了议论文的基本要素和结构,然而他们需要进一步加强对复杂逻辑和说理方法的理解。此外,学生在说理方面已具备一定能力,但需要增强针对性和思辨意识。通过加强对学习的价值认知、深入理解议论文的复杂逻辑和加强思辨能力的培养,学生将能够提升自己的学习成效和语文素养。

通过对课标、教材和学情的分析,本学习任务群将以"学校举行'学习之道我来说'主题演讲活动,邀请在校学生积极思考并阐释'我的个性化学习观'"为情境。设置三大教学任务:学习任务一,准确把握和评价作者的观点与态度,学习作者评说问题的立场、观点和方法,学习有针对性地表达观点;学习任务二,围绕感兴趣的话题开展讨论和辩论,能理性、有条理地表达自己的观点,平等商讨,有针对性、有风度地进行辩驳;学习任务三,形成正确的学习观,培养终身学习的理念,改进学习方法,提高学习能力。三组学习活动中,第一组重点关注学习的意义和一般方法,如从师、读书等,其中不仅有阅读,还需要学生结合自己的经历来感悟、体验。第二组涉及学习的态度,既要拿来,又要借鉴,对待古代和外国文化,吸纳古今中外优秀文化成果。第三组着重于眼前的变化,即新的时代,新的生活,新的学习内容与空间,学会梳理与探究,进而能完成自己的"劝学"新说。

【学习任务群目标】

1.学生能够辨析并阐述观点的针对性,能够梳理文本中提出观点的背景,并比较不同文本在表达观点时的差异,学会用明确的背景、问题意识、清晰的对象以及现实意义来表达观点。

2.学生能够探究说理结构的严密性。能使用思维导图整理论证的逻辑脉络,并使用关联词语将语言支架呈现出来。

3.学生了解和掌握说理文的基本结构,并能将其运用到写作实践中。

4.学生能够掌握多样化的说理方法。熟练掌握比喻论证和正反对比论证等多种说理方法,并能够灵活应用这些方法进行观点的陈述和论证。

5.学生能够鉴赏准确性的说理语言。明确认识到说理语言应该准确、鲜明,并具有是非判断性。同时,理解说理分析需要根据观点进行限制,能够运用准确、鲜明的说理语言来表达观点。学生还能够感知不同文体中说理语言的差异,理解各类文体及其语言风格有差异的原因,并理解说理语言背后的思维差异。

6.学生能够结合对"学习之道"的学习体悟,分析在学习中遇到的新难题,运用准确的说理语言撰写演讲稿《"劝学"新说》,以检验单元学习的效果,使学生的理性思维素养得以提升。

任务	子任务	课时	评价标准
"劝学"新说 我的个性化学习观	准确把握和评价作者的观点与态度,学习作者评说问题的立场、观点和方法,学习有针对性地表达观点	4课时	能够理解论述类文章的现实针对性,在阅读时把握作者的主要观点和论证思路,感受文章的逻辑思辨力量
	围绕感兴趣的话题开展讨论和辩论,能理性、有条理地表达自己的观点,平等商讨,有针对性、有风度地进行辩驳	3课时	能在表达交流时有理有据地进行论述,增强思维的逻辑性与深刻性
	形成正确的学习观,培养终身学习的理念,改进学习方法,提高学习能力	2课时	能够在梳理、探究、反思的过程中学会准确把握作者的观点和态度,能够关注到作者思考问题的角度,学会有针对性地表达自己的观点和看法,学会发现问题,从而形成正确的学习观,并能够用恰当的语言表达出来

【学习任务群教学过程】

第一课时

(一)教学目标及重难点

1.教学目标：

(1)疏通文言字词,能熟读并理解文章。

(2)在学习过程中,领悟学习之道,提升学习能力。

2.重点:学习并整理本单元文言文中的重要实词、虚词和文言现象,整理本单元现代文的重要词语。

3.难点:理解并翻译《劝学》《师说》中的重要字句。

(二)教学过程

1.学习任务一:熟读文章,为生字词注音。

2.学习任务二:自学《劝学》《师说》,结合课文注释和资料,逐字逐句翻译。

3.学习任务三:阅读《拿来主义》《反对党八股》《读书:目的和前提》《上图书馆》,学习整理重要词语。

(三)作业与评价

1.作业:认真整理本节课所学重点词语。

2.评价:学生是否按照老师要求认真整理作业;小组成员是否能互相检查作业。依据完成度,给出优秀、良好、合格三种评价之一。

(四)课后反思

本节课使用了一个课时来完成两篇文言文的知识梳理,任务量较大。学生对文言知识的积累必须进行强化,并需要教师帮助他们归纳整理并指明重点。教师可以布置预习作业,让学生重视文言文的诵读以及现代文中词汇的积累,并侧重于理解上。

第二课时

(一)教学目标及重难点

1.教学目标：

(1)在理解文章的基础上背诵相关文章。

(2)领会学习的重要性,提升学习能力。

2.重点:梳理重要的文言文字词句,背诵课文。

3.难点:讨论、解决检测中出现的问题,巩固知识点,归纳知识体系。

(二)教学过程

1.学习任务一:组织学生沟通、讨论,解决预习过程中发现的问题。

2.学习任务二:引导学生讨论本单元所选课文是如何体现"学习之道"这个主题思想的。

3.学习任务三:让学生做检测题,巩固知识点。

(三)作业与评价

1.作业:将预习过程中提出的问题和检测中出现的问题整理在笔记本上。

2.评价:是否整理并解决问题;书写是否工整;逻辑是否清晰。依据完成度,给出优秀、良好、合格三种评价之一。

(四)课后反思

课上,教师应充分调动学生的积极性,发挥学生学习主体的作用,提高课堂学习效率。教师应提醒学生互相监督,并进行适当点拨,让学生将知识归纳成体系,注意突出句子翻译和词语运用。

第三课时

(一)教学目标及重难点

1.教学目标:

(1)学习联系时代背景,分析作者提出观点的依据,理解论述的针对性。

(2)学习富有思辨色彩的古代文本,通过对"学习之道"的梳理、探究和反思,把握学习的价值、意义、原则和方法,形成正确的学习观,提高学习能力。

2.重点:能辩证思考作者的观点,提出"学习"新见解。

3.难点:探究学习的本质,能理性思辨、有条理地表达自己的"学习"新见解。

(二)教学过程

1.学习任务一:回顾《劝学》《师说》两文的中心论点。

引导学生梳理、归纳文章分别解决了学习中的什么问题。

2.学习任务二:两篇文章的中心论点强调的侧重点有何不同?

结合背景概括两篇文章中作者的观点。

3.学习任务三:理解观点,结合补充材料,知人论世,分析荀子和韩愈在"学习"这件事上强调的侧重点不同的原因,并完成下面表格。

人物	时代背景	思想主张	为官经历
荀子	百家争鸣带来思想的多样性。面对纷繁的学说，学者必然结合自身要求和情况，合理甄别、选择，不断地取长补短。	"性恶论"，本性与生俱来，伴随终生，学习可以改变本"恶"之性，自然也需要不断学习。	稷下学宫祭酒，要求学生受业求学。
韩愈	门阀制度，尊"家法"，鄙从师。	古文运动"文以载道"恢复儒家传统，而从师学习正是儒家正道的内容。	国子监祭酒、国子监博士，招收弟子，亲授学业。

4.学习任务四：在当今时代，以下哪些观点我们可以继承与发展，哪些需要与时俱进，及时更新？

小组讨论：

(1)"学不可以已。"

(2)"君子生非异也，善假于物也。"

(3)"古之学者必有师。"

(4)"道之所存，师之所存也。"

(5)"师者，所以传道受业解惑也。"

(6)"弟子不必不如师，师不必贤于弟子。"

(三)作业与评价

1.作业：以学习为中心，同学们通过梳理、探究和反思形成了正确的学习观。为了更好地改进学习方法，提高学习效率，请围绕"学习之道"征稿。

2.评价：是否对"学习之道"有辩证的思考；思考是否结合学习中的实际问题，并具有现实意义；是否遵循了摆事实、讲道理、提方法的论证思路；语言是否鲜活；意境是否深远。依据完成度，给出优秀、良好、合格三种评价之一。

(四)课后反思

本课时以学生在学习上出现的一些问题导入。学习任务一和任务二主要是结合背景辩证分析前人的学习观，学习前人的智慧，这些都建立在学生熟练掌握课文的基础上。教师需要让学生课前做好充分的准备。学习任务三和任务四，旨在引导学生思考古人的观点在今天的现实意义，但是没有充分展开，这需要在今后的教学中改进方法。

第四课时

(一)教学目标及重难点

1.教学目标：

(1)学生能感受古今学习的异同,辩证思考作者的观点,能结合当下的学习状况提出"学习"新见解。

(2)围绕话题"学习之道"开展辩论,探究学习的本质,能理性思辨、有条理地表达自己的"学习"新见解。

2.重点:辩证思考,结合当下,提出"学习"新见解。

3.难点:探究学习的本质,合理表达出自己的"学习"新见解。

(二)教学过程

1.学习任务一:复习领悟先贤的"学习"智慧,初悟"学习之道",疏通《反对党八股》文义。引导学生梳理、归纳文章分别解决了学习中的什么问题。

2.学习任务二:直面历史,质疑思辨。

结合背景概括三篇文章中作者的观点。

3.学习任务三:探究古今学习之变。

探究古今学习的不同,辩证思考古今"学习之道"发生了哪些变化。

4.学习任务四:结合观点,思考探究"学习之道"究竟应该继承古时前人智慧还是与时俱进,推陈出新。

(小组讨论,并就"学习之道"展开辩论)

(三)作业与评价

1.作业:以"学习之道"为核心,同学们通过梳理、探究和反思形成了正确的学习观。为了更好地改进学习方法,提高学习效率,请以《"学习"我之新见》为标题写一篇500字左右的论述文。

2.评价:学生探究学习的本质,能否理性思辨、有条理地表达自己的"学习"新见解;是否结合了学习中的实际问题并使观点具有现实意义;是否遵循了摆事实、讲道理、提方法的论证思路;语言是否鲜活;意境是否深远。依据完成度,给出优秀、良好、合格三种评价之一。

第五课时

(一)教学目标及重难点

1.教学目标：

(1)明确作者的观点和态度；结合当今现实，理解文章观点以及观点的概括性；结合写作背景，理解文章论述和观点的针对性。

(2)研读课文，分析政论文的语言风格，从语言角度体会作品的读者意识。

(3)围绕"学习之道"，多角度思考问题，选择合适的角度，以恰当的方式，有针对性地阐述自己关于"学习"的观点。

2.重点：深入理解文章结构与逻辑。通过细致分析文章的开头、发展、转折和结尾，让学生掌握政论文的写作结构和逻辑顺序，从而更好地把握作者的论证过程和观点展开。

3.难点：批判性思维的培养。鼓励学生不局限于作者的观点，而是学会从多角度审视问题，培养独立思考和批判性分析的能力。这包括但不限于对作者论点的合理性、论据的充分性以及论证过程的严密性进行评估。

(二)教学过程

1.学习任务一：了解写作背景，明确说理对象。

进一步研读《反对党八股》，了解写作背景。

2.学习任务二：进一步研读观点，深入思考文章内涵。

(1)勾画本文的中心观点；

(2)毛泽东所批驳的"党八股"分别是哪八股？

(3)毛泽东所提倡的文风是什么文风？有什么特点？

(4)思考一下，这八股中，你对哪一股最有体会，最感兴趣？

(5)勾画出你认为写得很不错的语句，写一点旁批。

3.学习任务三：赏观点之概括性，鉴当今之生活。

好文章，是有着永恒的生命力的。好的说理文章，其观点往往具备"概括力"。其文针对一时一事，其理却具备典型性和普适性，具有穿越时空的能量。那么，《反对党八股》在今天有怎样的现实意义呢？结合现实新闻报道"震惊体"谈谈你的理解。

例子：1941年，端正党的文风，要靠全党干部的共同努力；在今天，端正新媒体的新闻文风，要靠新闻人的共同努力；而同时，也离不开你我的努力——辨别美丑——激浊扬清——端正为文。担负起作为社会一分子的社会责任来。

(三)作业与评价

1.作业:预习《拿来主义》,并写一篇政论文和扎实稳健风格的辨析文章,不少于300字。

2.评价:内容是否切题充实,结构思路是否完整清晰,语言表达是否流畅、是否有文采等。依据完成度,给出优秀、良好、合格三种评价之一。

(四)课后反思

本节课教学活动多样,包含论述类文本阅读、讨论、针对性写作等。课上,教师应尊重学生的主体地位,让学生在课堂上自主思考、自由表达。

第六课时

(一)教学目标及重难点

1.教学目标:

(1)细读课文,理清说理的思路,学习驳论的论证思路,学习恰当的说理方法。

(2)研读课文,分析政论文、杂文的不同语言风格,从语言角度体会作品的读者意识。

(3)围绕"学习之道",多角度思考问题,选择合适的角度,以恰当的方式,有针对性地阐述自己关于"学习"的观点。

2.重点:学习驳论文的论证思路。

3.难点:分析政论文和驳论文不同的语言风格,从语言角度体会作品的读者意识。

(二)教学过程:

1.学习任务一:理解文章核心与概括性。

(1)阅读《劝学》和《拿来主义》,勾画文章中的中心句和关键段落。

(2)通过小组合作,讨论并概括每篇文章的主要内容和作者的核心观点。

(3)引导学生体会议论文的概括性与条理性,理解文章如何通过结构化的方式呈现观点。

2.学习任务二:深入分析文章观点与论证方法。

(1)学生小组合作,结合文本和提供的阅读资料(如荀子的论述和《拿来主义》的写作背景)分析并归纳两篇文章提出的论点的共性,探讨作者如何构建论点和论据,以及论证的针对性特点。

(2)总结立论思路,讨论论证的严密性,识别文章中的逻辑结构和论证方法。

3.学习任务三:联系实际,撰写"送去主义"文章。

(1)引导学生思考"近百年来,我们从外国'拿来'了什么,还有哪些东西可以'拿来'"的问题,进行小组讨论。

(2)结合中国近些年的文化输出实例,让学生思考如何将"拿来主义"转化为"送去主义"。

(3)学生根据讨论结果,撰写一篇关于"送去主义"的文章,体现对现实问题的思考和对文化输出的理解。

通过这三个学习任务,学生不仅能够深入理解文章的核心观点和论证方法,还能够将所学知识与现实问题相结合,培养批判性思维和创造性写作能力。教师在教学过程中应提供适当的指导和反馈,帮助学生更好地完成学习任务。

(三)作业与评价

1.作业:外面的世界很精彩,有让人心跳的高科技,有令人目眩神迷的文化艺术,更有那丰富的物质世界。对这些,我们要不要"拿来"呢?"拿来"什么呢?中国文化对世界的影响日益凸显,我们要不要"送去"呢?"送去"什么呢?

请任选其中一个角度表达自己的看法,并将其形成一篇文章。要求:题目自拟,文体自选,运用辩证分析法或驳论法进行论证,不少于500字。

2.评价:是否准确概括出文章的主要内容及作者的核心观点;是否掌握文章中建构论点和论据的方法;语言表达逻辑是否清晰,是否具备了一定的批判性思维和创造性表达。

(四)课后反思

本节课由问题驱动课堂教学,三个学习任务环环相扣,引导学生始终围绕所列问题展开讨论。教师要把控课堂,重视学生讨论中出现的不同声音,并给予恰当引导,让学生思考起来,讨论起来甚至辩论起来。

第七课时

(一)教学目标及重难点

1.教学目标:

(1)引导学生整合有关"学习之道"的话题,梳理并归纳新话题,把握作者论述思路,感受逻辑思辨的力量。

(2)通读《劝学》《师说》,引导学生梳理作者不同的观点和主张。

(3)使学生理解学习贵在一个"新"字的含义。

2.重点:梳理学习过程中出现的涉及"学习之道"的各种话题。

3.难点:选两个学习中的新问题设计辩论题,写辩词。

(二)教学过程

1.学习任务一:梳理学习过程中出现的有关"学习之道"的各种话题,并分条列出。

2.学习任务二:

(1)小组合作讨论,列出还有哪些与学习有关的话题需要关注或值得引起重视,梳理并归纳新话题。

(2)每组选出两个新话题提交全班,形成全班共同关注的学习中的新问题。

3.学习任务三:从全班共同关注的学习中的新问题中选出两个,设计成辩论题,设定正、反方,并写辩词。

(三)作业与评价

1.作业:你觉得还有哪些新的学习方面的问题需要关注或值得引起重视,请概括现象并分析论述。

2.评价:是否能够发现生活中与学习有关的话题;概括内容的思路和逻辑是否清晰;语言表达是否准确、是否有文采等。

(四)课后反思

本节课的教学活动多样,包含古今论述类、叙事类文本阅读、讨论、辩论、针对性写作等,有助于学生形成有效的思维方法和良好的思辨品质。作业与评价环节可操作,学生发挥空间大。课后,教师应对学生的作业进行精批细改,加强评价的指导性、激励性。

第八课时

(一)教学目标及重难点

1.教学目标:

(1)梳理整合前四篇课文中出现的论证型语句,熟悉并掌握比喻论证和对比论证这两种论证方法。

(2)梳理并对提出的新话题进行归类,把握作者论述思路,感受文章逻辑思辨的力量。

(3)引导学生独立思考,有针对性地进行写作训练。

2.重点:总结归纳比喻论证和对比论证的分类与特点。

3.难点:能运用比喻论证和对比论证等方法,进行针对性写作训练。

(二)教学过程

1.学习任务一:分析比喻论证和对比论证,归纳其特点与规律。

2.学习任务二:学以致用,引导学生进行针对性写作。

(三)作业与评价

1.作业:以"劝学与劝思"或"拿来主义与创新主义"为题,综合运用比喻论证和对比论证等论证方法,体现主题的思辨性和现实针对性,写一篇议论文,不少于800字。

2.评价:是否能够深入思考主题;是否能够熟练使用比喻论证和对比论证等论证方法;是否能在写作中体现思辨性和现实针对性。依据完成度,给出优秀、良好、合格三种评价之一。

(四)课后反思

本节课教学活动多样,以教师为主导、学生为主体,当堂学、当堂练、当堂展示并讲解,读写结合,活学活用,将文思聚集纸上,教学目标达成度高。教师引导学生借鉴课内文章学习论证方法,将素材转化为写作论据,经过反复思考,完成写作任务,有助于学生表达能力和思维品质的综合提升。作业与评价环节可操作,以"劝学与劝思""拿来主义与创新主义"为题目,让学生综合使用比喻论证和对比论证等论证方法,学写结合,评价标准对应高考作文要求。

第九课时

(一)教学目标及重难点

1.教学目标:

(1)掌握论证方法的运用规律,理解思辨类论证的逻辑性、生动性和现实针对性。

(2)感受文章的思辨力量,提高思辨类文章的鉴赏水平,提高语言表达能力。

2.重点:完成演讲稿《"劝学"新说》并互评,提升写作能力。

3.难点:展示成果,互评互赏,提高鉴赏水平与表达能力。

(二)教学过程

1.学习任务一:1、2、3、4组合作,推荐代表,展示演讲稿《劝学:新说》。

2.学习任务二:5、6、7、8组合作,推荐代表,展示演讲稿《劝学:新说》。

3.学习任务三:9组作为评审,评赏8组演讲稿,并进行质询。各小组发言人回应质询。

4.学习任务四:教师总评各组演讲稿,重申论证方法的运用规律,强调思辨类论证的逻辑性、生动性和现实针对性。

(三)作业与评价

1.作业:以课堂互评为基础,修改演讲稿,并提交。

2.评价:是否有效针对演讲稿弊病做出修改;立意是否明确突出;是否联系现实展开论证;结构思路是否完整清晰;语言是否自然流畅等。依据完成度,给出优秀、良好、合格三种评价之一。

(四)课后反思

本节课教学目标达成度高。教师利用学生互评等多种机制提高学生写作积极性,同时提高了学生的审美鉴赏能力。

(雷尧钧)

课例二:

必修下第三单元整体教学设计

【学习任务群分析】

统编教材必修下第三单元属于"实用性阅读与交流"任务群。这个任务群旨在引导学生学习当代社会生活中的实用性语文,包括实用性文本的独立阅读与理解,日常社会生活需要的口头与书面的表达交流。通过运用所学知识,借鉴课文中使用的研究方法探究实际问题,并形成自己的见解,写作说明事理的文章。本任务群的学习,可以丰富学生的生活经历和情感体验,提高阅读与表达交流的水平,增强适应社会、服务社会的能力。

【教材分析】

本单元人文主题为"探索与创新",以知识类读物为主,包含科普文与社科论文,所选的四篇文章都属于知识性读物,《青蒿素:人类征服疾病的一小步》《一名物理学家的教育历程》两篇记述科学探究历程的文章,《中国建筑的特征》《说"木叶"》两篇阐说研究成果的文章,这四篇文章都能让我们感受科学工作的艰辛与乐趣,体验学术研究的独特魅力,让我们了解"发现与创造"背后的思维方式。

【学情分析】

学生进入高中,在相关科目的学习中有科学实验的接触经验,对感兴趣领域的科学发现和探究有一定的了解。开始接触到学科小论文的写作,但缺乏阅读知识性读物及文本的系统方法。

本单元任务设计基础:人文主题——探索与发现,探索与创新。理解科学研究的基本方法与艰辛经历。语文学科大概念:事理与逻辑——把握关键概念和术语,理清文章思路,理解主要内容;分析作者阐释说明、逻辑推理的方法,体会文章语言严谨准确的特点。

【学习任务群目标】

1.学习知识性读物的阅读方法,发展科学思维,培养科学精神,激发对科学研究的兴趣和热情。

2.掌握知识性读物的阅读方法,能把握关键概念和术语,理清文章思路,理解和把握文章主旨。能分析作者阐释说明、逻辑推理的方法,体会文章语言严谨准确的特点。

3.能发现、探究自然、生活中的现象,用简明、准确的语言清晰地说明事理,完成一篇事理说明文。

【学习任务群教学设计】

课程设计	课时安排
单元导读课	1课时
单元重点突破课	2课时
群文阅读课	2课时
写作练习课	2课时

一、单元导读课:知人论世,了解学习任务(1课时)

情境创设:科学研究既有艰辛曲折的一面,也有充满乐趣的一面。生物学家发现青蒿素对疟疾的疗效(对应《青蒿素:人类征服疾病的一小步》);物理学家由鲤鱼池和爱因斯坦未完成的研究引导自己不断研究(对应《一名物理学家的教育历程》);建筑学家阐释了中国传统建筑特征(对应《中国建筑的特征》);文学评论家对"木叶"这一意象有自己独特的思考(对应《说"木叶"》)。这些研究背后的思维方式是什么呢,我们从中能学到什么呢?今天我们进入"探究与发现"单元,去领略科学研究的魅力。

学习活动一

1:查阅相关资料,了解拉斯克医学奖。阅读摘录《2020—2021诺贝尔奖情况》,了解2020—2021年诺贝尔生理学或医学奖、物理学奖和化学奖情况。

2:思考回答:拉斯克医学奖和诺贝尔奖为何备受世人关注?有何意义?

学习活动二

1:阅读"单元导语",了解本单元学习目标。

2:观看百度小视频或阅读摘录的作者简介,梳理本单元四位作者的信息,并完成如下表格。

作者	国籍	所处时代	研究领域	研究成果	成果价值

二、单元重点突破课(2课时)

《青蒿素:人类征服疾病的一小步》精读课设计(1课时)

学习活动一

概述屠呦呦科学探索的历程。

1:抓住关键概念和词句,厘清思路。

这是篇科普文章,梳理屠呦呦对青蒿素的研究历程,根据你的理解与记忆把下列五个小标题进行排序并填入下表:发现青蒿素的抗疟疗效、影响世界、从分子到药物、中医药学的贡献、发展与超越。

小标题	主要内容

. 138 .

2：课文第三、四部分是按什么顺序安排的？为什么？

3：方法总结：梳理思路的方法是抓住关键概念或语句，目的是理解作者的表达内容，以更好地了解作者的创作状态和目的。

学习活动二

学习作者如何深入浅出地介绍自己的探索过程。

1：在上述探究历程中找到最为关键的一步。（提示：从作者的文字表达中找到相关语句作为判断依据。）

2：概括该关键历程中，作者揭示其突破困境、突破认知局限的关键因素。

20世纪50年代，由于疟原虫抗药性的出现，疟疾重新开始肆虐，消灭疟疾的国际努力遭受重大考验。

关键因素是：_____。

在第一阶段，我收集了2000个方药，挑选出可能具有抗疟作用的640个，从其中的200个方药中提取了380余种提取物。

关键因素是：_____。

为了寻求答案，我们查阅了大量的文献。

关键因素是：_____。

这句话让我深受启发。

关键因素是：_____。

因此考虑改为低温提取。

关键因素是：_____。

我们随后将青蒿提取物分为酸性和中性两大部分。

关键因素是：_____。

学习活动三

以屠呦呦科学思考路径为踪，探究其背后的思维方式。

1：介绍图尔敏的论证理论与模型（图4-2）。

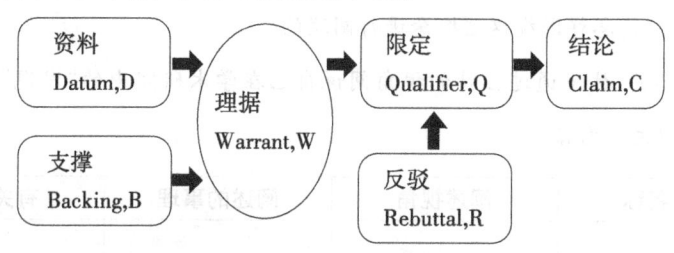

图4-2 图尔敏的论证理论与模型

2:理解该模型,以此理解作者科学探究的思考路径。

3:小组交流,教师小结。

对比阅读《一位物理学家的教育历程》精读课设计(1课时)

研读两篇课文,主要完成以下三项任务。

学习活动一

以图表的形式梳理文章中展示的科学研究、早期探索的过程,标出那些对科学家的发现有重要启示的节点。借助图尔敏的论证模型,梳理加来道雄科学探究的思考路径。

学习活动二

分析科学研究的艰辛和科学发现的乐趣,在两篇文章之中是如何具体展现出来的。

学习活动三

思考两位科学家是如何让公众了解他们的工作的,深入浅出地介绍科学研究的原理与探索过程的。

学习活动四

小组交流,完成任务内容,各指派一名成员交流发言。教师总结。

三、群文阅读课(2课时)

重点研读《中国建筑的特征》与《说"木叶"》。

学习活动一

文章思路、概念的梳理与比较。

1:阅读课文,找出文章中的主要概念,用图表的形式揭示这些概念之间的关系,探讨文章是怎样围绕这些概念进行阐述的。

2:梁思成、林庚通过独特的视角阐说自己在学术研究中的"发现",请以表格的形式梳理文章内容。

课文名称	阐述视角	阐述的事理	有关概念

3：小组交流，完成任务内容，各指派一名成员交流发言。教师总结。

学习活动二

读写结合。

1：在我们美丽的重庆，寻找、发现具有中国建筑特征的现代建筑，从这些建筑中寻找《中国建筑的特征》中所阐说的中国元素，拍照或者手绘这些元素，作出标识，选择其中的一幅图片，起一个名字，写一段180字左右的说明文字。

2：《说"木叶"》一文中探讨了古诗"暗示性"，请分析学过的诗歌里"月""柳""雁"等意象中蕴含的丰富内涵。

四、写作练习课（2课时）

1：学习教材知识短文《如何清晰地说明事物》。

2：常识对我们的生活、学习都很重要。它们有些是对自然现象的总结，如"朝霞不出门，晚霞行千里"；有些与文化相关，如中国古代宫殿建筑多采用对称布局；有的则凝结着人生的某些经验，如"良药苦口利于病，忠言逆耳利于行"。这些常识背后都存在某些事理，试以"常识中的'理'"为话题，拟写提纲，以一定的逻辑呈现这个事理。

3：查找资料，完善并丰富提纲，完成不少于600字的说明文。要求说明事理清晰明确，理解准确，符合科学原理，能有新发现。结构完整，文章清晰有逻辑。能运用多种说明方法，有知识有趣味。语言准确、简明。

4：组内交流，收集意见，修改并完成科普交流稿。

（黄丽华）

课例三：

理性的声音　睿智的表达
必修下八单元整体教学设计

【学习任务群分析】

"倾听理性的声音"是"思辨性阅读与表达"学习任务群的第三个学习单元，属于思辨性阅读与表达，在群达语文课程里定位在思维群中。其中包含《谏太宗十思疏》《答司马谏议书》《阿房宫赋》《六国论》，分别是奏疏、书信、赋、政论文。本学习任务群以"责任担当"为人文主题，引导学生学习思辨性阅读和表达，巩固思维的逻辑性和说理的针对性。

【课标要求】

阅读论述类文本，教师应引导学生着重思考思想的深刻性、观点的科学性、逻辑的严密性、语言的准确性，把握观点与材料之间的联系；常用应用文教学，应主要借助文本示例来了解其功用和基本格式，以学生自学为主，不必作过多分析；应引导学生在阅读作品时努力做到知人论世，通过查阅有关资料，了解与作品相关的作家经历、时代背景、创作动机以及对作品的影响评价等，加深对作家作品的理解。

【教材要求】

围绕核心任务"理性的声音"，领会作者的观点和现实针对性，把握其解决现实问题的理性思维方式，鉴赏文章的说理艺术，在辩证分析与合理推理的基础上进行理性判断，养成大胆质疑、缜密推断的批判性思维习惯。

【学情分析】

通过上册第六单元的"学习之道"，以及下册第一单元的"中华文明之光"的学习，学生已经具备一定程度的思辨性阅读与表达的能力。但思维的类别多，理解难度大，要运用于议论文写作有难度，所以还需要结合现实问题引导学生多角度多层次分析问题，训练逻辑思维能力。以前的学习让学生有了责任意识，借助课文中各人物的思维方式，增强其责任担当。

【各篇目教学重点】

本单元是四篇文言文，首先要疏通内容，积累常用文言词语意义用法；其次领悟主题，从《谏太宗十思疏》中领悟"十思"的意义，学习多角度循循善诱的劝谏艺术；从《答司马谏议书》中了解宰相用心，学习驳论技巧；从《阿房宫赋》《六国论》中分析作者目的和借古讽今的手法。

【学习任务群目标】

1.了解并掌握谏、疏、赋、书、论等文体的功用及特征，掌握文言实词、虚词、特殊句式等语言基础知识。

2.理解文章内容，领会作者观点及其现实针对性，把握其解决现实问题的理性方式。

3.鉴赏作者的说理艺术，掌握运用合理的论证方式表达自己的观点的写作方法，感受古代先贤心怀天下、克己奉公、敢于担当的胸怀。

4.辩证思考作者的观点，客观分析论述过程及所用论据，学会在辩证分析与合理推理的基础上做理性判断。

5.学会选取恰切的论据、合理的论证方式,清晰严密地论证自己的观点。

【学习任务群课时安排】

任务一:借文言知识读懂十疏

任务二:梳理思路明大臣智慧

任务三:总结劝谏方法脱困局

任务四:了解回信知宰相愿望

任务五:学驳论文析反驳艺术

任务六:感受秦人奢靡知残暴

任务七:析借古讽今明杜牧心

任务八:理解贿赂致六国破灭

任务九:析人性警醒盛世青年

【学习任务群评价】

1.对实用类文本阅读的评价,着重考查学生对文本内容的准确解读,以及对文本信息的筛选和处理能力。实用文体的语言风格、格式等特征,学生只需做基本的了解。

2.对实用类文本写作的评价,应考查学生是否认识到实用类文本的重要性和实用价值;是否理解实用类文本中常用文体的特点和要求,能根据要求完成基本的实用文写作。

3.学会从不同的角度和层面对作者观点进行表述、评价和质疑,对文本有全面的理解和把握。

任务一　借文言知识读懂十疏

活动一:介绍奏疏、书信、赋、政论文的知识,结合背景介绍,推断文章大致内容。

明确:《谏太宗十思疏》提出君王想国家长治久安,必须"居安思危,戒奢以俭";《答司马谏议书》逐一驳斥司马光加给作者的罪名,批判了士大夫们的保守思想,表明坚定不移推行新法的决心;《阿房宫赋》借秦王朝的覆灭来劝告唐朝统治者不要大兴土木而要戒奢以俭;《六国论》借六国因贿赂而灭亡的事,劝告宋朝统治者不要一味割地求和,否则会灭亡。

活动二：借助注释和资料书，掌握文言实词、虚词的意义、用法和重点句子的翻译，理解《谏太宗十思疏》的内容。

活动三：反复诵读十思，直至背诵，感受句子的结构美。

任务二　梳理思路明大臣智慧

活动一：阅读下面一段文字，总结大臣李斯在劝谏秦始皇时，有哪些注意事项。

清余诚《重订古文释义新编》：李斯既亦在逐中，若开口便斥逐客之非，宁不适以触人主之怒，而滋之令转甚耶！妙在绝不为客谋，而通体专为秦谋。语意由浅入深，一步紧一步，此便是游说秘诀……意最真挚，笔最曲折，语最委婉。而段落承接，词调字句，更无不各具其妙。

明确：语言委婉含蓄；不为被驱逐的客卿说话，处处事事都替秦王、秦国着想；论述由浅入深、由小到大、层层递进，段落间转换精妙。

活动二：概括内容理思路，总结作者的愿望。

明确：《谏太宗十思疏》中作者先提出"思国之安"必积其德义，再回忆历史上不居安思危的危害，后提出十思，发扬九德，国家就能垂拱而治。表达了作者的政治理想"鸣琴垂拱，不言而化"。

活动三：分析论证方法、逻辑推理，感受作者的睿智，赏析语言特色，感受劝谏艺术。

第一段：论证有方——开篇用比喻论证，把木之长、流之远需要根固、源远比作国安需要德厚；再用假设论证法从反面论证其正确性。这也是一个类比推理，由具体简单到抽象复杂的过程。

第二段：先提出帝王之所以不能善始善终，是因为"殷忧得人与傲物陌路"，进而劝告统治者要"居安思危"。推理从现象到本质、一般到特殊，逐层剖析，清楚有力。采用了对比论证、举例论证、引用论证。

第三段：提出十思的具体内容，并设想效果，在并列中归类，即两戒奢侈、两戒骄傲、两戒纵欲、两戒轻人言、两戒赏罚不公，这样劝谏条理清楚、归类明确、分寸感强,便于理解接受,也反映了劝谏者的技巧。

语言特色:大量采用对偶、排比修辞,让句子具有整齐美,但又运用虚词,加入散句,错落有致;语言简约,整句笔力雄健,散句酣畅淋漓。

任务三　总结劝谏方法脱困局

活动一:读《烛之武退秦师》《谏逐客书》《谏太宗十思疏》的相关段落,总结劝谏方法。

情景引导——口碑大剧《山海情》中马德福劝说李太爷从生活了一辈子的涌泉村搬到闽宁镇,但李太爷不愿意,在马德福劝说及马德福父亲、妹妹助推下,李太爷终于高高兴兴搬走了。可见,劝说他人是一门艺术,是有技巧的。

活动二:读《谏逐客书》第一段、《烛之武退秦师》第二段、《邹忌讽齐王纳谏》第三段,总结劝谏方法。

明确:开篇亮态度,忆古增广博;反例助论述,假设对照可。

被劝放第一,利益分条析;表明己处境,赢得对方悯。

现身说法好,小事见大道;私心不宜重,国家放心上。

活动三:考试时,小明为取得好成绩,悄悄拿出手机百度答案,成功进入年级前五,随后到处宣传自己的优秀。请你以老师的身份劝说他。

明确:小明,你想取得好成绩的愿望是好的,但方式不对。作为学生,取得好成绩的方法很多,努力学习、刻苦钻研、不懂就问都不错;你可以把这次成绩作为自己的奋斗目标,通过自己的努力,让成绩真正达到这个水平;你在考试中作弊是很不好的。如果换个地方就是犯罪,请一定改正。即使你取得好成绩也应该低调,没有必要到处显摆,毕竟只是一次考试,俗话说:满招损谦受益。我希望你脚踏实地地学习,真正达到自己的目标。

活动四:观看屈原的视频,请分析屈原劝谏失败的原因。

明确:外因——被劝说者楚王贪图小利,目光短浅,没有称霸天下的胆识;大臣被秦国收买,缺乏正义感;楚国自恃强大,与秦、齐鼎足立;距离秦国近,成为秦国先攻打的地方。

内因——劝说者屈原说话太直,没有顾及场合;屈原看得长远但缺少支持者。

活动五：为帮助农民脱贫致富，某村准备引进省农科院研制出的玉米新品种。但有些村民担心减产，拒绝栽种。假如你是驻村扶贫干部，你会如何对村民进行劝说。

明确：先共情即理解他们心情，再分析利益，最后强调（如果大家还是不放心，咱们可以先小面积地试种一下，看看效果，要是效果真的不错咱再大面积种植；当然，咱们政府也可以和大家保证，这次的玉米新品种种植一定会有相应的补贴政策。只要大家好好学，用心种一定能在秋天有超过以往的收获）。

任务四　了解回信知宰相愿望

活动一：准确理解题目含义，了解本文写作背景，感受文章主要内容。

明确：回复司马光的信，针对其加给作者的"侵官、生事、征利、拒谏、怨谤"五个罪名进行反驳。

活动二：利用注释和工具书，完成语句疏通，积累文言知识。

明确：一词多义、词性活用、古今异义、特殊句式。

活动三：总结书信的结构，要求学生给父母写一封信。

任务五　学驳论文析反驳艺术

活动一：利用网络资源，了解驳论文的写法。

明确：三驳，驳论点、论据、论证；一般思路，列现象—示弊端—挖根源—指出路。

活动二：诵读文章二、三段，分析作者是如何反驳的。

明确：先提出"名实已明，天下之理得矣"的公认观点，再一一辩驳对方说自己"侵官、生事、征利、拒谏、怨谤"，实际就是名不副实；然后挖根源，是因为保守思想作祟，并说明自己这样做是为了帮助皇上变法；后以盘庚迁都的事证明变法是对的。辩驳清楚，层次分明，有理有据。

活动三：尝试根据文章内容，推断司马光来信的基本观点。

任务六　感受秦人奢靡知残暴

活动一：了解杜牧生平和文章的写作背景，了解文章大致内容。

活动二：借助注释和工具书，解读文章，积累文言知识。

活动三：用自己的话讲述阿房宫的故事，与电视剧《秦始皇与阿房女》作比较。

任务七　析借古讽今明杜牧心

活动一：利用赋的结构，概括文章内容，梳理思路。

明确：赋结构，先记叙描写后议论抒情。

文章内容：阿房宫占地广耗资多——阿房宫人穷奢极欲——揭示秦灭亡原因。

活动二：赏析借古讽今手法和语言艺术，感受委婉说理的好处。

明确：借古讽今因为含蓄不会得罪讽谏者，自己不会获罪；龙颜易怒、龙颜难见，但文章易见；委婉的劝说比直接的批评来得自然且引所有人反思。

活动三：结合杜牧诗歌《过华清宫》《泊秦淮》《题桃花夫人庙》，分析其忧国忧民的情怀。

任务八　理解贿赂致六国破灭

活动一：了解苏洵生平和文章的写作背景，了解文章大致内容。

活动二：借助注释和工具书，解读文章，积累文言知识。

活动三：概括各段内容，梳理思路，总结论证结构。

任务九　析人性警醒盛世青年

活动一：再读两篇文章，找出其观点，品析论证异同。

明确：秦人不暇自哀，而后人哀之，后人哀之而不鉴之，亦使后人而复哀后人也。六国破灭，非兵不利，战不善，弊在赂秦。

《阿房宫赋》先具体展示秦王的奢靡残暴,后很快灭亡,最后假设论证总结灭亡是因为不爱六国之人;《六国论》开篇提出观点,然后从正反两个方面论证,最后用假设论证来劝谏后人要以之为鉴。

活动二:让学生看苏辙和李桢《六国论》翻译版,比较观点的异同。

苏辙——诸侯及策士不明形势,见识短浅,策略失误。

李桢——六国和秦国都残暴,灭亡正常;要想保存,只有施行仁义。

活动三:小组讨论——四篇文章作者的观点透露出哪些人性?我们应该怎么做?

明确:《谏太宗十思疏》——强盛国家、居安思危、戒骄戒躁、各尽其职、直言劝谏、家国情怀。

《答司马谏议书》——因循守旧、争名夺利、趋利避害、苟且偷安、坚持改革、责任担当、家国情怀。

《阿房宫赋》——骄奢淫逸、横征暴敛、及时享乐、不负责任。

《六国论》——贪图享受、背信弃义、残害忠良、苟且偷安。

明确:远离邪恶人性,养成优秀品质。

展示名言:志之所趋,无远弗届;穷山距海,不能限也。——金缨

欲虽不可尽,可以近尽也;欲虽不可去,求可节也。——荀子

(谭庆仙)

第四节　鉴赏群课程的建构与实践

阅读与鉴赏是学习语文必不可少的技能之一,这项技能的掌握对学生的语言建构与运用、思维发展与提升、审美鉴赏与创造、文化传承与理解等语文核心素养的培养均提出了较高的要求。具体而言就是要求学生在综合发展核心素养的基础之上,还要有信息提取与筛选的能力和能独立获得独特审美体验的能力等。基于此,本章所讨论的鉴赏群需要结合我校"134生态课堂",旨在让学生学习阅读、爱上阅读并且享受阅读。也就是说,在鉴赏课程中,需要以"阅读与鉴赏"为课程的核心,以"审美鉴赏与创造"为出发点,以"鉴赏通达"为具体目标。

一、鉴赏群课程目标

(1)提取与整合。通过提取与整合,学生能将阅读材料中获取的语言知识及关键信息结构化,能将凭主观感受获得的阅读经验积累与整合成具体的、可操作的阅读方法和策略,并能在阅读实践中根据需要自觉地运用。

(2)品读与鉴赏。在感受和体验的基础上,要求学生对文学作品中的语言、形象、情感表达等相关因素,以及与该作品相关的作家信息和背景知识等进行挖掘;学生能独立且独特地欣赏、鉴别产生于不同时代、不同风格的作品,从而培养良好的语感和语言感受力,体味人生、自然、世界的丰富多彩。通过课程激发学生建立正确的价值观、培养高尚的审美趣味,从而真正提升学生的语文核心素养。

(3)领悟与创造。在分析文本的基础上,要求学生运用书面或口头语言表达自己的审美体验及感受、情感态度及价值判断;学生能够通过思考,领悟文本内部和外部的相关内容,探讨其中的思想价值和时代精神,创造对自己有所触动的美好形象及文学文本,并且能自觉地、创新地使用祖国语言文字表达对美的理解与欣赏。

(4)应用与通达。要求学生能将阅读方法、经验应用于其他文本及生活场景中,学生能初步分析和掌握自己鉴赏文本的潜力和倾向,根据自己的个性和喜好,在自己感兴趣的阅读领域有所发展。让学生构建与语言群、思维群、文化群、写作群的结构化联系,从阅读接受到主动探究,体会中华文化的博大精深,增强文化自信。

二、鉴赏群课程内容

(1)鉴赏群包括必修课程和选修课程两个部分,必修课程符合高中语文新课标的要求,主要是为了培养学生阅读的基础能力,让学生在学习阅读的过程中熟练习得正确、有效的阅读鉴赏方法,为阅读其他课内外文字打下坚实的基础;同时,引导学生运用鉴赏与审美的方法欣赏学习和生活。

选修课程也是鉴赏群的题中之义,选修课程分为选择性必修课程以及其他选修课程。选修课程是对鉴赏群的补充和扩展,主要为学生搭建阅读与拓展的平台,满足学生个性化、多样性的学习与阅读需求。

(2)必修课程主要包括以下高中语文的阅读与鉴赏学习任务群。整本书阅读与研讨,包含对《乡土中国》和《红楼梦》的整本书研读与鉴赏,要求学生通过对整本书的阅读与鉴赏培养基本的阅读能力并且使其具有一定的审美能力,进一步拓宽他们的阅读视野并总结出适合自己的阅读方法。就学术著作而言,推荐学生阅读《乡土中国》,引导学生在通读全书的基础上利用基本的阅读方法尽量掌握和提炼著作的主要观点,梳理全书的逻辑,总结全书的语言特点和论述逻辑。就长篇小说而言,推荐学生阅读《红楼梦》,引导学生在通读全书的基础上把握作者表达的思想内容和艺术特点,可以从主题、情节、人物、语言等方面选择一个自己最感兴趣的方面进行深入鉴赏和研讨。文学阅读与鉴赏,包含精读古今中外优秀的文学作品,以高中语文必修上、下册为依托,具体而言包括必修上册的第一单元、第三单元、第七单元;必修下册的第二单元、第六单元、第七单元;要求学生将作品按照诗歌、散文、小说、剧本等不同艺术表现形式进行分门别类地赏析,注意把握不同文学体裁的特殊性,发现它们的文学价值甚至美学价值。

(3)选修课程主要分为选择性必修课程和其他选修课程,其中选择性必修课程包括以下高中语文的阅读与鉴赏学习任务群:首先是诗词与人生境界,要求学生通过对古代诗歌的阅读与鉴赏,大致梳理古代诗歌发展与流变及不同诗歌风格,了解诗歌意象与意境的关系,提炼与总结古代诗人的精神品质,进而培养学生热爱生活的优秀品质;其次是中国现当代诗歌散文鉴赏,要求学生对中国现当代诗歌的发展进行探源与梳理,结合时代背景分析中国现当代诗歌流派的演变,探究文学思潮对诗歌风格的影响,分析不同诗歌派别的特殊性,培养学生的鉴赏与审美能力。而其他选修课程则包括中国现当代作家作品专题研讨这一阅读与鉴赏学习任务群,要求学生阅读自现代以来的优秀文学作品,包括优秀革命文化作品、社会主义先进文化作品等,引导学生以正确的价值观鉴赏相关文学作品,提升自己的审美能力和表达与交流能力,乃至写作能力。

三、鉴赏群课程实施策略

优秀的阅读能力是学生应对考试所必需的一种能力,而掌握这种能力更是在提倡素质教育的当下对学生的核心素养提出的更高要求。语文阅读教学是学生养成良好阅读习惯和拥有阅读素养的重要途径,而高中语文教学更应该将培养学生拥有较高水平的阅读素养作为阅读教学的中心,帮助学生提升各个维度的思维能力,进而更好地迎接未来生活的挑战。为了充分发挥学生学习的主观能动性,完成"鉴赏通达"这一最终目标,关于"鉴赏群"的实施策略建议如下:

1. 依托教材,确立目标

华东师范大学皮连生教授等人提出"目标导学"[1]理论,它改变了教与学的关系,完成了从"导教"到"导学"的转变。也就是说,学习目标的确立对学生的学习行为有着重要的影响,一个准确的学习目标既为教师的教学设计提供了思维路径,又为学生的学习指明了前进方向。可以说,在进入阅读与鉴赏之前,学生的阅读期待、审美期待都与学习目标息息相关。新课标要求教师要以教材为依托,在充分研读课标建议与教材文本的基础上确立学习目标,这样可以引导学生对自己即将阅读与鉴赏的对象有一个宏观上的把控,并且帮助他们建立起对阅读对象和审美对象的期待。例如,高中语文必修上册第一单元属于"文学阅读与鉴赏"这一任务群,课标要求:"感受和体验文学作品的语言、形象和情感之美,能欣赏、鉴别和评价不同时代、不同风格的作品,具有正确的价值观、高尚的审美情趣和审美品位。"[2]而单元导语提示学生在学习本单元时可以从"青春的价值"角度思考作品的意蕴,在学习的过程中既要把握诗歌的意象又要掌握小说的叙事与抒情,还要从语言、形象、情感等不同的角度欣赏作品;其中本单元的教材文本由五首诗歌和两篇小说构成;单元学习任务也围绕着对诗歌和小说的鉴赏提出要求。所以在依托教材的基础上,可以将单元学习目标大致确定为:①掌握诗歌运用意象抒发感情的方法,梳理意象与意境的关系,分析作者对青春价值的不同看法;②品味小说语言,分析小说中典型

---

[1] 皮连生,刘杰.现代教学设计[M].北京:首都师范大学出版社,2005.
[2] 中华人民共和国教育部.普通高中语文课程标准(2017年版2020年修订)[S].北京:人民教育出版社,2020:6.

的环境描写和细节描写,学习烘托、象征等手法,揣摩人物心理,分析人物形象。

2.设立情境,任务驱动

学习任务的设置主要包括在学习目标的指引下将阅读与鉴赏的对象拆分成有梯度、有纵深的阶段性任务,而在完成这些学习子任务之前需要给学生提供一个具体的学习情境,这个学习情境可以是解决一个实际的问题,也可以是完成一项工作。这个学习情境的设置对学生的学习具有导向和吸引的作用。正如于漪教授所言:"在课堂中要培养、激发学生的兴趣,首先应抓住导入新课的环节,一开始就把学生牢牢地吸引住。"①从某种程度上来说,学习情境的设计不仅能激励学生的阅读与鉴赏兴趣,同时还是实现大单元教学目标的重要手段之一。而新课标中提到在进行阅读与鉴赏的时候可以从以下几个方面设置情境:学习情境、生活情境、交际情境、阅读情境、文学体验情境等。根据以上要求与建议,以高中语文必修上册第一单元为例,学生在阅读与鉴赏的课堂中,可以将学习情境设置为"学校需要举办一个主题为'青春的价值'的校园读书分享会"或者"学校需要设计一个主题为'青春的价值'的阅读展板",在这个学习情境之下,学生围绕这个真实的问题将单元学习分解成若干个学习子任务,在这些子任务的驱动下,由内而外地激发他们的阅读热情与鉴赏激情。

3.重点突破,以点带面

阅读与鉴赏的过程,是读者对作品的内容、意义再解读的过程。所以,阅读与鉴赏课程中不仅要以读促悟,还要帮助学生建立属于自己的独特阅读体验和感悟。只有学生能够独立与作品对话,才能让他们真正获得语文核心素养,进而提升自己的语言、思维和审美能力,从而培养学生对祖国语言文字的认同感,培养文化自信。"人文教育还有一个重要方面就是让学生领略中国语言文字的美。汉字一方面难学,另一方面积淀了很丰富的文化,不仅是一种简单的符号。"②因此,阅读与鉴赏课程对于学习的重点和难点的选择至关重要,要做到要求明确、具有吸引力,从而达到以点带面、熔点入体的境界。具体而言,可以将一个作品从语言、思维、审美、文化等方面进行鉴赏。例如在鉴赏高

---

① 于漪.语文教学谈艺录[M].上海:上海教育出版社,1997:107.
② 孔庆东,摩罗,余杰.审视中学语文教育:世纪末的尴尬[M].汕头:汕头大学出版社,1999:13.

中语文必修上册第一单元中的《沁园春·长沙》时,可以将学习重点放在意象对诗歌言志达情的作用上,也可以引导学生对词句之间的逻辑关系进行梳理,还可以对诗歌语言进行赏析,重点分析形容词、动词的使用等。需要注意的是,因为我们的阅读对象往往具有多重性,可以供读者进行多样的解读,但是在阅读与鉴赏课程中,教师需要对其进行筛选与把控,将其中的重点进行突破,然后把课堂还给学生,让学生真正体验阅读的乐趣,只有这样才能实现以点带面,才能使学生的语言、思维、审美等方面都得到提升。

4. 鉴赏群文,专题探究

根据西南大学教授于泽元等的定义,群文阅读即指根据议题,选择一组呈结构化的文本,师生在单位时间内围绕议题展开阅读和集体建构,进而达成共识的多文本阅读教学过程。① 也就是说,群文阅读并不是机械地将单篇课文相加,而是在单篇阅读的基础上进行的"1+X"模式,这种模式是具有结构性且多元性的,是一个有机的整体。在形成鉴赏群的过程中,可以根据文体、主题、作者等不同的类别进行组织。而在鉴赏群形成后,教师应该有意识地引导学生对相应的阅读篇目进行阅读与鉴赏,并对这些篇目进行比较阅读,只有在比较中学生才能看到文本的特殊性,才能真正提升他们的鉴赏和审美能力。当然,仅仅靠阅读与鉴赏课中的学习对于学生来说是远远不够的,新课标对于高中生的课外阅读要求是150万字,这就需要学生在完成"鉴赏通达"这一学习目标之后,到语文课堂之外去发挥自己的主观能动性,根据不同的阅读专题进行相应的阅读拓展与探究。例如,高中语文教材必修上册第一单元就可以以"青春的价值"为主题将单元中的古体诗、现当代诗歌、外国诗歌以及小说结合起来,也可以以诗歌或小说为主题将这个单元的阅读对象分成两个阅读鉴赏群。同时,在课堂中完成对这一单元的群文鉴赏之后,教师可以引导学生在课后去查找更多的关于"青春"的诗歌或者小说进行对比阅读与鉴赏,并将其阅读感受进行提炼,形成独特的阅读见解。

---

① 于泽元,王雁玲,黄利梅.群文阅读:从形式变化到理念变革[J].中国教育学刊,2013(6):62-64.

四、鉴赏群课程评价方案

泰勒在《课程与教学的基本原理》中提到:"评价过程实质上是一个确定课程与教学实际达到目标的程度的过程。"[1]也就是说,好的评价体系能帮助教师和学生更好、更快地落实语文学科的核心素养。在鉴赏群中,应该根据阅读与鉴赏课程的特殊性采用丰富的评价方式,以我校的"134生态课堂"为依托,具体评价量表如下(表4-1)。

表4-1 "134生态课堂"评价量表

教学过程	教师指导评价	学生学习评价	学生学习评价方式
创设情境,设置问题	①方式方法多元化,如通过图片、视频、问题清单等形式达成课堂目标; ②主要调动学生的求知欲和积极性	①对文本的整体感知,了解文本作者及其写作背景; ②明确知道该课程的学习目标和自身需要掌握的重点知识	把学生对文本的资料查找、学案的完成情况、学习计划等作为载体进行评价
自主学习,思考领悟	①活动形式要与文本本身相契合,活动内容指向学习目标,活动方式要多样且轻松; ②在学生学习的过程中要多关注学生的学习状态,给予他们适时的帮助	①认真阅读文本; ②采用多种体验模式; ③鉴别和提炼文本中的多种信息; ④独立或者以小组合作的方式找到解决问题的方法	对学生阅读与鉴赏文本的状态、与同学之间的合作状态、参与程度、是否根据文本和情境提出属于自己的并且具有价值的问题、学案的完成情况等进行评价
合作探究,思维碰撞	①用适当的形式激发学生的体验; ②组织不同形式的经验分享与交流; ③诊断并指导学生完善自己的阅读经验	①对阅读信息进行整理,形成自己的阅读方法或感受; ②分享自己的阅读方法或感受; ③吸纳别人的阅读方法或感受,完善自己的阅读体验	对学生的发言、学案的完成情况、交流分享的参与情况等进行评价

---

[1] 拉尔夫·泰勒.课程与教学的基本原理[M].施良方,译.北京:人民教育出版社,1994:26.

续表

教学过程	教师指导评价	学生学习评价	学生学习评价方式
积累整合，巩固反思	①构建学习过程与结果的评价标准；②比较不同的阅读感受并做出归纳与总结；③适时地指导学生	①依据评价标准对自己和他人的阅读感受做出合适的评价；②对评价标准提出个人见解	对学生的参与程度、对文本的鉴赏是否具有独特性以及对评价标准修改完善的贡献程度进行评价
学以致用，鉴赏通达	①适时指导学生的实践与运用；②观察学生是否有困难	①将自己的阅读经验运用于新的学习情境或生活场景中；②有意识地进行思考和总结，进一步完善自己的行为程序和思想方法	对学生的实践参与、表达与交流、课后作业完成情况与反思情况等进行评价

五、鉴赏群课程课例展示

课例一：

青春的体验
必修上第一单元教学整体设计

【学习任务群分析】

高中语文必修上第一单元的人文主题是"青春的体验"，学生需要通过对本单元的学习，重回历史现场，理解革命领袖的伟大抱负和豪迈胸襟，了解不同时代的青春生活及其内涵，进而认识青春、青年、理想，从而思考青春的价值，培养自己作为青年的责任意识，形成积极向上、踔厉奋发的精神。本单元属于必修课程中"文学阅读与写作"任务群，属于本章节讨论的鉴赏群，其中涉及的文体知识有现当代诗歌和小说，对应的核心素养有"思维发展与提升""审美鉴赏与创造""文化传承与理解"。在进行本单元的设计时，任务一和任务二都注重帮助学生提高阅读诗歌和小说的能力，任务三与本书的"写作群"进行融合。

【课标要求】

本单元属于必修课程"文学阅读与写作"学习任务群。课程标准指出："本任务群旨在引导学生阅读古今中外诗歌、散文、小说、剧本等不同体裁的优秀文学作品,使学生在感受形象、品味语言、体验情感的过程中提升文学欣赏能力,并尝试文学写作,撰写文学评论,借以提高审美鉴赏能力和表达交流能力。"

【学习任务群目标】

1.运用"知人论世"的阅读方法,感受革命领袖的伟大革命抱负和豪放胸襟,分析不同历史时期青春的内涵。

2.赏析诗歌意象及其意境,体会诗人情感。

3.品味小说中的环境描写和细节描写,学习烘托、象征等手法的运用,揣摩人物心理,分析人物形象。

4.通过本单元的诗歌学习,完成自创诗歌。

【课时安排】

任务	子任务	课时	活动	评价标准
举办以"青春的体验"为主题的自创诗歌比赛	认识意象	2课时	活动一:感知不同时代的青春体验	能自主梳理7篇作品的写作背景,激发青春的热情;能掌握意象的概念并自主判断意象
			活动二:了解意象	
	赏析诗歌意象及其意境,体会情感	4课时	活动一:总结诗歌意象、意境以及情感	在自主判断诗歌意象的基础上,能用恰当的语言形容意境并准确理解作者的情感,分析青春人物形象;能鉴赏现当代诗歌及诗性小说
			活动二:探究"红烛""云雀"的寓意	
			活动三:分析小说中的人物形象及其象征意义	
			活动四:感受青春色彩,体会青春情感	
	自创诗歌	2课时	活动一:自创诗歌	能自主创作诗歌,合理运用意象营造相关意境,并根据评价量表评选优秀诗歌
			活动二:举办自创诗歌大赛	

【学习任务群教学过程】

情境任务:经过对第一单元的学习,学生在掌握意象、意境以及人物形象的基础上对"青春的体验"更加深刻,为了让他们对青春有更加深刻的认识,学校准备举办以"青春的体验"为主题的自创诗歌比赛,需要学生完成自创诗歌。

任务一 认识意象

课时目标:

1.了解本单元7篇作品的写作背景,梳理"青春形象"的流变。

2.通过赏析诗歌语言,掌握诗歌意象。

活动一:感知不同时代的青春体验。

1.梳理作品的创作背景,结合作者的生平与当时的时代背景,进行"青春的体验"的对比。

2.根据"青春的体验"的不同制作作品背景卡及作者简介卡。

活动二:了解意象。

1.品读与鉴赏《沁园春·长沙》,分析景物与意象之间的关系,明确意象的定义,并在诗词中通过意象的分析概括诗人的青春形象。

示例:①《沁园春·长沙》中诗人描绘了哪些景物?这些景物表达了他怎样的情感或人生追求?

②朗读诗歌,联系诗歌的写作背景,分别用一个词语概括出两首诗的主人公形象。

《立在地球边上放号》中的"我"是一个(　　)者。

《峨日朵雪峰之侧》中的"我"是一个(　　)者。

2.分析诗歌《立在地球边上放号》《峨日朵雪峰之侧》的语言,比较诗歌的意象,总结景物特征、景物色彩、景物声音以及人物形象,概括"歌唱者"与"攀登者"之间的异同。

示例:①根据诗歌中描绘的场景,想象"我"的形象。

	景物特征	景物色彩	景物声音	人物形象
歌唱者的舞台	波澜壮阔	明丽耀眼	宏大猛烈	巨人
攀登者的山峦	高大险峻	辉煌—黑暗	嚣鸣—宁静	勇士

②根据以上表格,勾画出描写"我"的句子,概括我的形象。

	动作描写	语言描写	心理描写	人物形象
歌唱者	昂首挺立 放声歌唱	激越雄浑	积极坚定	自信进取
攀登者	揳入巨石 奋力攀爬	强劲有力	渴望向上	顽强坚韧

3.总结三首诗歌,比较不同的时代背景之下不同的青春选择。

任务二 赏析诗歌意象及其意境,体会情感

课时目标:

1.理解诗歌运用意象抒发情感的手法,体会诗歌的独特魅力。

2.梳理小说情节,赏析细节描写,总结人物形象。

活动一:总结诗歌意象、意境以及情感。

示例:总结《沁园春·长沙》《立在地球边上放号》《峨日朵雪峰之侧》这三首诗歌的意象、意境以及情感。

	意象	意境	情感
《沁园春·长沙》	寒秋、湘江、橘子洲、万山、层林、江、舸、鹰、鱼	壮丽阔远 色彩鲜明	青年有展翅高飞的梦想; 革命青年心怀天下苍生
《立在地球边上放号》	白云、北冰洋、太平洋、洪涛	雄奇宏大 气势磅礴	新旧冲突猛烈,新世界终会到来
《峨日朵雪峰之侧》	峨日朵之雪、巨石、岩壁、蜘蛛	壮丽雄伟 庄严肃穆	描绘了一个内心世界的"乌托邦"

活动二:探究"红烛""云雀"的寓意。

1.阅读《红烛》,思考:诗人是从哪些角度叙写"红烛"的?写出了"红烛"的哪些特点?分别有哪些寓意?

示例:

角度	特点	寓意
颜色	颜色红	热情、赤诚
身形	烧成灰	奉献、牺牲
烛火	放出光	抗争、责任
蜡油	流下泪	痛苦、实践

2."红烛""云雀"这两个意象分别具有什么象征意义？诗人为什么要创作出这样的意象？

示例：

诗歌	意象的象征意义	诗人的创作目的
《红烛》	"红烛"象征诗人对祖国的热爱、奉献等念头	诗人以"红烛"自比，写出了自己对祖国的一腔热血
《致云雀》	云雀象征着诗人对光明、善良等一切美好的向往和追求	诗人以"云雀"自比，号召人们要乐观，寻找真正的自由

3.将《红烛》与李商隐的《无题》进行比较阅读，分析"烛"这一意象的内涵变化。

活动三：分析小说中的人物形象及其象征意义。

1.快速阅读《百合花》《哦，香雪》，总结两篇小说中主要人物的形象特点。

篇目	人物	形象特点	具体表现	所用手法
《百合花》	通讯员	腼腆、细心、朴实、善良、热爱生活	带路时"沉默""张皇""走走停停"；借被子失败；在枪筒上插野菊花；英勇牺牲	正面描写：外貌描写、神态描写、语言描写、动作描写 侧面描写：他人评价
	新媳妇	美丽、活泼、淳朴、善良	"高高的鼻梁，弯弯的眉"；"劈手夺过被子"，为通讯员缝补衣服	正面描写：外貌描写、语言描写、动作描写
	"我"	勇敢、大方、善解人意	接受支援前线包扎所的工作；接被子；护理伤员；周旋于通讯员和新媳妇之间	正面描写：动作描写、语言描写

续表

篇目	人物	形象特点	具体表现	所用手法
《哦,香雪》	香雪	善良、朴实、上进、自尊	对顾客"信任地瞧着",保持善意的沉默;用四十个鸡蛋和女学生交换铅笔盒	正面描写:外貌描写、心理描写、语言描写、动作描写 侧面描写:对比、环境烘托
	凤娇	泼辣、勇敢、渴求物质、向往新生活	关注金圈圈、手表、发夹、纱巾等装饰品;和"北京话"对话、做买卖	正面描写:语言描写

2.根据示例选择一个你最喜欢的人物写一段短评。

3.茅盾曾经评价《百合花》"善用前后呼应的手法布置作品的细节描写",请分析小说中具有前后呼应作用的细节描写。

示例:

前后呼应的细节描写:

(1)①这原来是一条里外全新的花被子,被面是假洋缎的,枣红底,上面撒满白色百合花。②我看见她把自己那条白百合花的新被,铺在外面屋檐下的一块门板上。③那条枣红底色上撒满白色百合花的被子,这象征纯洁与感情的花,盖上了这位平常的、拖毛竹的青年人的脸。

总结:百合花象征战争背景下人们的美好心灵,代表了特殊年代人与人之间纯洁的情感。

(2)①肩上的步枪筒里,稀疏地插了几根树枝,这要说是伪装,倒不如算作装饰点缀。②看见他背的枪筒里不知在什么时候又多了一枝野菊花,跟那些树枝一起,在他耳边抖抖地颤动着。

总结:野菊花和树枝体现通讯员的乐观、天真以及他对生活的热爱。

(3)①在自己挎包里掏了一阵,摸出两个馒头,朝我扬了扬,顺手放在路边石头上。②但我无意中碰到了身边一个什么东西,伸手一摸,是他给我开的饭,两个干硬的馒头。

总结:馒头反映通讯员真诚善良的品质,也体现了他对粮食的珍惜。

4.两篇小说中有很多其他感动人心的细节描写,请进行赏析。

5.总结"诗化小说"的特点。

活动四：感受青春色彩，体会青春情感。

1.阅读这几篇作品，总结比较几位主人公的青春形象。

2.这几篇作品中的主人公有哪些共同之处？

任务三　自创诗歌

课时目标：

1.运用所学，完成自创诗歌。

2.根据评价量表，互相评价所写诗歌。

活动一：自创诗歌。

本单元我们主要学习了意象以及作者运用意象表情达意的方法，同学们可以以"青春的体验"为主题尝试自创诗歌。

活动二：根据评价量表，互相评价自创诗歌并修改诗歌。

评价标准	自评	互评	师评
语句是否通顺			
语言是否多样			
意象是否准确			
意象是否具有象征意义			
情感对读者是否具有启发意义			

（陈权文）

课例二：

中华文明之光
必修下第一单元教学整体设计

【学习任务群分析】

必修下第一单元的人文主题是"中华文明之光"，属于"文学阅读与写作"任务群，在群达语文课程里定位在鉴赏群中。其中包含《子路、曾皙、冉有、公西华侍坐》《齐桓晋文之事》《庖丁解牛》《烛之武退秦师》《鸿门宴》五篇文言文，这些课文均为篇幅较长的诸子文和史传文，包括在中国思想史上影响最大的儒、道两家文化中，涵盖了子、史两部。《子路、曾皙、冉有、公西华侍坐》《齐桓晋文之事》《庖丁解牛》属于先秦的诸子文章，它们或长于记述辞令，或长于写人叙事，或显或隐地表达了作者的观点以及对历史人物的评价。《烛之武退秦师》《鸿门宴》属于史传作品，具有较强的思辨性，可以培养学生实证、推理、批判与发现的能力，阅读这些作品，可以深化学生对传统文化的认识，传承中华优秀传统文化，增强民族文化自信。

【课标要求】

教材要求学生理解中国传统文化的一些重要理念，认识其深层内涵与文化价值，形成对传统文化的理性热爱。体会儒、道思想的不同特点，把握先贤对社会和人生的不同看法，从不同角度思考深层意蕴，并结合当下的社会文化生活思考其现代意义。领会诸子散文在论事说理方面的不同特点和史传散文在叙事写人方面的艺术手法。

各篇目的教学重点有：《子路、曾皙、冉有、公西华侍坐》以"言志"为线索，记述了孔子与其四位弟子的一次谈话，从中表现出不同人物的精神风貌和思想态度，折射出儒家的治国理念和政治理想。《齐桓晋文之事》是孟子与齐宣王之间的一次谈话记录，孟子通过亲切生动的举例、巧妙的设喻、明确犀利的语言，最终说动齐宣王，提出"保民为王"的政治主张。《庖丁解牛》描绘庖丁为梁惠王解牛的熟练动作，表现其高超技艺之中蕴含之道，体现了道家学派的"依乎天理""因其固然"。《烛之武退秦师》记述了秦、晋联合攻打郑国时发生的一场外交斗争，表现了烛之武以国家利益为重，不计较个人得失利益的爱国精神，以及他机智善辩，善于使矛盾转移并分化瓦解敌人的外交能力。《鸿门宴》记述了刘邦和项羽进行政治角逐的事件，最终刘邦的智慧战胜了有妇人之仁的项羽，逃回了军营，也使得他弄清了军中的异端，奠定了征战天下的基础。

高中学生已经有一定的文言文阅读经验，他们能根据课下注释疏通文章的内容大意，对于儒、道两家思想有一定的了解。进入高中阶段的学生就应该通过反复诵读理解、独立反思和讨论交流等方式加深对优秀传统文化、思想观念的理解，探究其背后的思想逻辑，深化对中华文化的理性认识和感性体会。

通过对课标、教材和学情的分析，本学习任务群将以"学校要举办历史情景剧展演活动，请你从本单元学习的历史人物孔子、孟子、庄子、烛之武、项羽中选择一人为主题，自主查阅资料，了解人物经历，编排一个历史情景剧，重点突出人物的人格、精神，在学校戏剧周代表班级参演"为情境，设置三大任务：任务一，问道诸子，挑选一位你最喜欢的先秦诸子，查询相关资料，制作人物展板；任务二，有人认为烛之武退秦师和刘邦从鸿门宴脱身属于历史上侥幸的成功，你是否这样认为？请查阅相关资料，形成自己的认识，撰写辩论稿，在班内开展辩论会；任务三，结合以上学习内容，编排一个历史情景剧，重点突出人物的人格、精神，在学校戏剧周代表班级参演。

【学习任务群目标】

1.把握三篇诸子散文的观点和主张,了解儒家、道家思想的不同特点与内涵,理解诸子对社会人生的看法,并结合生活实际,思考其现实意义。

2.把握《左传》和《史记》叙事曲折有序、写人生动传神的特点,研究史传作品中的思想观点,加深对历史性作品的理解。

3.理解中华优秀传统文化的理念,认识其深层内涵和审美价值,形成热爱、传承中华优秀传统文化的自觉性。

4.学习选文中所体现出的论事说理技巧和不同的表达风格,学会用合适的方式表达自己的观点、主张。

【学习任务群课时安排】

任务	子任务	课时	活动	评价标准
学校要举办历史情景剧展演活动,请你从本单元学习的历史人物孔子、孟子、庄子、烛之武、项羽中选择一人为主题,自主查阅资料,了解人物经历,编排一个历史情景剧,重点突出人物的人格、精神,在学校戏剧周代表班级参演	问道诸子,制作人物展板	2课时	活动一:走近先秦诸子,把握内容大意	能结合课下注释,分类归纳整理文言知识,借助工具书,初步读懂文意,整体感知文本内容。能准确梳理三篇文本内容,概括主要的思想观点
			活动二:梳理观点主张,制作先秦诸子展板	
	撰写辩论稿,开展辩论会	2课时	活动一:精读史传文章,梳理文本内容	能通过阅读《烛之武退秦师》《鸿门宴》两篇课文,梳理各篇文本内容,概括主要的思想观点
			活动二:绘制思维导图,理清思路、结构	能通过绘制思维导图,理清文本的思路与结构、材料安排、叙事技巧
			活动三:撰写辩论稿,开展辩论会	进行拓展实践,学生能大胆地去质疑,去表达,去辨析,能够探究历史事件中的不合理之处,把握好"语文"和"历史"学科之间的度

· 163 ·

续表

任务	子任务	课时	活动	评价标准
	编排历史情景剧,突出人物的人格、精神	2课时	活动一:改编现代文剧本,突出精彩人物对话	能将文言文改为现代文剧本,人物形象符合原文,突出对话的精彩性
			活动二:班级剧本表演,进行自评互评	能顺利完成表演,根据评价量表进行自评、互评

【学习任务群评价】

1.诵读理解,借助注释和工具书掌握常见文言实词、虚词的义项和用法,理解文章内容大意,深入理解文本内容,养成独立阅读文言文的习惯。

2.把握作者的观点、态度,理清作者阐述观点的方法和逻辑,理解其深层内涵与文化价值,形成对传统文化的理性热爱。

3.能较为准确、得体地表达和阐发自己的观点,能多角度思考问题,能有理有据地批判、反驳其他人的观点,包括口头与书面表达。

4.在学习文化经典的过程中汲取思想养分,滋养理性精神,发展思辨能力,学习论说方法。围绕比较重要的社会、文化话题,鉴古而观今,写一篇演讲稿,阐述自己的观点。

【学习任务群教学过程】

任务一 问道诸子,制作人物展板

课时目标:

1.精读《子路、曾皙、冉有、公西华侍坐》《齐桓晋文之事》《庖丁解牛》三篇课文,梳理各篇文本内容,概括主要的思想观点。

2.结合课下注释,分类归纳整理文言知识,借助工具书,初步读懂文意,整体感知文本内容。

活动一：走近先秦诸子，把握内容大意。

1. 查询资料，制作诸子背景介绍资料卡片。

小组分工：

小组一：负责《子路、曾皙、冉有、公西华侍坐》，查找与《论语》相关的文化知识、与孔子相关的背景知识，以及文中涉及孔子弟子的相关信息；

小组二：负责《齐桓晋文之事》，查找与《孟子》相关的文化知识、与孟子相关的背景知识；

小组三：负责《庖丁解牛》，查找与《庄子》相关的文化知识、与庄子相关的背景知识，以及《庄子》书中的寓言或成语。

2. 表达交流，分小组进行全班的宣讲和交流。

3. 借助工具书，分类梳理通假字、一词多义、古今异义词、词类活用、特殊句式这五类文言现象，仿照示例制作文言知识卡片。

知识卡片示例：

《庖丁解牛》文言知识卡片

一、通假字
砉然向然（"向"同"响"）
二、一词多义
然 ｛ 因其固然（形容词尾，……的样子）
　　 虽然，每至于族（代词，这样）
　　 然，诚有百姓者（形容词，是的，对的）
三、古今异义词
因其固然
古义：本来的结构
今义：表示承认某一个事实，引起下文转折；表示承认甲事实，也不否认乙事实。
四、词类活用
以无厚入有间（形容词作名词，厚度）
五、特殊句式
技经肯綮之未尝
分析：宾语前置句，"技经肯綮"作"未尝"的宾语，"之"为宾语前置标志词。

---

4. 借助注释和工具书疏通文章的内容大意，了解篇章内容，用自己的语言复述故事。

活动二：梳理观点主张，制作先秦诸子展板。

1.挑选你最喜欢的先秦诸子之一，查询相关资料，概述喜欢这一历史人物的理由（可从人物的思想品质等方面思考），并能够写下从书中找到的依据，制作人物展板。

学习活动—梳理与总结　　　　　　　　　　　　《子路、曾皙、冉有、公西华侍坐》

主要内容			
人物	形貌举止	观点态度	孔子反馈
孔子形象			

学习活动—梳理与总结　　　　　　　　　　　　　　　　《齐桓晋文之事》

主旨		
层次	段落	主要内容
第一部分		
第二部分		
第三部分		
第四部分		

学习活动—梳理与总结　　　　　　　　　　　　　　　　　　《庖丁解牛》

主旨	
层次	庖丁状态
初解牛时	
三年之后	
方今之时	

诸子散文总表

	处世观念	社会理想	治国理念
《子路、曾皙、冉有、公西华侍坐》			
《齐桓晋文之事》			
《庖丁解牛》			

2.对比儒家与道家、孔子与孟子思想的相同之处、不同之处。

3.收集文字和图片素材,选择一个自己喜欢的人物,制作展板。

任务二 撰写辩论稿,开展辩论会

课时目标:

1.精读《烛之武退秦师》《鸿门宴》两篇课文,梳理各篇文本内容,概括主要的思想观点。

2.绘制思维导图,理清文本的思路与结构、材料安排、叙事技巧。

3.有人认为烛之武退秦师和刘邦从鸿门宴脱身属于历史上侥幸的成功,你是否这样认为?请查阅相关资料,形成自己的认识,撰写辩论稿,在班内开展辩论会。

活动一:精读史传文章,梳理文本内容。

1.查询资料,制作文章背景介绍资料卡片。

小组四:负责《烛之武退秦师》,查找与《左传》相关的文化知识,以及选文部分所涉及的背景知识;

小组五:负责《鸿门宴》,查找与《史记》相关的文化知识、与司马迁相关的背景知识,以及选文部分所涉及的三国历史背景知识。

2.表达交流,分小组进行全班的宣讲和交流。

3.借助工具书,分类梳理两篇史传散文的通假字、一词多义、古今异义词、词类活用、特殊句式、文化常识这六类文言知识,仿照示例制作文言知识卡片。

知识卡片示例:

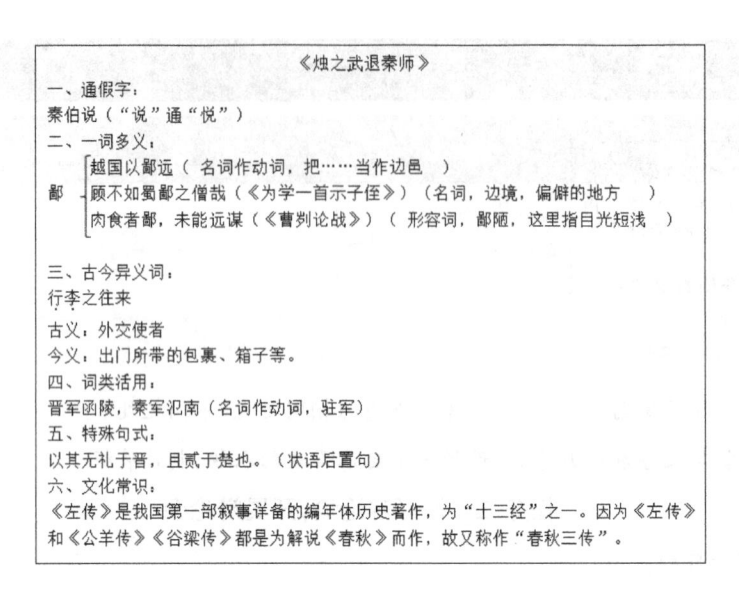

```
            《烛之武退秦师》
一、通假字：
秦伯说（"说"通"悦"）
二、一词多义：
     越国以鄙远（名词作动词，把……当作边邑）
鄙 ── 顾不如蜀鄙之僧哉（《为学一首示子侄》）（名词，边境，偏僻的地方）
     肉食者鄙，未能远谋（《曹刿论战》）（形容词，鄙陋，这里指目光短浅）
三、古今异义词：
行李之往来
古义：外交使者
今义：出门所带的包裹、箱子等。
四、词类活用：
晋军函陵，秦军氾南（名词作动词，驻军）
五、特殊句式：
以其无礼于晋，且贰于楚也。（状语后置句）
六、文化常识：
《左传》是我国第一部叙事详备的编年体历史著作，为"十三经"之一。因为《左传》
和《公羊传》《谷梁传》都是为解说《春秋》而作，故又称作"春秋三传"。
```

活动二：绘制思维导图，理清思路结构。

1.阅读两篇文章，梳理、分析烛之武游说秦伯的思路，梳理出《鸿门宴》的故事情节，绘制思维导图。

烛之武游说秦伯的过程

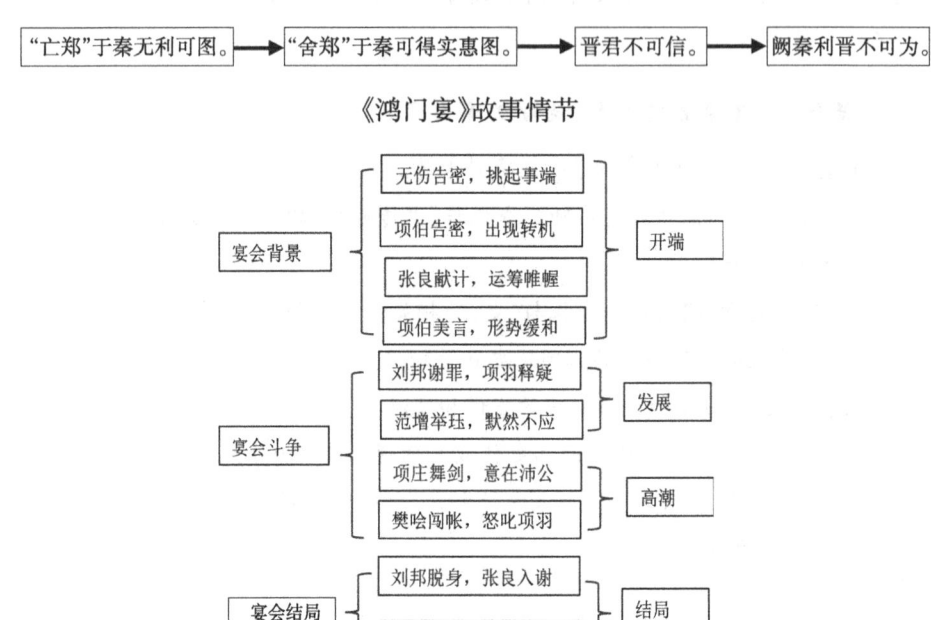

"亡郑"于秦无利可图。 → "舍郑"于秦可得实惠图。 → 晋君不可信。 → 阙秦利晋不可为。

《鸿门宴》故事情节

宴会背景 ── { 无伤告密，挑起事端 / 项伯告密，出现转机 / 张良献计，运筹帷幄 / 项伯美言，形势缓和 } ── 开端

宴会斗争 ── { 刘邦谢罪，项羽释疑 / 范增举玦，默然不应 } ── 发展

          { 项庄舞剑，意在沛公 / 樊哙闯帐，怒叱项羽 } ── 高潮

宴会结局 ── { 刘邦脱身，张良入谢 / 刘邦归营，诛杀无伤 } ── 结局

2.结合文本细节,交流讨论文中写到的人物性格特点,分析人物形象,完成一份人物性格分析表,并总结两篇文章刻画人物形象的方法。

刻画人物形象方法总结：

(1)在矛盾冲突的场面描写中刻画人物；

(2)通过人物的彼此辉映来突出人物截然不同的个性；

(3)善用细节表现刻画人物。

活动三：撰写辩论稿，开展辩论会。

1.撰写辩论稿：综合对两篇文章的学习反思以及对相关历史背景的了解,以"烛之武退秦师和刘邦从鸿门宴脱身是否属于历史上侥幸的成功？"为辩题,选择正方与反方,写一篇辩论稿。

2.按照各自观点,自然组成正方与反方,推选出各自辩手,组成辩论队。

3.班委会讨论并拟定本次辩论赛的比赛规则。

4.举行辩论比赛。

5.公布比赛结果,评选本次比赛最佳辩手,分享辩论心得。

6.修改、补充辩论稿,完善说理思路框架,将班级辩论稿集结成册。

任务三 编排历史情景剧,突出人物的人格、精神

课时目标：

1.精读本单元课文,赏析主要人物形象,重视人物对话,撰写表演剧本。

2.以小组的形式将文言文改为现代文剧本,人物形象符合原文,突出对话的精彩性,5分钟左右。

3.各小组展示本组的情景短剧,并根据评价量表自评与互评。

活动一：改编现代文剧本，突出精彩人物对话。

以小组为单位,从本单元的课文中选择一篇文章,将文言文改为现代文剧本,人物形象符合原文,突出对话的精彩性,注意场景说明,以及道具使用、气氛、人物神情、画外音等舞台说明。

活动二：班级剧本表演，进行自评互评。

1. 根据单元内容，制定比赛规则。

2. 以小组为单位，进行历史情景剧表演。

3. 表演结束，进行自评与互评。

历史情景剧评价量表						
篇目	表演小组	语气、语态及表达自然（20分）	神态、表情及动作（20分）	思想观点清晰充分（30分）	整体舞台效果好，适应剧情氛围，主题突出，有感染力（30分）	总分（100分）

（朱美玲）

课例三：

小说人物的抉择与出路
必修下第六单元教学整体设计

【学习任务群分析】

必修下第六单元是以"观察与批判"为人文主题，属于"文学阅读与写作"任务群，在群达语文课程里定位在鉴赏群中。其中包含《祝福》《林教头风雪山神庙》《装在套子里的人》《促织》《变形记》五篇小说，这些小说有的是原文，有的是小说节选，但都是各国文学史上乃至世界文学史上的经典之作。这些小说反映了不同时期、不同地域的社会生活，具有深刻的思想内涵，运用高超的艺术表现了强烈的社会批判精神，不同这是高中阶段第一个以小说组成的单元，通过阅读这些作品，可以提升学生的思维品质，加深学生对社会、人生的理解。

课标要求精读古今中外优秀的文学作品，感受作品中的艺术形象，理解并欣赏作品的语言表达，把握作品的内涵，理解作者的创作意图；结合所阅读的作品，了解诗歌、散文、小说、剧本写作的一般规律；养成写读书提要和笔记的习惯……

写出自己的阅读感受和见解,与他人分享,积累、丰富文学鉴赏经验。

教材要求学生学习本单元时,要注意知人论世,在人物与社会环境共生、互动的关系中认识人物性格的形成和发展,关注作品的社会批判性。要了解作者如何运用多种艺术手段实现创作意图,品味小说在形象、情节、语言等方面的独特魅力,欣赏小说不同的风格类型;学习用读书提要或读书笔记记录自己的阅读感受和见解,借鉴小说激发自身进行创作。

各篇目的教学重点有:《祝福》中祥林嫂的命运波折和人情冷暖,封建社会中女性的地位和命运,传统文化对女性的束缚。《林教头风雪山神庙》中林冲的性格变化和心路历程,北宋末年的社会现实,英雄豪杰与社会黑暗面的冲突。《装在套子里的人》中别里科夫的性格特征和"套子"的象征意义,沙皇专制下的社会现实,个体与社会体制的矛盾。《促织》中促织与成名的命运联系,人与自然的关系,封建社会中统治阶级对下层百姓的压迫。《变形记》中格里高尔的变形经历和人性反思,现代社会中人的异化问题,个体与家庭、社会的冲突。

高中学生已经有丰富的小说阅读经验,他们能快速抓住小说中的情节和主要人物,能根据小说情节分析小说人物的形象,能根据小说人物的塑造、环境的营造反思小说的主题。但是在阅读小说时,学生更容易选择故事性强的小说进行阅读,在阅读时对人物的喜恶更多时候凭借主观感受,分析时不能主动联系故事大环境去整体把握小说的创作意图。

通过对课标、教材和学情的分析,本学习任务群将以"'我的读书手札'评比活动"为主要任务,设置三大子任务,任务一"小说人物的结局及原因",任务二"小说人物的反抗与出路",任务三"小说主题的评述与思考"。

【学习任务群目标】

1.能鉴赏小说情节,品味小说的叙事手法和语言。

2.通过文中场面、肖像、细节等描写,分析小说的人物形象,并理解社会环境与小说人物的关系。

3.能在人物分析的基础上,理解小说主题,反思作者的创作意图,并发表自己的阅读感受和见解。

【学习任务群课时安排】

任务	子任务	课时	活动	评价标准
"我的读书手札"评比活动	任务一:小说人物的结局与原因	4课时	活动一:理解小说内容,梳理人物和情节(绘制核心人物关系图、人物命运曲线图)	能准确画出主要人物与故事中其他人物的关系,并用准确的语言复述故事,分析文章共同点
			活动二:勾画小说中主要人物的外貌、动作、语言、心理等描写,并批注人物形象性格及其成因	
			活动三:在理清人物和情节的基础上,寻找五篇小说主要人物的结局	能准确勾画人物的外貌、动作、语言、心理等描写,用准确的词语概括人物形象,有理有据地阐明性格形成原因
			活动四:根据小说中的环境、动作、语言等描写,分析造成人物悲剧结局的原因	能立足原文,结合写作背景分析小说人物悲剧结局的原因
	任务二:小说人物的反抗与出路	2课时	活动一:抓住小说人物反抗情节,分析小说人物进行反抗或不反抗的原因	学习《祝福》后,能迁移到其他小说中,并能立足文本阐释原因
			活动二:根据小说人物的反抗与妥协,思考作者的创作意图	能根据小说人物的行为及命运走向,结合写作背景有理有据地表达出作者的创作意图

续表

任务	子任务	课时	活动	评价标准
任务三:小说主题的评述与思考		2课时	活动一:在学习的基础上,从四个问题中任选一个进行评述	能在理解小说主题的基础上,结合现实生活,写出观点明确的800字左右的评述文章
			活动二:能在不改变作者意图的情况下,还原《促织》本身的故事走向	能在小说主题不变的情况下,将文言小说改写成现代文小说

【学习任务群评价】

评价标准	自评	互评	师评
1.能复述故事,勾画人物描写句子,阐明小说主题;能把握如何用人物与环境表达小说主题,用较为准确的语言分析小说人物与作者创作意图的关系,基本完成小说评述和小说改写			
2.能在明确的人物关系基础上,准确流利地复述故事,能通过主要人物的描写阐明小说主题,能借助人物和环境分析小说怎么表达主题,能准确分析作者的创作意图,以较好的质量完成小说评述和小说改写			
3.能精准画出人物关系图,在关系图基础上准确、流利地复述故事;能准确勾画人物描写和环境描写的句子,并用准确的词语概括人物形象,分析人物结局,明确小说主题;能准确阐述环境描写与小说主题的关系,能结合现实生活完成小说评述和小说改写			

【学习任务群教学过程】

学习任务群情境:

读书手札是一种形式自由、内容多样的阅读与反思方式,为了迎接即将到来的世界读书日,引导学生深入研读经典小说的意义,学校准备举办"我的读书手札"评比活动,评比后的优秀读书手札将在学校校刊上公开发表。

前置任务

请你主动完成五篇小说的阅读，完成阅读预习单，勾画小说中反映时代特色的语句，选择其中一篇中的句子，作为读书札记上的阅读提要。

【小说阅读预习单】

小说篇目	作者	小说人物	时代背景	具有时代特色的语句
《祝福》	鲁迅	祥林嫂	20世纪20年代，处于中国新文化运动时期。1911年辛亥革命爆发，推翻了封建帝制，但是封建社会的思想却没有被摧毁，宗法观念、封建礼教仍然是当时中国人的精神枷锁，中国广大人民处于饥寒交迫中	"我回到四叔的书房里时，瓦楞上已经雪白，房里也映得较光明，极分明的显出壁上挂着的朱拓的大'壽'字，陈抟老祖写的；一边的对联已经脱落，松松的卷了放在长桌上，一边的还在，道是'事理通达心气和平'……只见一堆似乎未必完全的《康熙字典》，一部《近思录集注》和一部《四书衬》。" "你想，你将来到阴司去，那两个死鬼的男人还要争，你给了谁好呢？阎罗大王只好把你锯开来，分给他们。"
《林教头风雪山神庙》	施耐庵	林冲	小说《水浒传》的故事发生在北宋徽宗宣和年间。当时宋徽宗贪图享乐，穷奢极欲，任用蔡京、高俅等奸臣，整个朝廷腐败、衰颓，大臣趋炎附势，弄得民不聊生，导致很多人铤而走险做起了打家劫舍的勾当	"你来这里许多时，柴大官人面皮，不曾抬举得你。" "端的亏管营、差拨两位用心！回到京师，禀过太尉，都保你二位做大官。这番张教头没得推故了！"

· 174 ·

续表

小说篇目	作者	小说人物	时代背景	具有时代特色的语句
《装在套子里的人》	契诃夫	别里科夫	小说作于19世纪末期,1899年的俄国,马克思主义已在全国传播,工人运动逐渐热烈起来,无产阶级革命即将爆发。沙皇政府面对日益高涨的革命形势,疯狂镇压人民,全国处于压抑的氛围中。一些沙皇的忠实维护者,极力维护沙皇统治,仇视和反对一切新鲜事物	别里科夫把他的思想也极力藏在一个套子里。只有政府的告示和报纸上的文章,其中规定着禁止什么,他才觉得一清二楚。看到有个告示禁止中学学生在晚上九点钟以后到街上去,他就觉得又清楚又明白:这种事是禁止的,好,这就行了
《促织》	蒲松龄	成名	宣德是明宣宗朱瞻基的年号,朱瞻基也算明代的明君。但是据史料记载宣宗在位期间仅苏州一地,就要征收上千个促织,加之与之相关的奢靡之物,其劳民伤财,可想而知。蒲松龄借明代的故事讽刺清政府	宣德间,宫中尚促织之戏,岁征民间。此物故非西产;有华阴令欲媚上官,以一头进,试使斗而才,因责常供
《变形记》	卡夫卡	格里高尔	第一次世界大战之前,社会发展迅速,但普通人的生活充斥着各种各样的压力;金钱至上、物质主义使人与人的情感关系变得淡薄	他的成功马上就转化为亮晃晃圆滚滚的银币,好让他当着惊诧而又快乐的一家人的面放在桌上,那真是美好的时刻啊,这种时刻以后就没有再出现过,至少是再也没有那种光荣感了

任务一 小说人物的结局与原因

任务目标：

1.通过思维导图的形式，学生能梳理故事里的人物关系，并根据关系图围绕主要人物复述故事，了解主要人物的结局。

2.用读书手札摘录并批注的形式，让学生分析主要人物的外貌、心理、语言、动作描写，结合文中的环境描写，探究造成人物结局的原因。

活动一：

请你快速阅读《祝福》，用思维导图的形式理清故事中的其他人物与祥林嫂的关系，并根据思维导图说一说祥林嫂的经历。

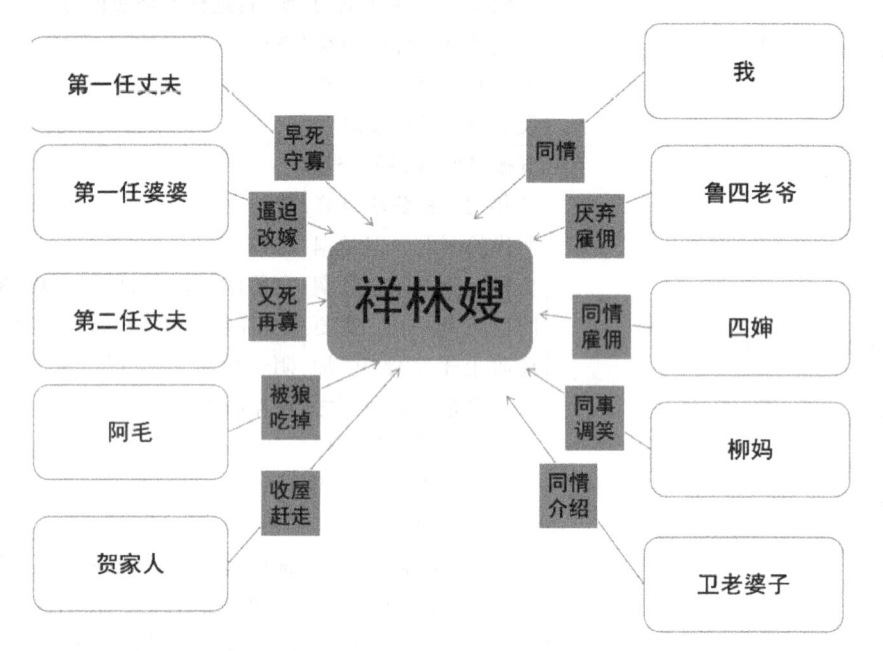

预设：祥林嫂经卫老婆子的介绍，来到鲁镇鲁四老爷家做工，因为手脚勤快，主家颇为满意。不久她被婆家人发现，抓了回去又被卖给了贺家墺的贺老六，贺老六遭风寒死后儿子阿毛又被狼叼走吃掉了，祥林嫂没了依靠被贺家人赶了出来，四婶出于同情再次收留，结果周围人因祥林嫂是回头人而嫌弃她嘲笑她，她以为在寺庙里捐门槛了就能洗脱一身的罪孽，结果还是发现罪孽无法洗清，人人都嫌弃她，她最终死在祝福前夜里。

活动二：

1.请你在文中勾画出祥林嫂在鲁镇时的外貌描写，用读书笔记的形式批注其外貌描写，并探究造成祥林嫂变化的原因。

初到鲁镇的祥林嫂：头上扎着白头绳，乌裙，蓝夹袄，月白背心，年纪大约二十六七，脸色青黄，但两颊却还是红的。

再到鲁镇的祥林嫂：她仍然头上扎着白头绳，乌裙，蓝夹袄，月白背心，脸色青黄，只是两颊上已经消失了血色，顺着眼，眼角上带些泪痕，眼光也没有先前那样精神了。

祝福夜前的祥林嫂：五年前的花白的头发，即今已经全白，全不像四十上下的人；脸上瘦削不堪，黄中带黑，而且消尽了先前悲哀的神色，仿佛是木刻似的；只有那眼珠间或一轮，还可以表示她是一个活物。

从初到鲁镇的祥林嫂的穿着可以看出祥林嫂是一位年轻的寡妇，在婆家的生活并不好，一脸菜色，但还有几分精气神。再到鲁镇的祥林嫂又一次变成了寡妇，再加上儿子的离世，失去了过去的精气神。被人嘲笑、嫌弃的祥林嫂最后变成了一个乞丐、一个活物，苟活在人世间。

2.祥林嫂从一个年轻的寡妇变成木刻似的活物，最后死在了祝福前夜。请你分析造成她死亡的原因是什么？可以结合文章中的环境描写、语言描写进行思考，并将你的思考写在读书札记里。

祥林嫂最后的外貌描写展现了她的落魄不堪和精神麻木，她因二嫁被人歧视、被人践踏、遭到迫害，精神几近崩溃。鲁四老爷家是鲁镇的大户人家，代表着鲁镇的话语权，从鲁四老爷的书房里，能看到"事理通达，心气平和"的理学家之言，也能看到《近思录集注》《四书衬》等理学著作，可见鲁镇人们的思想被理学思想所禁锢。"可惜，白撞了这一下。""你放着吧，祥林嫂！"这些同为女性的人，面对二嫁的祥林嫂仍觉得她是不祥之人，违背了从一而终的贞节观，便带上了原罪，她们或语言或行为上的排挤，促成了祥林嫂的死亡。

祥林嫂自始至终都是一个悲剧性的存在，她的人生自己不能做主，被婆家二嫁换彩礼给小叔子娶媳妇，二嫁后再次死了丈夫死了儿子，还换来了别人的歧视与嘲弄，成为别人调笑的对象，成为鲁四老爷口中的谬种，她不被整个社会所包容，她的结局必然只有死亡。

3.根据祥林嫂的死亡原因分析,从另外四篇小说中任选一篇,用这样的方式分析小说人物"死亡"的原因。

活动三:

通过同学们的阅读和讲述,发现这些人物都有类似的结局。
预设:

小说篇目	主要人物	结局
《祝福》	祥林嫂	死亡
《装在套子里的人》	别里科夫	死亡
《林教头风雪山神庙》	林冲	过去的"八十万禁军林教头"死亡,只剩下绝望的林冲
《促织》	成名与成名之子	成名之子死亡,成名靠着促织飞黄腾达
《变形记》	格里高尔	重伤

活动四:

小说篇目	主要人物	造成死亡的原因
《祝福》	祥林嫂	二嫁是她不容于鲁镇的直接原因,她的二嫁违背了宗法礼教,违背了从一而终的贞节观;她虽然活着,但两任丈夫和一个儿子的死亡又给她身上烙下了不祥人的烙印,在封建礼教和封建迷信的重压下,死亡是她唯一的结局
《林教头风雪山神庙》	林冲	高俅的儿子看上了林冲妻子,高俅对他百般刁难,设计流放,刺配沧州,最后还不放过他,这是他放弃过去的身份被逼上梁山的直接原因。朝廷的腐败,奸臣当道,即使没有高衙内之事林冲也可能会遭到不公平待遇被逼上梁山,官逼民反是林冲最终的结局

续表

小说篇目	主要人物	造成死亡的原因
《装在套子里的人》	别里科夫	别里科夫这样的沙皇极力拥护者,仇视和反对一切新鲜事物,死守旧观念旧思想,并且用自己的思想要求别人。他是沙皇专制制度镇压下的代表,但是新鲜事物不会因为镇压而不出现,新思想不会因为维护者而不产生,当新事物新思想来临,那些旧事物旧思想必然面临"死亡"
《促织》	成名儿子	因为皇帝的爱好给平民百姓带来无尽的痛苦。一个人的性命还不如一只蟋蟀重要,当这成为社会现实,成名儿子就成为统治者爱好下的牺牲品
《变形记》	格里高尔	格里高尔变成了甲虫,再也没有了为家人带来经济利益的作用,反而成为家人的负担,在高压力和物质需求维系的社会关系里,人与人的情感纽带就是物质,所以当他的利用价值消失,等待他的只有死亡

小结:从以上小说可以发现,是社会思想、社会制度、社会风气等方面的原因造成了小说主人公的悲剧结局。

任务二 小说人物的反抗与出路

任务目标:

能立足文本思考人物的反抗动机,深层次剖析作者的创作意图。

活动一:

五篇小说中《促织》看似喜剧结尾,实则悲剧内核,我们已经探究了小说人物悲剧结局的原因,那么这些小说人物能否通过反抗改变自己的命运呢?请同学们再次回到《祝福》文本中,去看看祥林嫂为自己的人生进行过哪些反抗,并请分析她进行反抗和反抗失败的原因,并写在读书札记上。

预设:祥林嫂为了不被二嫁逃出了婆家;二嫁时用力撞破了头;捐门槛赎罪。

祥林嫂的逃也好、撞也好,是因为她内心里认同从一而终的思想,女性的贞节观深深植入了她的心中,她本身就是封建礼教的执行者。捐门槛也是她对封建礼教与封建迷信的妥协,当她自己认为自己就是有罪之人时,她的反抗也是顺应社会的表现。

活动二:

1.本单元五篇小说中的人物,有的人物选择了反抗,有的人物只能在社会阴影下苟活,请你将小说中的人物分类,分析他们的行为与他们的结局的关系,并将你的分析写在读书札记里。

2.小说能反映社会现实,小说中都暗含着小说作者的思想倾向,请你结合写作背景和作者简介,从五篇小说中选择一篇分析作者的创作意图。

示例:

《祝福》中一个普通、勤劳却命运悲惨的妇女,不但没得到同情,反而被世人嘲笑、歧视,深刻揭露了男尊女卑思想、贞节观念、宗法礼教对普通人的摧残与迫害,也反映了辛亥革命虽然推翻了封建帝制,但是没能改变社会思想本质的现状。作者借祥林嫂的故事表达了他对当时被压迫的底层妇女(人民)的同情,对封建礼教吃人本质的揭露和从思想上彻底反封建的主张。

任务三　小说主题的评述与思考

任务目标:

根据对小说主题的理解,能选择一个角度进行评述,能在不改变作者写作意图之下对小说进行二创。

活动一:

读书札记中除了对文章的分析外,还应该包含我们对经典文章的二次创作,或对主题的一些思考。请你从以下问题中任选一个,明确自己的观点,进行700—800字的评述。

问题1:《祝福》里可怜的祥林嫂被封建礼教迫害致死,而当下网络社会中人性欲望又被赤裸裸地展示在大众眼前,理学思想中的"存天理,灭人欲"是否真的如此不可取?请你结合历史现实,谈谈观念与道德的底线。

问题2：林冲是《水浒传》中官逼民反的典型，但是林冲并非一个十全十美的人物，面对妻子被侵犯，他选择忍气吞声；面对高俅的迫害，他选择一忍再忍。请你回看《水浒传》原著，有理有据地评述林冲这个人物。

问题3：《装在套子里的人》最后说"虽然我们埋葬了别里科夫，可是这种装在套子里的人，却还有许多，将来也还不知道有多少呢！"你认为怎样的人算是装在套子里的人？这样的装在套子里的人你见过吗？请你联系生活或阅读经验谈一谈。

问题4：《变形记》中高压生活与物质需要构建的社会与当今社会的"扶弟魔""996""精神内耗"等现象极其类似，请你探讨《变形记》对当今社会的启示意义。

活动二：

本任务群除了《促织》之外所有的小说结局都是悲剧，那么《促织》真的是喜剧吗？请你用现代汉语的形式改写《促织》这个故事，还原《促织》故事的真相。

评价标准	自评	互评	师评
1.基本完成小说评述和小说改写。			
2.能准确分析作者的创作意图，较好完成小说评述和小说改写。			
3.能准确分析作者的创作意图，能结合现实生活完成小说评述和小说改写。			

（刘皓琳）

课例四：

诗歌：生命的诗意
必修上第三单元教学整体设计

【学习任务群分析】

本单元围绕"生命的诗意"这一人文主题，属于必修课程"文学阅读与写作"学习任务群，在群达语文课程里定位在鉴赏群中。本单元精选了魏晋至唐宋时期的经典诗词作品8首。这8首诗歌作品分布在3课当中，分别是第7课的魏晋诗歌《短歌行》《归园田居（其一）》；第8课的三首唐诗，李白的《梦游天姥吟留别》，杜甫的《登高》，白居易的《琵琶行》；第9课宋词三首，《念奴娇·赤壁怀古》《永遇乐·京口北固亭怀古》《声声慢》。这些诗歌展现了古人丰富的情感、深邃的思想、多样的人

. 181 .

生,学习它们,可以加深对社会的思考,增强对人生的感悟,激发对中华优秀传统文化的热爱之情。

课标要求:

学习本单元,逐步掌握古诗词鉴赏的基本方法,认识古诗词的当代价值,增强对中华优秀传统文化的传承意识。要在诵读和想象中感受诗歌的意境,欣赏其独特的艺术魅力;感受诗人的精神世界,体会诗人对社会的思考与对人生的感悟,提高自身的思想修养和文化品位。尝试写作文学短评。

各篇目的教学重点:

《短歌行》是曹操用乐府古题创作的诗篇。他通过宴会的歌唱,以沉郁顿挫的笔调,书写诗人求贤若渴的思想感情和统一天下的雄心壮志。

《归园田居》是陶渊明的代表作品,共五首,教材选的是第一首。在这首诗中,诗人通过叙述平生志趣和描写田园生活,表现了对仕途生涯的厌恶和摆脱尘网的快慰,抒发了对山林生活的热爱之情。

《梦游天姥吟留别》是一首游仙诗,诗写梦游仙府,名山奇特。全诗构思精密,意境宏伟,感慨深沉,激烈变化,怅恍莫测。于虚无缥缈的描述中,寄寓着生活现实。

《登高》是杜甫在夔州时所写。登高在中国文化中是一个极富象征性的意象。杜甫把古代风俗中的登高折寿与士大夫的登高言志综合在了一起。

《琵琶行》写白居易被贬之后,与一位琵琶女身世产生共鸣,发出了"同是天涯沦落人,相逢何必曾相识"的感慨。

《念奴娇·赤壁怀古》作于苏轼被贬黄州之时,他深感年岁渐老,事业功名未有所成,郁结于心,观景顿生种种联想,眼前浮现出赤壁古战场鏖战的场景和周瑜"雄姿英发"的形象,遂作词赞颂其功业,并借以抒发有志报国却壮志难酬的感慨。

《永遇乐·京口北固亭怀古》写辛弃疾渴望收复失地,但韩侂胄在军事准备上并不充分。辛弃疾对这种局面忧心忡忡,在登临北固亭的时览景有感,就自然地倾吐了出来。

《声声慢》写李清照南渡之后,晚年的愁绪。

高一的学生能够初步阅读鉴赏诗歌,但无方法,全凭感觉,不系统,想到哪里说到哪里。本单元教学需要为学生梳理诗歌鉴赏的基本方法,让学生能够系统地赏析诗歌,体会诗歌里蕴含的情韵和诗人生命的诗意。具体操作为通过单篇教学让学生学习鉴赏诗歌的手法和感受诗歌里诗人生命的诗意。再用《登高》和《声声慢》让学生自主探究达成单元目标。

【学习任务群目标】

1.学习本单元诗歌,做到能够读懂诗句的字面意思(字词意思和句子逻辑)。

2.学会鉴赏意象,理解诗歌内容。

3.体悟作者复杂、多变的情感。

4.能够通过鉴赏手法(分析修辞、描写、句式特点等),理解诗歌。

5.了解写作背景,理解诗歌。

6.学会吟咏诗韵,体悟诗情(急缓、押韵、重音、平仄)。

7.学生在学习诗歌的时候要能体会诗人不同的人生态度,感受生命的诗意。

【学习任务群课时安排】

《短歌行》2课时

《归园田居(其一)》1课时

《梦游天姥吟留别》2课时

《登高》1课时

《琵琶行》2课时

《念奴娇·赤壁怀古》1课时

《永遇乐·京口北固亭怀古》1课时

《声声慢》1课时

【学习任务群评价】

对诗词文本阅读的评价,是鉴赏群评价的重点。要重视评价学生对诗歌内容的整体把握,特别是对诗人情感的感受和对诗歌诗句的独特理解,鼓励学生的个体体验和创造性解读。要重视学生引用其他作品(资料)来解释作品的能力。

【学习任务群教学过程】

任务一 《短歌行》

掌握鉴赏古诗词的基本方法:符合认知规律

句意(表层、深层)+表现手法+抒发情感

活动一:问题讨论。

1.两位同学分享"我心目中的曹操"的答案。

【治世之能臣,乱世之奸(枭)雄——历史的评价】

2.建安文学是什么?

内容:社会的动乱,人生的疾苦,慷慨悲壮。

活动二:朗读诗歌,能不能在诗中找出感情色彩最浓厚的字眼?

活动三:请大家赏析这首诗中曹操的"忧"。(用四字短语概括。)

时光易逝(人生短暂)、贤才难得、求贤若渴、功业未成。

活动四:感受诗人生命的诗意,建安文学"悲壮"在哪里?慷慨在哪里?

情绪激昂、感慨叹息、胸怀大志。

任务二:《归园田居(其一)》

活动一:理清诗歌结构。

1.读熟诗歌,理清字词意。

2.一首诗的题目往往反映了诗歌的核心内容,请同学们自读这首诗,谈谈诗人围绕"归"写了哪些方面的内容。

(归之原因;归之环境;归之感受/心情)

3.①陶渊明,名潜,字元亮,私谥靖节。百世田园之祖,千古隐逸之宗。②田园诗:歌咏田园生活的诗歌,多以农村景物和百姓、牧人、渔夫等的劳动为题材。巧妙地将情、景、理三者结合起来描述农村风光和田园生活,诗歌风格清新、自然。描写细腻,具有强烈的艺术魅力。代表人物有唐代的王维、孟浩然、储光羲、韦应物、柳宗元等人。

活动二:赏析诗歌。

1.诗文前八句,写了什么内容?请结合具体诗句赏析。(从手法、意象、用词等方面。)

2.阅读诗歌,结合具体的诗句,赏析陶渊明归家之后的生活。(从手法、意象、用词等方面。)

活动三:同学们,这首诗美吗?美在哪里?诗歌里面,哪个句子打动了你?(体会的是生命的诗意。)

总结诗歌赏析的方法:深入诗境,抓住字词,品读意象,体会感情。

任务三:《梦游天姥吟留别》

活动一:围绕关键词梳理文章结构。

熟读全诗,请同学们回答,全诗围绕"梦游"写了哪些内容?

活动二:走进诗境,品味作者"梦游"全程复杂、变化的情感。

1.第一段是怎样描写天姥山的?你从中读到了作者怎样的情感?(请同学们说说你喜欢的句子。)

2.第二段"梦游之境"描写最为精妙,请找出你最喜欢的句子,谈谈美在何处,分析它表达了作者怎样的心情(情感/情绪)。

活动三:诗句理解。

你如何理解第三段中"世间行乐亦如此"这句话的深意?

活动四:探究李白的生命诗意。

李白面对人生困境做出怎样的选择?给我们一种怎样的启示?

任务四:《琵琶行》

活动一:弄清诗歌大意。

1.翻译小序,并弄清小序写了什么。

2.弄清整首诗大意,翻译诗歌。

活动二:赏析叙事诗要梳理诗歌结构内容。

1.请分别从江州司马、琵琶女两个角度概括这首叙事诗的故事内容。

2.千呼万唤始出来,隐含了什么信息?同学们能否补充出来省略了哪些对话?

3."犹抱琵琶半遮面"包含了琵琶女哪些情绪(情感)?结合诗句说出你的理由。

活动三：鉴赏第二段"描写音乐"的诗句。

1.这些句子是怎样描写音乐的？写出了乐曲怎样的特点？
2.每首音乐都有节奏的高低起伏，急缓多变以及音乐差异。请画出本文的节奏。

活动四：小短文写作训练。

通读《琵琶行》全文，并根据诗文开篇部分的内容，以琵琶女的视角和口吻，运用环境和心理描写手法，创作一段300字左右的文字，来表现该人物在"犹抱琵琶半遮面"一句之前的心理。

任务五:《登高》

活动一：知人论世，走近杜甫。

请学生阅读关于杜甫人生四个时期的背景资料。

活动二：请学生自主根据诗歌鉴赏的方法，赏析《登高》。

展示诗歌鉴赏的方法：真实阅读
1.学习本单元诗歌，做到能够读懂诗句的字面意思（字词意思和句子逻辑）。
2.学会鉴赏意象，理解诗歌内容。
3.体悟作者复杂、多变的情感。
4.能够通过鉴赏手法（分析修辞、描写、句式特点等），理解诗歌。
5.了解写作背景，理解诗歌。
6.学会吟咏诗韵，体悟诗情（急缓、押韵、重音、平仄）。

活动三：体会杜甫生命的诗意。

1.这首诗中的杜甫是一个怎样的形象？
2.讨论探究：李白、杜甫诗歌风格的差异。

李白：浪漫主义，豪迈奔放，想象丰富。

杜甫：现实主义，沉郁顿挫（内容深广，感情深沉）。

任务六 《念奴娇·赤壁怀古》

活动一：分析诗词特点。

1.初探"怀古诗（词）"，说说它们在内容上有什么共同特点？
2.读标题"念奴娇·赤壁怀古"提取信息。

活动二：品读怀古之景。

这首诗写的赤壁之景有何特点(写了哪些景物？是怎样描绘的?)？

活动三：走进所怀之人。

三国赤壁之战中，英雄众多，作者为何把周瑜作为自己追怀的对象？请同学们勾画出描写周瑜的句子，用两字或者四字概括周瑜的形象。

活动四：总结"怀古诗（词）"的写作特点。

临古地——思故人——忆古事——抒己怀。

任务七 《永遇乐·京口北固亭怀古》

活动一：学会解读典故。

你鉴赏这首怀古词最大的障碍是什么？你是怎么解决的？
典故。
补充：事典，历史或传说中的人物故事。语典，近似名言引用。
方式：收集典雅含蓄的词语，扩大自身掌握的词汇容量。
读懂诗词典故的方法：原典的内容和情感——引用情感词——作者的用意。

活动二：解读诗歌里的典故(孙权、刘裕、刘义隆、四十三年、佛狸祠、廉颇)。

任务八 《声声慢》

活动：从以下题目中任选一个，写不少于300字关于《声声慢》的文学短评。

1.论李清照《声声慢》中"寻觅"二字背后的情感。
2.李清照《声声慢》中的诗眼是"愁"字，请简要分析它。

3.任意选择《声声慢》中2个意象进行组合赏析。

4.请从某种手法的角度赏析《声声慢》的意境。

(宋雪梅)

课例五：

戏剧传承文化，演绎流传经典
必修下第二单元大单元教学设计

【学习任务群分析】

《窦娥冤》《雷雨》《哈姆莱特》是古今中外著名的悲剧体裁的戏剧。本单元所选三篇戏剧作品，通过剧中人物的悲情遭遇，表现了不同时代、不同民族的剧作家对社会现实的理解，寄托着他们对人生的深切关怀。

本单元教学设计立足于单元人文主题"良知与悲悯"，通过阅读鉴赏、讨论交流、编排演出等语文活动使学生深入理解戏剧作品，把握其悲剧意蕴，激发学生心中的良知与悲悯情怀。

【课标要求】

课标指出，学生需要提升审美鉴赏与创造、文化传承与理解的学科核心素养。本单元属于文学阅读与写作学习任务群。本学习任务群要求学生阅读古今中外诗歌、散文、小说、剧本等不同体裁的优秀文学作品，在感受形象、品味语言、体验情感的过程中提升文学欣赏能力并尝试文学写作，撰写文学评论，借以提高审美鉴赏能力和表达交流能力。

【学习任务群目标】

1.了解三部剧的基本剧情，初步认识传统戏曲和现代戏剧的基本特征和戏剧人物之间的冲突。

2.深入研读文本，初步理解人物形象。

3.在充分感受作品内容和人物形象的基础上，制作海报。

4.理解戏剧的舞台性，仔细揣摩最合适的语气、语调，设计最合适的表演方式，以戏剧小组为单位进行排练并正式登台演出。

【学习任务群课时安排】

任务	子任务	课时	活动	评价标准
开展"演绎经典 传承文化"的课本剧活动	任务一:了解剧作基本剧情,积累戏剧相关知识	1课时	活动一:阅读三部剧作,复述故事	能用较为简洁的语言,复述故事情节并积累有关戏剧方面的知识
			活动二:了解并积累戏剧相关的知识	
	任务二:深入研读文本,理解人物形象	2课时	活动一:运用圈点批注法完成自主阅读	能准确勾画表现人物个性化的语言,归纳总结人物形象
			活动二:分享、交流批注	能用准确的语言分享交流自己所勾画总结的内容
			活动三:自动完成分组	能自主完成表演分组
	任务三:进行角色PK,确定演出名单	2课时	活动一:为角色写一份"自述"	能准确用文字为角色写"自述",确定角色和分工
			活动二:确定角色分工	
	任务四:观看戏剧视频,设计演出海报	2课时	活动一:观看视频,分组排练	能学习和理解视频中演员的表演并能融入自己的表演风格,制作演出海报
			活动二:制作演出海报	
	任务五:完成演出,撰写心得,总结得失	3课时	活动一:顺利完成公演	能上台表演,总结活动的得失
			活动二:撰写心得,总结得失	

【学习任务群教学过程】

情境任务:为了让同学们演绎经典戏剧,传承优秀文化,激发对戏剧的喜爱,学校准备开展"演绎经典 传承文化"的课本剧比赛活动,同学们需要设计海报和登台表演,请选出最优秀的同学代表班级参加学校的比赛。

任务一 了解剧作基本剧情,积累戏剧相关知识

课时目标:

1.通过阅读剧本,了解三部剧作基本剧情,能复述剧作故事。

2.了解并积累戏剧相关知识。

活动一:阅读三部剧作,复述故事。

学生阅读三部剧作之后,用精练准确的语言复述文本内容。

活动二:了解并积累戏剧相关的知识。

1.中国戏剧概述。

中国戏剧主要是由民间歌舞、说唱和滑稽戏三种不同艺术形式综合而成。它起源于原始歌舞,是一种历史悠久的综合舞台艺术样式。经过汉、唐到宋、元才逐步形成比较完整的戏剧艺术,它由文学、音乐、舞蹈、美术、武术、杂技以及表演艺术综合组成,有三百六十多个种类。它的特点是将众多艺术形式以一种标准聚合在一起,在共同具有的性质中体现各自的个性。

中国的戏剧与希腊悲剧和喜剧、印度梵剧并称为世界三大古老戏剧文化,经过长期的发展演变,逐步形成了以"京剧、越剧、黄梅戏、评剧、豫剧"五大剧种为核心的中华戏剧百花苑。

2.中国戏剧的艺术特色。

(1)再现的表现性:离形而取意,得意而忘形;三五步,行遍天下;六七人,雄会万师。

(2)时空的灵活性:舞台小天地,天地大舞台。

(3)曲词的诗意性:含意婉转,音调铿锵。

(4)宾白的夸张性。

(5)人物的脸谱化。

(6)动作的程式化。

(7)悲喜的多味化。

(8)结尾的团圆化:始于离者,终于合。

3.了解元杂剧。

元杂剧,又称北杂剧,是元代用北曲演唱的传统戏曲形式。形成于宋代,繁盛

于元代。一本杂剧只限一个脚色唱,或正旦主唱,称为"旦本";或正末主唱,称为"末本"。其他脚色只能念白。动作和效果称为"科",凡需演员表演某一动作,剧本上都标明"××科"。元杂剧脚色大致可以分为末、旦、净、杂四类。正末为男主角,正旦为女主角。净,花脸,性格刚烈或粗暴男子角色。杂,以剧中职务身份为名的杂角,如驾(皇帝)、孤(官员)、卜儿(老年妇女)、洁郎(和尚)等。

形式上:歌唱、说白、舞蹈等艺术形式的有机结合,并且产生了韵文和散文结合的、结构完整的文学剧本。

结构上:元杂剧一般是"四折一楔子"。一折相当于现代剧的一幕或一场,是故事情节发展的一个较大的自然段落,四折一般分别是故事的开端、发展、高潮和结局。

4.了解昆曲(昆剧)。

昆曲:是指用昆山"水磨调"来演唱的戏曲剧种。它既可用于演唱体制剧种中的"明清传奇"和"杂剧",也可用于演唱金元"北曲杂剧"和宋元"南曲戏文",其中以"明清传奇"为主。素有"百戏之师"盛誉。

昆曲是中国古典戏剧的代表剧种,也是中国最优雅的文学和最精致艺术结合的典范。昆曲形成于元末明初江苏昆山一带,故而得名。昆曲曾在华夏大地纵横数千里,风靡数百年,形成了空前绝后的社会性痴迷,创造了中国古典戏剧的高峰,它对许多后起戏曲剧种的生成和发展都有着重大影响。

5.了解剧本基础知识。

(1)空间和时间要高度集中。

剧本中通常用"幕"和"场"来表示段落及情节。"一幕"可分为"几场"。剧本一般要求篇幅不能太长,人物不能太多,场景也不能过多地转换。

(2)反映生活的矛盾要尖锐突出。

剧本中的矛盾冲突大体分为发生、发展、高潮和结尾四部分。演出时从矛盾发生时就应吸引观众,矛盾冲突发展到最激烈的时候称为高潮,这时的剧情也最吸引观众,最扣人心弦。高潮部分也是编写剧本和舞台演出的"重头戏",是最"要劲"、最需要下功夫之处。

(3)剧本的语言要表现人物性格。

剧本的语言包括台词和舞台说明两个方面。剧本的语言主要是台词。台词,就是剧中人物所说的话,包括对话、独白、旁白。舞台说明,又叫舞台提示,是剧本语言不可缺少的一部分,是剧本里的一些说明性文字。舞台说明包括剧中人物表,剧情发生的时间、地点、服装、道具、布景以及人物的表情、动作、上下场等信息。

任务二 深入研读文本,理解人物形象

课时目标:

1.研读文本,勾画批注具有表现力的词、句、段。

2.在分享批注的过程中,深入研读文本,分析人物形象。

3.以自愿为原则,完成演出的分组工作。

活动一:运用圈点批注法完成自主阅读。

完成这一活动,要在扎实的预习基础上,教师留够阅读和批注的时长。学生在课堂上完成圈点批注具有表现力的词、句、段。圈点批注的内容可以包括几个方面:

1.精彩的对话或片段。

2.富有表现力或使人产生感触的词语、句子。

3.能引发人深入思考的句子。

4.存在困惑的句子或片段。

5.容易让人产生联想的情节或片段。

活动二:分享、交流批注。

请你分享勾画批注的具有表现力的词、句、段,并说明理由。

示例:

(1)【正宫】【端正好】没来由犯王法,不提防遭刑宪,叫声屈动地惊天!顷刻间游魂先赴森罗殿,怎不将天地也生埋怨。

【滚绣球】有日月朝暮悬,有鬼神掌着生死权。天地也!只合把清浊分辨,可怎生糊涂了盗跖、颜渊?为善的受贫穷更命短,造恶的享富贵又寿延。天地也!做得个怕硬欺软,却元来也这般顺水推船!地也,你不分好歹何为地?天也,你错勘贤愚枉做天!哎,只落得两泪涟涟。

【耍孩儿】不是我窦娥罚下这等无头愿,委实的冤情不浅;若没些儿灵圣与世人传,也不见得湛湛青天。我不要半星热血红尘洒,都只在八尺旗枪素练悬。等他四下里皆瞧见,这就是咱苌弘化碧,望帝啼鹃。

可以看出窦娥埋怨与质疑天地,控诉黑暗的社会现状,具有强烈的反抗精神。窦娥虽然埋怨天地,但在行刑前,又只能寄希望于天地,可悲又可叹。

(2)《雷雨》中周朴园对鲁侍萍称呼变化的部分。从梅家的一个年轻姑娘→侍萍→亲戚→你→侍萍,包含着周朴园内心的变化。当周朴园不知眼前的人是三十年前的鲁侍萍时,心中充满了怀念,也不愿意在"下人"面前暴露侍萍的身份,遮遮掩掩的心情,所以称呼她为"梅家的一个年轻的姑娘"。当周朴园发现鲁侍萍这么了解以前的事情,他很紧张,当他知道现在侍萍姓"鲁",又追忆的(地)连喊了两声"侍萍"。面对鲁侍萍的追问,周朴园说侍萍是他的亲戚。当最后真相大白的时候,周朴园觉得自己受到了威胁,于是生气地称呼"你"。"你"的称呼更是一种敌对关系。当鲁侍萍撕毁支票时,周朴园称呼她"侍萍",这个称呼又带着一点愧疚之意。

活动三:自动完成分组。

在充分研读文本的基础上,学生对哪一部剧作更感兴趣,就自愿加入窦娥组、雷雨组和哈姆莱特组的其中一组,再确定小组长。在这个过程中,教师注意协调人数,建议每个小组除了演员,还要成立剧务组,包括导演、编剧、服装师、道具师、化妆师等。

任务三 进行角色PK,确定演出名单

课时目标:

1.深入理解人物内心世界,为人物写"自述"。

分好小组以后,需要确定每个演员所演的角色。这个过程可能会出现几个同学都想演同一个角色,我们可以进行竞演或者让A、B两位同学分时段公演一个角色。

活动一:为角色写一份"自述"。

为了最想演的角色写一份人物"自述",要求呈现你对人物内心世界的理解,挖掘人物思想动因,理解人物与环境的关系,揣摩如何进行表演。在撰写人物"自述"的过程中,学生一定要注意抓住人物的性格变化,结合环境充分认识人物形象。要求:不少于500字。

活动二：确定角色分工。

任务四　观看戏剧视频，设计演出海报

课时目标：

1.观看经典版本的视频片段，分组排练。

2.分组制作所演剧作的海报。

活动一：观看视频，分组排练。

教师播放三部剧作的经典片段，提醒学生注意演员的走位、表情、语言、声调、动作等，观看后一起进行研讨。在创作中，学生可以根据个人的解读适当进行改编，增删台词、动作等。

活动二：制作演出海报。

教师出示在网上搜到的《窦娥冤》《雷雨》《哈姆莱特》的演出海报，学生对此进行评价。教师提醒学生，在制作海报时要考虑几个元素：受众的特点；整体的颜色、布局；图文结合；演出的基本信息，如时间、地点、演出者等。

小组进行分工，制作海报的草图，课下完成作品。

任务五　完成演出，撰写心得，总结得失

课时目标：

1.经过排练后，能够顺利完成公演。

2.撰写心得，加深对人物的理解或剧本的认识。

3.从理解人物、编排设计、服装表演等方面，总结这次活动的得失。

活动一：顺利完成公演。

活动二：撰写心得，总结得失。

正式的演出已经落下帷幕，请同学们完成一篇不少于800字的心得，可以谈谈你对剧本内容的把握，可以谈谈你对人物形象的理解，也可以谈谈你排演时的感受以及观看其他同学表演时的感受等。

（罗玉婷）

第五节　文化群课程的建构与实践

文化群的提法来源于《义务教育语文课程标准(2022版)》中提到的核心素养的四个维度,语言运用、文化自信、思维能力、审美创造。《普通高中语文课程标准(2017年版2020年修订)》指出:"文化传承与理解是指学生在语文学习中,继承和弘扬中华优秀传统文化、革命文化、社会主义先进文化,理解和借鉴不同民族和地区的文化,拓宽文化视野,增强文化自觉,提升中国特色社会主义文化自信,热爱祖国语言文字,热爱中华文化,防止文化上的民族虚无主义。"

"传承中华文化""理解多样文化""关注、参与当代文化",对应的是语文学科核心素养中的"文化传承与理解"。"传承"即通过对祖国语言文字的学习,体会中华文化的博大精深、源远流长,继承并弘扬中华优秀传统文化。"理解"是指理解多样文化,尊重和包容不同民族、不同区域、不同国家的文化,吸收人类文化的精华。"关注、参与当代文化"可以视为对"文化传承与理解"的当代文化观照。

结合对2022年新课标的解读,紧扣语文课程核心素养,结合教材、学生实际水平、地区教学特点,特拟定以下课程目标、内容、实施策略、评价体系:

一、文化群课程目标

"文化群"课程设置侧重于培根铸魂,让学生认可、接纳、传承、弘扬中华优秀传统文化、革命文化、社会主义先进文化。要让学生在对祖国语言文字的学习和运用中,体会中华文化的博大精深、源远流长,从而达成"文化群"课程设置的目标。

需要注意的是,我们依据核心素养,整合新课标中的18个任务群而提出的"文化群"和其他任务群之间也不是割裂开来的,它们既是独立存在的,也是相互融合的。语言是文化的产物,是记录、传承文化的一种重要方式,两者不可分割。在学习中华优秀传统文化和革命文化作品的过程当中,又无疑会让学生得到思维上的锻炼、审美上的提高。因此,文化群的课程目标设置,坚持以"文化"为主,以"语言""思维""审美"为辅的原则。

(一)语言积累

(1)阅读中华优秀传统文化经典作品,积累文言字词,提高文言文的阅读能力。

(2)认知不同民族、不同区域、不同国家语言表达的不同形态。

(二)理解与传承

(1)阅读中华优秀传统文化经典作品,阅读大量中国革命传统作品,理解中国古人的家国情怀、担当意识,理解中国人民的勇敢勤劳、百折不屈的精神;理解红军坚韧不拔、一往无前的长征精神,坚定信念的革命乐观主义精神;理解中国人民维护国家主权、民族尊严和领土完整的不懈追求的精神;理解党员干部全心全意为人民服务、不畏艰险的坚持精神。

(2)结合语文教学主题,阅读近期有关的热点时事,理解今天我们对优秀传统文化、革命精神的传承和弘扬。

(3)走进生活,结合所学,做家乡文化调查,做传统文化和革命文化的践行者。

(三)应用与拓展

(1)开展课本剧表演,拓宽传承的方式。

(2)举行朗诵活动,吟咏精神。

(3)举行诗词品鉴会活动,弘扬传统文化。

二、文化群课程内容

第一阶段:必修课程,课程内容包括必修上第四单元,必修下第一单元。

第二阶段:选择性必修课程,课程内容包括选择性必修上第一单元,选择性必修中第一、二、三单元,选择性必修下第一、三、四单元。

三、文化群课程实施策略

文化群这个部分的课程内容实施途径,从两个方面进行:一是语言的积累,二是文化理解与传承。

(一)语言的积累

文化群语言积累主要体现为文言文的阅读积累。文言是古代知识分子和正统教育使用的书面语言,具有超越时代、超越方言的特性,因此具有记载数千年中华民族灿烂文化的功能。我国历史悠久,文化遗产丰富,用文言记录的历史文献、撰写的文学作品多到不可胜数,只有读懂文言,才能博古知今、以史为鉴,才能了解中华民族崇高的人格和伟大的智慧。因此,培养学生阅读文言文的能力不容忽视。文言阅读的基础在于文言词汇量的积累。教学的现状却是老师教的多,学生会的少。学生词汇量不过关,是导致文言阅读能力差的直接原因。因此,我们打算采用重点字词落实到课的方式(将每课中的字、词、句式整合起来,形成一个完整的文言知识谱系),确保学生较好掌握文言常用字词的含义。教学时,老师综合运用抽背、听写、考试等方式督促学生掌握课里的文言知识点。

以选择性必修中册第二单元为例:

单元课文构成	各篇文章的文言知识点分布(必备知识)					
	一般重点实词	一词多义(多义实词)	通假字	古今异义	虚词	文学文化常识
《论语十二章》	喻、史、彬彬、篑、覆、归、目、迩	质、喻、施、敏、知、堪		平地、小子	者	君子、小人
《大学之道》《人皆有不忍人之心》	格、怵惕、恻隐、端、达	要、贼、齐、忍、恶	内、然		于	《大学》《礼记》
《老子》四章《五石之瓠》	毂、埏埴、企、伐、寿	举、胜、治、明	见、行、泮、累、龟、说、甀	不行、从事		《老子》、无为
《兼爱》	攻、室	国、劝、事、攻、相	当、亡			《墨子》

(二)文化理解与传承

(1)教学方式应灵活多样,倡导自主、合作、探究的学习方式,让学生在理解、运用语言的过程中理解文化。

(2)设置课本情境,让学生更加深刻理解课文中所承载的古人的思想和精神内核,更加深入体会革命精神的伟大。设置生活情境,让文化之光、精神之光照进现实,让学生们都成为优秀传统文化的继承、弘扬者,成为革命精神的践行者。

(3)整合文化群各个单元,从课文单元而来,到实践单元里去。

四、文化群课程评价

(1)语言积累上,主要考查学生是否能说出文言文中常见一般性实词、古今异义、一词多义、通假字的含义,并能在具体的语境中灵活运用;考查学生是否掌握常见文言句式的特征,是否能在具体的语境中做出正确的翻译。

(2)要考查学生对传统文化的热爱和兴趣,在各种文体的阅读中能否有意识地了解文化背景,感受中国文化精神。评价要有助于学生确立古为今用的意识,用现代观念审视作品的内容和思想倾向。

(3)考查学生能否用精神指导实践,在实际生活中以中华文化为骄傲,有家国意识,有愿意主动践行追求真理、矢志不渝的奋斗精神,大公无私、先人后己的牺牲精神,坚定革命信念排除万难去争取胜利的乐观精神,严守纪律、勇于自我批评的自律精神,一切从实际出发的实事求是精神。

(4)考查学生能否主动关注和参与当代文化生活,学习剖析、评价文化现象,积极参与中国特色社会主义先进文化的传播和交流。

(5)考查学生能否精读传统文化经典作品,以客观、科学、礼敬的态度,认识作品对中国文化发展的贡献。

五、文化群课程课例展示

课例一:

传承文化,铭记乡土

必修下整本书阅读教学整体设计

【学习任务群分析】

为贯彻党的教育方针,完成新课标"引导学生关注和参与当代文化生活、学习剖析、评价文化现象,积极参与中国特色社会主义先进文化的传播和交流,增强文化自信"任务要求,培养学生创新精神和实践能力,我校结合巴南区资源优势和学科教学要求,开发了以"传承文化,铭记乡土"为主题的实践教育活动。

【学习任务群目标】

1.让学生通过阅读巴南历史、乡土风物等方面的文字,了解巴南。结合人文主题"历史的现场"和"伟大的复兴",让学生植根于中华文化丰厚的土壤,结合中华民族在现当代沉淀下来的革命文化,引导学生关注家乡。

2.引导学生铭记家乡生活中积极参与中华民族伟大复兴历程的英雄人物,传承家乡优秀传统文化。并让学生思考如何在参与本土文化生活中自我成长;培养学生发现并解决问题的能力;激发学生家国情怀,增强文化自信力。

3.通过带领学生进行实地走访、搜集整理、专题探究等寻根溯源活动,培养学生探析、梳理、表达文化现象等综合能力。通过组织实践教育活动,提升学生人文素养,培养学生家国情怀。

【学习任务群课时安排】

【校内实践活动安排表】

校内实践课程	活动地点	时间安排	负责人	课时安排
查阅《重庆市巴南区志》《巴南年鉴》	阅览室或本班教室	第一、二周	主讲教师	2课时
整本书阅读《乡土中国》	阅览室或本班教室	第三至第八周	主讲教师	6课时
编写《"传承文化,铭记乡土"实践活动手册》	阅览室或本班教室	第九周	主讲教师	1课时
开展"巴南风物志"推介活动	本班教室或者录播室	第十周	主讲教师	1课时
制定《"传承文化,铭记乡土"调查任务清单》	本班教室或者录播室	第十一周	主讲教师	1课时

【校外实践活动安排表】

校外实践	活动地点	时间安排	负责人	课时安排
感受民风——探访巴南博物馆	巴南博物馆	第一周	家长及带队老师	2课时
红色追踪——走进南泉革命烈士陵园、东泉杨沧白墓	烈士墓	第二周	家长及带队老师	2课时
传承精神力量——听木洞山歌、接龙吹打	木洞	第三周	家长及带队老师	2课时

【成果展示活动安排表】

成果展示活动	活动地点	时间安排	负责人	课时安排
"墨韵"作品集	各班教室,学校、年级宣传栏,校体育馆	高一、高二年级自行安排	教师及展示学生	2课时
课本剧成果展	各班教室,学校、年级宣传栏,校体育馆	高一、高二年级自行安排	教师及展示学生	2课时

【学习任务群评价】

1.通过两大板块——"墨韵"作品集和课本剧成果展,评价学生是否广泛参与到活动中,并享受这一过程。

2.该活动系我校高中群达语文课程创新基地文化群教学的重要组成部分,评价其是否贴近学生生活,是否丰富了学生的课程资源,是否能让学生在轻松愉快的实践活动中掌握知识,是否契合了当今时代学生全面发展、学校特色发展、民族复兴大业的迫切需要。

【学习任务群教学板块】

根据巴南区自然地理、历史人文等特点,依据时代新要求,结合校园特色,本板块分为以下三方面内容:

(一)校内实践活动

1.开发文本资源。

(1)查阅《重庆市巴南区志》《巴南年鉴》,了解巴南历史。

(2)整本书阅读《乡土中国》,以备课组为单位制定详细的《乡土中国》整本书阅读方案。

2.制定活动方案。

(1)编写《"传承文化,铭记乡土"实践活动手册》。学生在教师的指导下提出问题,组建活动小组,编写调查提纲,结合所拟表格,访问调查对象,小组分工合作记录调查内容,完成调查报告。并且就如何传播巴南红色文化,弘扬红色精神,反映巴南特有的审美追求等专题展开交流研讨,拟定"传承文化 铭记乡土"调查方向清单和调查内容清单。

(2)开展"巴南风物志"推介活动。根据自身的课题研究意愿与家乡方面的实际操作可行性,寻找志同道合的小组成员并共同制订出适合本组的调查研究方法。

(3)制订《"传承文化 铭记乡土"调查任务清单》。

(二)校外实践活动(巴南博物馆、南泉革命烈士陵园)

1.感受民风——探访巴南博物馆,以自身体验和听讲解员解说的方式,了解巴南习俗。

2.红色追踪——走进南泉革命烈士陵园、东泉杨沧白墓。走进烈士陵园,聆听红色故事,传承红色文化,丰富实践所得经验。

3.传承精神力量——听木洞山歌、接龙吹打。

(三)成果展示活动

1."墨韵"作品集。

2.课本剧成果展。

【学习任务群教学过程】

【内容框架】

任务一:访谈相关知识与"志"的学习

学生阅读王思斌的《访谈法》,了解访谈的基本常识和主要技能。教师引导学生学习"志"的相关知识。(课堂学习或布置预习)

任务二:确定采访对象,分工并完成采访或考察

学生确定此次活动的采访对象或考察对象,分组并明确分工,在老师的指导下,采访并完成人物志或风物志的撰写。(实地采访或考察)

任务三:分享交流,互评总结

各小组在访谈完成后,分享人物志或风物志,并完成小组互评。(课堂完成)

教师引导同学们,通过采访以及查阅文献等多种方式,深入实践,努力了解家乡的人和物,在实践中,关注家乡的风俗文化,发掘与家乡的情感共鸣,增进对家乡的文化认同。

【具体实施】

任务一 访谈相关知识与"志"的学习

活动一:新课导入——家乡认同感导入。

活动二:任务设置。

1.预习检测,小组展示"访谈知识卡"。

以学习小组为单位,结合预习任务《杨澜访谈录》或《可凡倾听》,结合教材——王思斌《访谈法》,形成成果展示——"访谈知识卡"。明确任务:知识卡中需包含访谈形式、访谈内容类别、访谈准备、访谈技巧等几个方面。

交流展示,教师归纳总结。

(1)访谈和访谈录。

明确:"访谈"是"访"与"谈"的结合。

(2)访谈前准备工作。

明确:可借助网络或相关书籍,整理资料。也可以走进博物馆等实地考察。按照小组为单位,明确访谈对象和主题(如家乡红色人物身上的责任担当等),并拟定采访提纲。

提示:在访谈过程中,问题应该具体明确,避免含糊不清。引导学生,将一问一答变为相互交谈,努力营造融洽的访谈气氛。另外,在交流中要学会倾听。按照分工,在访谈结束,及时整理记录,准备"志"的写作材料。

2.师生共读课本中王思斌《访谈法》,继续丰富"访谈知识卡"。

3."志"的要求。

(1)引导学生明确"志"的概念。"志"为记述、记载。它可以记述历史名人,也可以是普通人(有一技之长等);风物,主要包括家乡的建筑和传统习俗等。

(2)明确撰写"志"一定要努力突出家乡特色,不能只有共性没有个性。另外,引导学生注意语言的运用。

活动三：师生共读《二月夜访二月河》，学习此访谈参考范例。

活动四：作业设计。

请同学们结合巴南历史文化名人如巴蔓子、邹容、杨沧白、何敬平、丁雪松、黄启璪、李华飞、沈福存等，了解他们的主要事迹和影响；了解家乡的地标性建筑，如博物馆和烈士墓等。

任务二　确定采访对象，分工并完成访谈或考察

活动一：新课导入——重庆历史文化简介导入。

活动二：学生作业交流。

学生以小组为单位，分享任务一的作业成果，教师引导学生做好笔记，丰富对家乡文化的认知，提升民族文化认同感，增强民族自信心和自豪感。

活动三：实践活动。

通过实地访谈，深入了解巴南区的历史文化名人和地标性建筑。

1.采访家乡历史文化名人。

教师提示：学生以小组为单位进行活动，可以按照政治、文学、哲学、科技等范畴对巴南历史文化名人进行梳理。

确定历史文化名人目标后，可以讨论确定访谈相关人员，如：杨沧白烈士墓工作人员等。

学生任务：以小组为单位，为正式访谈做准备，完成访谈记录表。

2.通过采访，深入了解家乡的历史文化。

学生在选定研究目标之后，讨论确定访谈对象，如相关研究学者、相关景区负责人、历史老师等，并提前约定好访谈时间。

要求：课堂完成访谈记录表。具体要求见附表。

3.完善访谈记录表。

课后完成：以小组为单位，整理完整的访谈录。

附表：

历史文化人物信息表

人物		年代	
主要事迹			
贡献			
影响			

历史建筑登记表

建筑名称		建筑位置	
建造历史		建筑现状	
价值描述		信息来源	
照片	课后拍照补充	建议	

访谈记录表

访谈对象	（课堂讨论确定）	性别	（收集信息）	年龄	（收集信息）
访谈成员	（小组成员，组长要分工明确，提问人，记录人，调度人。征得访谈对象同意后，还可以录像或录音，也应安排专人负责）		访谈时间		（和访谈对象协商确定）
访谈提纲	（可以以问题的形式体现，课堂讨论确定） 1._____ 2._____ 3._____ 4._____ 5._____		访谈记录		（课堂讨论确定小组中负责记录的成员，在实际访谈过程中负责人要做好记录）
其他准备	1.课后上网查阅相关资料，加深对相关历史文化信息的了解 2.课后上网查阅课堂上未能确定的信息 3.如有其他不确定的信息，可以随时和老师交流探讨，教师应该做好指导工作				

活动四：课堂小结。

通过本堂课的学习，使学生能掌握做访谈的方法，并在整理访谈资料的基础上,撰写人物(风物)志。引导学生开阔视野,学写家乡人物志,增强学生的自信心和自豪感。

任务三 分享交流,互评总结

活动一:新课导入。

中华传统文化上下五千多年的悠悠历史,滋养了无数人,我们应当努力汲取积淀了五千多年的丰富的传统文化内涵,做好新时代的传承人。

活动二:分享交流。

以小组为单位,分享人物志、风物志作品。

教师点评:参考人物志评价表。

人物志评价表

项目	分值和评分要求
人物生平清晰	(10分)人物生平大事按时间顺序记叙
主要事迹突出	(10分)人物主要事迹记叙得当
人物贡献鲜明	(10分)人物贡献记叙得当,写作倾向明显
人物影响明确	(10分)人物影响突出,写作倾向鲜明
材料选取典型	(10分)在众多写作素材中,根据需求,恰当选取
写作语言生动	(10分)语言准确、简明、生动
文章结构清晰	(10分)结构清晰,层次分明
文章感染力强	(10分)能感染读者,使读者产生情感共鸣
文章卷面美观	(10分)书写美观,卷面整洁
小组合作融洽	(10分)小组成员参与度高,合作融洽

风物志评价表

项目	分值和评分要求
风物来源	(10分)来源介绍清晰明了
历史变迁	(10分)重大事件交代清楚
风物特点	(10分)风物建筑特点描述清晰、是否有历史典故等
文化意义	(10分)有各个时代的意义和影响
当代保护	(10分)有分析当今时代是如何对待风物的
写作语言生动	(10分)语言准确、简明、生动
文章结构清晰	(10分)结构清晰,层次分明

续表

项目	分值和评分要求
文章感染力强	（10分）能感染读者,使读者产生兴趣
文章卷面美观	（10分）书写美观,卷面整洁
小组合作融洽	（10分）小组成员参与度高,合作融洽

活动三：作业设计

1.请把此次实践活动中的感悟形成文字资料,征订成册,形成"墨韵"作品集材料。

2.课本剧演绎历史文化名人故事。

小结：该活动系我校高中群达语文课程创新基地文化群教学的重要组成部分,希望同学们能够在此活动中传承本土优秀文化,提升人文素养,增强文化自信。

（马晓红）

课例二：

走马红楼大观园,品读人物识社会
整本书阅读《红楼梦》教学设计

【学习任务群分析】

本单元属于《普通高中语文课程标准(2017年版2020年修订)》设置的"整本书阅读与研讨"学习任务群。课标对该任务群的学习目标与内容要求为,"在阅读过程中,探索阅读整本书的门径,形成和积累自己阅读整本书的经验。重视学习前人的阅读经验,根据不同的阅读目的,综合运用精读、略读与浏览的方法阅读整本书,读懂文本,把握文本丰富的内涵和精髓。""联系个人经验,深入理解作品;享受读书的愉悦,从作品中汲取营养,丰富自己的精神世界,逐步形成正确的世界观、人生观和价值观"。《红楼梦》这部小说对中学生来说有着举足轻重的地位。正如清人所说："开谈不说《红楼梦》,读尽诗书也枉然。"但《红楼梦》博大精深,文化内涵深邃,学生要读懂,比较困难。

《红楼梦》一百二十回,人物众多,情节复杂,学生容易看着眼前的遗忘了前面的内容。课标中有这样的表述："在指定范围内选择阅读一部长篇小说。通读全书,整体把握其思想内容和艺术特点。从最使自己感动的故事、人物、场景、语言等方面入手,反复阅读品味,深入探究,欣赏语言表达的精彩之处,梳理小说的感人场景乃至整体的艺术架构,理清人物关系,感受、欣赏人物形象,探究人物的精神世界，体会小说的主旨，研究小说的艺术价值。"在学生开始阅读前，可以了解学生的现状，并为他们列出相关的知识清单，为学生提供一面窥视红楼的窗口。在学生阅读过程中，老师需要指导学生边阅读边梳理，并画出群体、人物之间关系的思维导图，理清重要人物的生平和性格特点，把握精彩章节的脉络，让学生获得阅读鉴赏能力和审美体验，也为深入研讨做准备。

学生在初中阶段进行了六部书的"名著阅读"，扩大了阅读面，增加了阅读量，也有了一定的阅读兴趣。对自然、社会、人生也有了属于自己的一些理解。作为高一下期的学生，在思想上变得更成熟，这时阅读的作品选择了《红楼梦》，可以给学生提供更丰富的内容——中华民族传统的人生观、价值观和审美心理，让学生在自主阅读中思考，在小组合作交流中探究，并学习写作综述。

通过对课标、教材、学情的分析，本次学习任务最后以综述的形式呈现。校庆与世界读书日将相继到来，为传播中华优秀文化，让更多人了解中国古代社会的方方面面，班级将开展"走马红楼大观园，品读人物识社会"主题活动。各个小组可以在此主题之下，采用不同的方式，欣赏、展现小说中呈现的人物形象、景物特征、生活艺术、诗词文学，最后小组合作写成一篇综述，体现小组的阅读探究成果。

【学习任务群目标】

1.阅读《红楼梦》全书，体会作者在日常生活的细腻叙写中寄寓的深刻思想和丰富文化内蕴，了解小说展现的社会风貌和生活习俗，领悟小说深厚的社会内涵。

2.梳理小说主要情节，理清情节主线，把握小说精巧的艺术结构；建构并积累阅读长篇小说的方法和经验。

3.理清人物关系，欣赏人物形象，把握主要人物复杂的性格，深入探究作品的内涵和主旨。

4.分析小说的艺术手法，整体把握小说的艺术价值，获得审美体验，丰富自己的精神世界；品味和欣赏小说语言，提高语言鉴赏能力和运用能力。

【学习任务群课时安排】

根据《普通高中语文课程标准(2017年版2020年修订)》中"整本书阅读与研讨"的课程内容和结构的要求，对《红楼梦》整本书阅读总体设计五项任务：1.把握《红楼梦》中的人物关系。2.体会人物性格的多样性和复杂性。3.品味日常生活描写所表现的丰富内涵。4.欣赏小说人物创作的诗词。5.设想主要人物的命运或结局。

2课时。(1)阅读准备及导读指导;(2)理清书中人物关系,绘制人物关系图并标注相关情节。

2课时。(1)指导精读贾宝玉、林黛玉、薛宝钗情感纠葛的章节;(2)选择一个人物,分析人物性格的多样性和复杂性。

1课时。细读小说中有关日常生活描写的章节,分析体会细节描写中的社会现实与人生真相。

2课时。(1)赏读小说中人物创作的诗词;(2)举办"《红楼梦》中诗词作品品鉴会",体会其中情味。

1课时。小组合作构思后四十回故事梗概。

【学习任务群教学过程】

任务一

【教学目标】

语言建构与运用:了解曹雪芹的生平和《红楼梦》的成书过程;

了解《红楼梦》的巨大影响及其基本思想;

了解曹雪芹的家世与《红楼梦》的创作。

思维发展与提升:提高阅读分析能力,学习并积累名著阅读方法。

审美鉴赏与创造:建构阅读整本书的经验,形成适合自己的读书方法,提升阅读鉴赏能力。

文化传承与理解:初步了解《红楼梦》中反映的社会生活的广与深。

【教学重点】

激发学生阅读兴趣;初步了解《红楼梦》相关内容。

【教学难点】

指导学生掌握阅读方法,按计划完成每日阅读任务。

活动一:阅读前的准备。

(一)调查学生的阅读现状

1.你了解《红楼梦》中的哪些人物,知道其性格特征或主要事迹吗?

2.你觉得自己阅读《红楼梦》有哪些困难?

3.你觉得自己需要老师哪方面的帮助?

(二)给予支架

《红楼梦》反映的是十八世纪中叶的社会生活,与现在所处的时代有一定距离,因此在阅读过程中,可参考部分书籍或文章,以更好地理解小说内容。

1.作者传记类,如周汝昌著的《泣血红楼》,樊志斌著的《曹雪芹传》。

2.《红楼梦》其他版本类,如周汝昌校订的《石头记》,广西师范大学出版社出版的《红楼梦》。

3.文本细读类,如王蒙的《红楼梦启示录》,白先勇的《白先勇细说红楼梦》,欧丽娟的《大观红楼》,蒋勋的《蒋勋说红楼梦》,蒋和森的《红楼梦论稿》,北京大学通识教材《红楼梦十五讲》。

4.影像资料:1987年版电视剧《红楼梦》,由王扶林先生导演,欧阳奋强、陈晓旭等主演。

活动二:指导学生制订阅读计划表。

《红楼梦》是一部具有深广的文化内涵和高度的思想水平的奇书,是中华民族五千多年传统文化、思想的最高综合和体现。"字字看来皆是血,十年辛苦不寻常"。在艺术上,它达到了其他小说不可企及的高度,正如鲁迅先生所说:自有《红楼梦》出来以后,传统的思想和写法都打破了。(《中国小说的历史变迁》)

(一)阅读小说回目,师生共同讨论制定阅读计划表,要求学生用心完成。

阅读章回	阅读时间	完成情况(勾画圈点、旁批札记、思维导图)
前五回		
六至十回		
十一至……回		

(二)明确提出阅读要求

1.不动笔墨不读书,勾画圈点不可少;旁批札记随时做,思维导图清晰明了。

2.每周定期检查学生阅读完成情况,小组交流读书心得,统一阅读进度。

任务二

【教学目标】

语言建构与运用:基本读懂原著,提升语文素养。

思维发展与提升:研读文本,理清作品中人物关系;

提高阅读分析能力,积累名著阅读的方法。

审美鉴赏与创造:建构阅读整本书的经验,找到适合自己的读书方法,提升阅读鉴赏能力。

文化传承与理解:体会《红楼梦》中人物形象与社会生活的关系。

【教学重点】

抓住精彩篇章解读人物关系。

【教学难点】

绘制人物关系图。

导入

《红楼梦》中的人物,中国人大概都能说出好几个。可他们之间错综复杂的关系,大多数人都没理清,何况性格各异的人物间还有复杂微妙的感情。小说诸多人物的描写精妙无比,人物的互动中,各自的身份地位、性情气质一一展现,封建社会晚期社会生活的图画随着人物徐徐展开。这节课,需要同学们理清书中人物关系,绘制人物关系图并标注相关情节。

活动一:对照回目,编写章回提纲,理清情节线索。

《红楼梦》可以分为五大部分:

第1回至第5回:第一部分,全书"序幕",是阅读全书的"纲";

第6回至第18回:第二部分;

第19回至第54回:第三部分;

第55回至第78回:第四部分;

第79回至第120回:第五部分。

小说主线:

一是以贾府为中心的家道中落线,纵向。小说叙述了四大家族由鼎盛走向衰败的过程;

二是以宝、黛爱情悲剧为中心,叙述众多女性的不幸命运的人物聚散线,横向。

活动二:绘制人物关系图,并标注主要情节于其上。

提示:第二回"冷子兴演说荣国府"为读者阅读全书开列了一个简明的人物关系表,请以此为基础,仔细阅读前五回,根据原文内容加以梳理,并在每日阅读之后,不断细化人物关系,在增补中,加深对作品的理解。

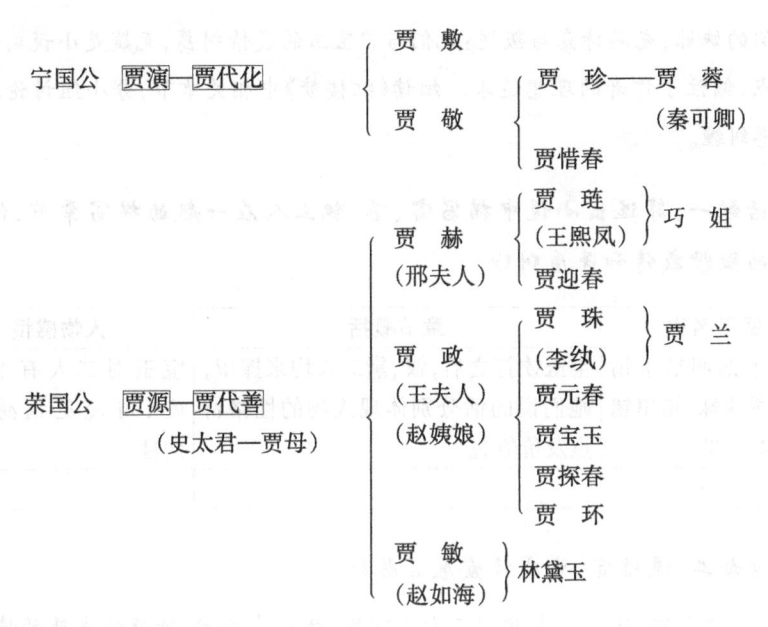

```
                        ┌ 贾 敷
宁国公  宁演—贾代化 ┤              ┌ 贾 珍──贾 蓉
                        └ 贾 敬  ┤            (秦可卿)
                                    └ 贾惜春

                              ┌ 贾 赫  ┌ 贾 琏
                              │(邢夫人)│(王熙凤) ┐巧 姐
                              │        └ 贾迎春
                              │
                              │          ┌ 贾 珠
                              │          │(李纨) ┐贾 兰
荣国公  贾源—贾代善  ┤ 贾 政  │ 贾元春
        (史太君—贾母)    │(王夫人)│ 贾宝玉
                              │(赵姨娘)│ 贾探春
                              │          └ 贾 环
                              │
                              └ 贾 敏  ┐林黛玉
                                (赵如海)
```

注:□中人物,冷子兴演说时已不在世。

任务三

【教学目标】

语言建构与运用:精读文本指定章节,提升语言运用水平。

思维发展与提升:通过鉴赏,分析人物的语言、动作,把握人物性格,学习作者塑造人物的手法。

审美鉴赏与创造:分析、鉴赏细节描写的艺术价值。

文化传承与理解:认识我国封建社会的生活百态,了解封建社会的腐朽及其必然灭亡的规律。

【教学重点】

分析林黛玉、贾宝玉、薛宝钗的形象特点,学习人物塑造的方法。

【教学难点】

分析贾宝玉、林黛玉、薛宝钗情感产生的原因。

导入

鲁迅评《红楼梦》说,敢于如实描写,并无讳饰,和从前的小说叙好人完全是好,坏人完全是坏的,大不相同①。宝钗恪守封建道德与礼教,是个冷美人;黛玉是

---

① 出自鲁迅《中国小说的历史的变迁》,68页。

神仙似的妹妹,充满诗意与叛逆;她们与贾宝玉的爱情纠葛,无疑是小说刻画的一大重点,倾注了作者的理想追求。细读《红楼梦》中相关章节,分小组讨论人物间的情感纠缠。

活动一:筛选出小说中描写宝、黛、钗三人在一起的描写章节,体会人物间的微妙感情和矛盾纠缠。

回目名称	章节概括	人物感情
第三十四回情中情因情感妹妹,错里错以错劝哥哥	宝玉挨打之后,钗、黛二人均来探望。她们说的话分别体现人物的性格特点及价值观	宝玉对二人有不同态度,可窥见情感的倾向性
……		

活动二:梳理宝、黛感情发展的脉络。

1.小组合作,从第十九回到三十六回里,找出有关宝、黛感情发展的情节,绘制出情感发展脉络。

2.二人感情的加深是随着一次次矛盾的产生和解决而来的。小组选定一个情节,概括二人矛盾产生的原因和化解方式,体会二人性格的异同。

活动三:围绕三人的爱情悲剧,探究其原因并写作读书札记。

任务四

【教学目标】

语言建构与运用:基本读懂原著,提升语文素养。

思维发展与提升:研读经典文段,逐步深入理解人物形象;

提高阅读分析能力,积累名著阅读方法。

审美鉴赏与创造:引导学生通过阅读,分析作品中人物性格的多样性和复杂性。

文化传承与理解:体会《红楼梦》人物描写中蕴含的社会特点。

【教学重点】

激发学生阅读和探究《红楼梦》的兴趣。

【教学难点】

不同人物在同一场合或同一人物在不同场合表现出的不同性格。

导入

《红楼梦》中的人物基本是"圆形"的,性格丰满,立体感强。作品中生动而著名的人物不下百余,其中一些思想、性格、身份、地位类似的人,在曹雪芹的笔下,却能百人各面;在场合相仿、谈吐相近、神情相同的情况下,他们也有各自鲜明的个性特点,神态相似而不雷同,言语相近而不重复。这种强烈的艺术效果,体现了作者塑造人物形象的高超手段,今天这节课,就来鉴赏一个你感兴趣的人物。

活动一:以小组为单位,选定一个作者着墨较多的人物,分析其性格的复杂性,体会小说人物性格的多样性。

示例:贾宝玉性格分析

回目	人物语言、动作、神态、心理	性格特点

活动二:选择一对或一组人物,分析人物思想性格的异同,体会人物性格的多样性。

可参考选择以下几组人物:

1. 林黛玉与薛宝钗。
2. 贾府三春。
3. 袭人与晴雯。
4. 尤二姐与尤三姐。

人物	章节描写内容	人物性格特点	我的评价
林黛玉			
薛宝钗			

活动三:选择一个场面或情节,比较其中涉及的人物在同一事件中的不同表现,体会人物性格的多样性。

示例:第四十回《史太君两宴大观园,金鸳鸯三宣牙牌令》中众人的"笑"。

人物	言行表现	性格特点
史湘云		
林黛玉		
薛姨妈		
……		

· 213 ·

每个人物的语言或动作,都显示了自己的性格特征。要说《红楼梦》中一位大放异彩的人物,当然是刘姥姥。她的勤劳、朴实、智慧,在三进荣国府中,得到了全面的表现。也因三进荣国府,刘姥姥与大观园中的人物有了密切的接触,我们可以从中窥见刘姥姥的一些性格、习惯、心理活动等。从每个人物与刘姥姥交往的表现,提取几个关键词,结合文本,写一篇人物评论文章。

任务五

【教学目标】

语言建构与运用:基本读懂原著,提升语文素养。

思维发展与提升:提高阅读、分析、品味、鉴赏能力,积累名著阅读方法。

审美鉴赏与创造:品味名著里日常生活描写中蕴含的美学意义。

文化传承与理解:体会《红楼梦》描写中蕴含的生活中的真善美。

【教学重点】

体会《红楼梦》日常生活描写所表现的丰富内涵。

【教学难点】

分析体会细节描写中的社会现实与人生真相。

导入

《红楼梦》以写日常生活为主,描写丰富、细腻、生动、深刻。其出色的细节描写,塑造了活生生的人物形象,再现了典型的社会环境,表现了重大的主题思想,产生了强烈的艺术感染力。春花秋月、饮食起居、婚嫁丧葬、园林景观等生活图景,既真实可感,又充满诗情画意。

但日常生活的描写,无一处不是匠心独运,都有极强的目的性。我们都知道小说以塑造人物形象为主,人物形象与性格特征在这些日常生活的描写中既有直接的体现,也有侧面的烘托。小说的情节也在日常生活中,逐步向前推进。我们还要从中读出丰富的文化内涵,体会到《红楼梦》的不朽。

活动一

以小组为单位,找出《红楼梦》描写日常生活的片段,选择一个内容为研讨对象,以《〈红楼梦〉中的_____》为题写一篇分析文章,说说其中包蕴的文化内涵和人生真相。

(一)示例一：

《红楼梦》中的人物住所与性格

阅读第二十三、三十七、三十八回

第二十三回中，元春下谕，让宝玉和姐妹们搬到大观园居住。这些青春的男孩、女孩各自选择了住处，体现了人物的审美与性格特征。他们的住所名字与后来结诗社起别号有直接关系，再次凸显人物性格。第三十七、三十八回，是小说中第一次写结诗社。咏海棠、赞菊花、吟螃蟹，是人的盛会、诗的盛宴，大观园里的日常生活跃然纸上，结社吟诗的文化内涵隐在其中。

1.读二十三回、三十七回，列出大观园中人物的住所及别号，分析住所特点及人物性格。

住所名	人物	别号	住所特点	人物志趣与审美
怡红院	宝玉	怡红公子	华丽	脂粉气
潇湘馆	黛玉	潇湘妃子	江南情调	以泪洗面，多愁善感
蘅芜苑	宝钗	蘅芜君	香草仙藤	封建正统、八面玲珑
紫菱洲	迎春	菱洲	靠山临水	温柔和顺
暖香坞	惜春	藕榭	借水成景	避世无争
稻香村	李纨	稻香老农	山野田园风光	心如止水
秋爽斋	探春	蕉下客	浓郁的书卷气息	胸怀开阔有远志

2.读三十七、三十八回，了解传统文化中诗社的性质、特点，深入封建贵族家庭的日常生活，从人物的诗作中，了解人物的才情性情，细品其中隐含的人生命运。

(二)示例二：

《红楼梦》中的饮食文化

阅读第四十回至四十一回史太君两宴大观园、四十九回芦雪庭烧鹿肉、五十三回元宵夜宴、六十三回宝玉生日宴等内容，选择一两处填写表格，探究封建大家庭宴饮的食物、礼仪、活动等蕴含的丰富内容。

回目	饮食	宴席礼仪	席间活动	你的评价
第四十至四十一回	鸽子蛋、茄鲞	人物座次	隔水听戏、行酒令	精致奢华，贫富悬殊，大厦将倾
第四十九回				

(三)示例三：

《红楼梦》中的封建社会家庭的经济情况及经营方式

研读第五十三回庄头乌进孝缴租；第五十五回至五十六回，李纨、探春协理管家的内容，探究封建家庭的经济来源，真切感受地主阶级对农民的盘剥。

回目	人物、身份	相关事件	你的体会
五十三回	乌进孝，庄头	庄头赶路一个多月来宁府交租，年成不好，交纳的物品减少，贾府越发入不敷出。	光鲜富贵表象下贵族的没落，艰辛劳苦的农民靠天气吃饭受盘剥。
五十六回	探春、平儿	受大家经营园子的启发，改革大观园管理方式，兴利除弊	经济计算精细是探春的能力体现，也是入不敷出的现实折射。

任务六

【教学目标】

语言建构与运用：梳理出《红楼梦》中的主要诗词，并有选择性地读懂一些诗词。

思维发展与提升：通过诗词朗诵，提高古代诗词鉴赏能力和审美能力。

审美鉴赏与创造：品味鉴赏《红楼梦》诗词中的音韵美、情感美、意境美。

文化传承与理解：体会古代诗词优良传统，善于发现生活中的真善美。

【教学重点】

诵读、品味、鉴赏。

【教学难点】

体会《红楼梦》诗词中传达的情感和文化底蕴。

导入

《红楼梦》中的诗词曲赋是小说情节和人物描写的有机组成部分。这些诗词曲赋有的来自作者的表述，有的出自人物的手笔，或者暗示情节发展的走向，或者暗合人物的性格。撰书的缘由、人物的命运、氛围的烘托、社会风尚的反映，都离不开诗词的作用。这个学习任务，要我们运用自身的语文素养，鉴赏诗词，体会人生情味。

活动一

《红楼梦》中有很多诗词，康震教授曾说，《红楼梦》中结了好几次诗社，人物的日常生活里,也常常吟诵诗词,还有个呆香菱醉心学作诗。要问诗词哪个作得好?只能答,是曹雪芹作得好。这些艺术水平高且能反映人物个性特征的诗词曲赋,在显露人物的情趣和性格方面有极大的作用。这堂课我们在小组合作探究的基础上,选择小说中某位人物的某一首诗词,加深对人物的理解,并展示同学们的赏析短文。

要求:每一组派出2到3位同学,上台展示你们组的探究成果,其中一人朗诵,一人(两人)展示鉴赏文字。

赏析示例

作者	题目及内容	写作缘起	赏析
贾宝玉	《咏白海棠》 秋容浅淡映重门,七节攒成雪满盆。出浴太真冰作影,捧心西子玉为魂。晓风不散愁千点,宿雨还添泪一痕。独倚画栏如有意,清砧怨笛送黄昏。	秋爽斋偶结海棠社,李纨出题,迎春限韵,探春监场。以白海棠为吟咏对象。	这首诗有宝玉对宝钗、黛玉的情意。"出浴太真冰作影",是借咏海棠咏"肌肤丰泽"的宝钗;"捧心西子玉为魂",是借海棠咏"弱柳扶风"的黛玉。"晓风不散愁千点",是作者暗示宝钗日后寡居的苦闷;"宿雨还添泪一痕",显然是作者喻黛玉善哭。几人结局都不好。

活动二

赏析第五回《红楼梦》十二支曲和人物判词,探究全书主要女子的性格和命运,体会预叙写法的好处。

对象	内容	关涉人物	人物性格特点和命运走向
人物判词			
《红楼梦》曲			

活动三

编辑人物诗词集锦,了解人物经历及性格、文采。

示例:

顾影自怜,多愁善感——林黛玉诗词中的性格

"多愁善感"的潇湘妃子,会为生活中的一草一木、一风一雨悲泣,多愁善感、自悲自怜这一性格几乎在她的每一首诗词中都有不同程度的表现。除了著名的

《葬花吟》唱出她感叹身世遭遇的哀音,还有哪些别的诗词作品值得解读呢?请以小组为单位,合作探究,完成表格并展示。

回目	诗词题目	金句	赏析
二十七回埋香冢飞燕泣残红	《葬花吟》	"花谢花飞花满天,红消香断有谁怜?"……"试看春残花渐落,便是红颜老死时。一朝春尽红颜老,花落人亡两不知!"	寄人篱下的黛玉,感叹自己的身世,体会到封建礼教对青春女子们的威胁、折磨和摧残。这是一位叛逆者在预感到自己的爱情理想行将破灭时所唱的挽歌。
四十五回风雨夕闷制风雨词	《代别离·秋窗风雨夕》	"已觉秋窗秋不尽,那堪风雨助凄凉。""不知风雨几时休,已教泪洒窗纱湿。"	凄冷、萧条的秋风秋雨,黛玉渐重的病情,更兼环境的冷酷,黛玉没有了《葬花吟》中的不平之气和傲世独立的态度,显得苦闷、颓伤,更显消沉了。

任务七

举办"《红楼梦》中诗词作品品鉴会",体会人生情味。

以小组为单位,在第一课时鉴赏的基础上,每组选择两首诗词,朗诵、品鉴。要求两首诗词之间能呈现比较的关系,或是人物自身性格发展变化的纵向比较,或是人物在不同处境中不同性格的展现,或是不同人物在同一环境中所作诗歌体现的不同性格、情趣和文采。

例如:咏白海棠、咏菊主题下,不同人物的诗词比较赏析。

诗词高手黛玉、宝钗、探春等人对自身诗词的比较赏析。

第一小组品鉴时,其余八小组根据事先制定的标准打分,并由第二小组点评,以此类推。

任务八

【教学目标】

语言建构与运用:在基本读懂《红楼梦》的基础上提升学生的语言运用素养。

思维发展与提升:研读《红楼梦》,提高学生的阅读分析能力和想象思维水平,学习积累名著阅读方法。

审美鉴赏与创造:引导学生通过阅读整本书,拓宽阅读视野,形成适合自己的读书方法,提升阅读鉴赏能力。

文化传承与理解：体会曹雪芹创作意图和《红楼梦》传递出的思想内容。

【教学重难点】

在体会曹雪芹创作意图基础上提出自己的不同见解。

导入

曹雪芹写《红楼梦》的具体年月红学家们也无从查考，"于悼红轩中披阅十载，增删五次"的《红楼梦》，据专家考证全书共一百一十回，前八十回在他去世前已传抄于世。后三十回也基本完成，只是不知什么原因没有流传下来。十八世纪末，高鹗续写了后四十回，补成了现行的一百二十回本。

活动一

全班讨论：读了《红楼梦》后，你觉得高鹗的续写是否符合曹雪芹的原意？

1.提示：研究者一般认为高鹗在贾宝玉和林黛玉的爱情故事上以悲剧结束，还是遵循曹雪芹原旨的。但续写存在严重缺陷，根本之点是背离了曹雪芹原著的精神，结尾写贾宝玉科考中举，贾府衰败后居然又"沐皇恩""延世泽""兰桂齐芳""家道复初"等等，显然有背原作主旨，也未能摆脱"大团圆"的中国式剧情，削弱了《红楼梦》对封建社会的批判力量。某些方面歪曲、损害了人物形象的和谐统一，如黛玉支持宝玉读八股文。而且还过多渲染了神鬼显灵、因果报应之类的迷信色彩。

2.小组讨论：请根据自己对前五回的阅读，及书中人物言行体现的自身性格，结合时代背景，说一说自己的见解。小组合作梳理后四十回的故事梗概，看看高鹗的续写与曹雪芹的原著有哪些不同，并说明理由。

活动二

风采展示：如果让你设计八十回以后的故事，你会怎么做？试设想一些主要人物的命运或结局，写出故事梗概，做成展板，在班级间交流。

补写的基本原则和要求：认真读懂原著，领会原著精神是基础，合情合理、保持与原著的主题思想一致是原则，情节顺理成章、人物性格的发展符合逻辑是要点，保持与原著一致的语言风格靠功力。

提示：注意以下主要人物及人物命运的相关性：

(一)贾宝玉、林黛玉、薛宝钗三人的命运走向及感情纠葛

(二)贾母的结局

（三）王熙凤的结局

（四）史湘云的命运

（五）妙玉的结局

（六）贾府四春的命运

……

课例三：

中西方文化交流会

必修上第五单元教学整体设计

【学习任务群分析】

《高中语文 必修上》(部编版)第五单元为整本书阅读，选取《乡土中国》这本学术著作作为阅读蓝本，属于"整本书阅读与研讨"任务群。课程以"中国乡土社会"及其传统文化、社会结构为探讨主体，指导学生阅读整本学术著作的方法，并了解从古至今的乡土社会传统文化，在群达语文课程中定位在文化群中。单元包含单元导读、《乡土中国》简介、阅读指导（阅读策略）、学习任务参考，通过此单元学习，学生能够学会整本书的阅读方法，养成良好的阅读习惯，再加上《乡土中国》这本书的学术性质，学生将增强阅读学术著作的能力，学会如何更高效地完成中国乡土社会传统文化乃至其他文化的研究任务。

《普通高中语文课程标准(2017年版2020年修订)》中的学科核心素养"文化传承与理解"要求："继承和弘扬中华优秀传统文化……理解和借鉴不同民族和地区的文化，拓展文化视野，增强文化自觉，提升中国特色社会主义文化自信，热爱祖国语言文字，热爱中华文化，防止文化上的民族虚无主义。""整本书阅读与研讨"任务群完成过程中应促进学生对中华优秀传统文化更加深入的学习和思考。

教材要求对于本单元的学习，要学习阅读不同类别书籍的方法，积累阅读经验，养成良好阅读习惯，拓宽阅读视野，并且不局限于一种读本，从不同角度切入学习，由学术著作到其他著作，从阅读目的到阅读方法选择，再到核心概念的理解，最后到整本书的理解与研究。

《乡土中国》的简要介绍点出了本单元学生应在学习研究后回答的最大问题——"作为中国基层社会的乡土社会究竟是个什么样的社会？"，因此在阅读指导中，首先要教学生如何读懂学术著作，再教会学生如何细读、精读和思考。

学生较少阅读学术著作,此单元既能让他们学习到学术著作的阅读方法,也能让他们获得整本书阅读的通用方法,推动学生增加阅读量。《高中语文 选择性必修上》(部编版)第三单元为小说单元,从属于"外国作家作品研习"任务群,本单元为《大卫·科波菲尔》《复活》《老人与海》《百年孤独》这四篇中长篇小说节选部分的集合,虽是节选,但实际上是递给学生阅读整部外国经典长篇小说的一把钥匙,所以我们可以通过必修上第三单元的学习,推动学生在此单元领悟整本书阅读的抓手,在传承中华优秀传统文化的基础上,通过中西方文化对比,分析中西方社会文化的价值,取其精华,去其糟粕。

通过对课标、教材和学情的分析,本文化群整本书阅读单元将以"中西方文化交流会"为主要任务,设置三大子任务:子任务一,学习钻研两个单元的文本,从文章管窥广大社会;子任务二,阅读更多类型的中外文学作品及研究论文,建立中西方文化资源库;子任务三,开展中西方文化研讨交流会。

【学习任务群目标】

1.学会整本书的阅读方法,能熟练地将通用的阅读方法运用到其他长篇的作品阅读中去。

2.挖掘并总结学术著作与小说中分别体现的中国乡土社会的特点与西方社会不同国家的社会风貌,感受中西差异。

3.分析中西方文化各自形成的原因、出现差异的原因,并进行分类概括。

4.阅读更多的中外文学作品及研究论文,析出文化关键词,建立文化资源库。

5.准备中西方文化研讨交流会材料,写好发言稿,完成研究与发言任务。

【学习任务群课时安排】

本单元教学根据任务与内容分为9课时。

每个课时对应一个子任务和不同的活动。评价标准因课时而异。

任务	子任务	课时	活动	评价标准
中西方文化交流会	学习钻研两个单元的文本,从文章管窥广大社会	4课时	活动一:研读文章,抓核心概念或内容	能够提炼和总结文章内容,可以用自己的话进行复述
			活动二:关注文章思路,积极思考	

续表

任务	子任务	课时	活动	评价标准
阅读更多典型的中外文学作品及研究论文,建立中西方文化资源库		3课时	活动一:小组讨论,分析作品中的具体内容体现了哪些文化传统,有什么特点	能精准捕捉与概括文章中的文化要点
			活动二:发散思考,补充文章	有发散思维,有文学积淀,能从多角度考虑问题
			活动三:阅读文章,建资源库	能结合信息技术,建立好资源库,分好层级关系,简洁明了
开展中西方文化研讨交流会		2课时	活动一:提出观点,写发言稿	发言稿格式正确,主题鲜明,体现思辨性;有理有据,体现合理性。发言大方得体,以理服人
			活动二:对发言进行评论,并进行深入讨论	能判断并选出优秀发言,借鉴学习

【学习任务群评价】

以学习任务群目标为主要评价标准,根据每个课时不同的学习任务进行调整,明晰评价对象为学生。培养学生整本书阅读的良好习惯,提高其阅读效率。让学生掌握整本书的阅读方法是基本要求,能够迁移使用、总结、挖掘、分析是更高的要求,让学生逐步提升。

【学习任务群教学过程】

单元情境设置:中西方文化交流会

学校将举行中西方文化交流会,需要各位同学认真准备,从学习的文章作品中总结中西方文化发展过程、文化特点及形成原因,写好发言稿,尝试进行学术探究活动。

任务一 学习钻研两个单元的文本,从文章管窥广大社会。

活动一:研读文章,抓核心概念或内容。

1.介绍整本书的阅读方法。

怎么读?要会读,试读,精读,多读。

时代发展,网络发达,需要学生对各类信息进行辨别,在传承中华优秀传统文化的基础上,从文学作品看西方文化,取其精华,去其糟粕。具体介绍作家及作品。展示整本书的目录,让学生来推测整本书的总体内容,这属于"粗读"部分,学生需要通过读目录、读序言、读写作背景等"粗读"过程来掌握文章主要内容,并发现问题,以便在后续的"细读"中进行自我解答。

首先要了解《乡土中国》及各部外国作家小说是著名社会学家费孝通和外国著名作家的代表作。《乡土中国》是根据费孝通"乡村社会学"课程的内容整理而成,学术性和文学性都非常强。《乡土中国》较为全面及直观地展现了中国基层乡土社会的面貌,是必读的一本经典社会学著作。《大卫·科波菲尔》《复活》《百年孤独》《老人与海》是外国名著,要了解这些著作的社会背景、作者个人经历等。结合这些知识来总结各著作的主要内容及作者思想。

2.学生阅读,总结内容。

参考资料:

《乡土中国》简介:费孝通先生在《乡土中国》中,将中国社会的基层定义为乡土性的,这"乡土性"带有"乡下人离不了泥土"、不流动性、熟人社会三方面特点。奠定了全书的基础……

《大卫·科波菲尔》:讲述了主人公从幼年到中年的生活历程……展示了19世纪中叶英国的广阔画面,反映了狄更斯希望人间充满善良正义的理想。

《复活》:托尔斯泰最后一部长篇小说,是作家一生探索和思想的总结,被誉为俄国批判现实主义发展的高峰。

《百年孤独》:故事讲述马孔多小镇和布恩迪亚家族的兴衰变化与传奇故事,记录了家族命运与百年历史,重复地叙述相同而荒唐的命运,是拉美国家几百年命运的缩影,独具意味地隐喻着人类"文明"史的建立、发展与终结,在荒凉失落与荒唐可笑中诠释宿命式的轮回。

《老人与海》:美国作家海明威于1951年在古巴写的一篇中篇小说,于1952年出版。该作围绕一位老年古巴渔夫,与一条巨大的马林鱼在离岸很远的湾流中搏斗而展开故事的讲述,体现了海明威的人生哲学和道德理想,即人类不向命运低头、永不服输的斗士精神和积极向上的乐观人生态度。

活动二:关注文章思路,积极思考。

梳理作品的思路线索,思考作品思路的呈现方式。抓核心概念,并进行分析,还要有拓展和联想,如《乡土中国》中的指称乡土社会的概念与其他社会的对应概念,还需要理解其含义。

指称乡土社会的概念	指称其他社会的对应概念
礼俗社会	法理社会
借助语言的社会	借助文字的社会
差序格局	团体格局
私人的道德维系社会	宪法维系社会
小家庭	家庭
男女有别	男女求同

任务二 阅读更多典型的中外文学作品及研究论文,建立中西方文化资源库

活动一:小组讨论,分析作品中的具体内容体现了哪些文化传统,有什么特点。

1.文章体现的文化内容、文化特点是什么?

学生需要在教材学习的基础上总结概括,并思考文章内容映射了不同社会的什么样的特点,教师引导,学生总结,形成表格,格式为:文名+特点+文章内容。

2.文化特点总结不够全面,如何让总结分析变得更加全面?

课前仔细研读文章,并使用信息检索,利用信息技术查找文章。课堂上交流讨论,逐步形成系统的文化指引,供学习者参考。

活动二:发散思考,补充文章。

根据文化传统进行发散思考,讨论需要补充的文章内容及类型。

路径:网页、论文网站、专业书籍(社会学、作家传记、中外文学批评史)等。

举例:《中外文化比较与跨文化交际》;《东西方文化及其哲学》;《中西文化比较》……

活动三：阅读文章，建资源库。

阅读课后搜集的文章，和同学一同交流，建立中西方文化资源库。

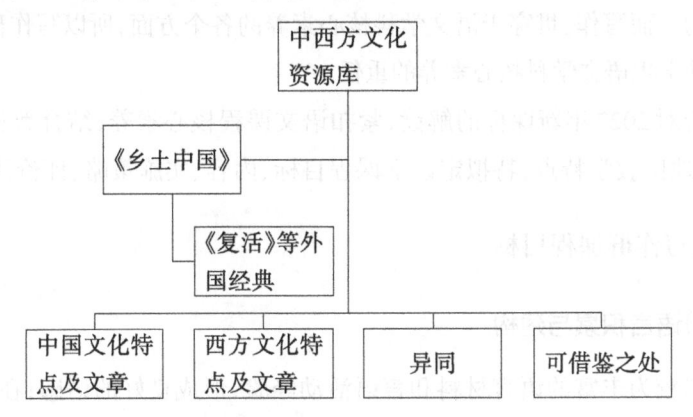

中西方文化资源库目录示例（图4-3）：

```
            中西方文化
              资源库
                │
          ┌─────┴─────┐
       《乡土中国》
              │
         《复活》等外
            国经典
              │
    ┌─────┬───┴───┬─────┐
 中国文化特  西方文化特   异同    可借鉴之处
  点及文章   点及文章
```

图4-3 中西方文化资源库目录示例

如何评价学生的学习成果？

成果展示，根据评价标准互评互学，逐步完善。

任务三　开展中西方文化研讨交流会。

活动一：提出观点，写发言稿。

撰写以"中西方文化对比"为主题的发言稿。

活动二：对发言进行评论，并进行深入讨论。

修改发言稿，并进行发言。对发言进行评论，并进行深入讨论。

（周灵琪）

第六节　写作群课程的建构与实践

群达语文课程基地建构的课程体系中，"写作群"是其中重要的组成部分。语文学科的核心素养是学生在积极的语言实践活动中积累和构建起来，并在真实的语言运用情境中表现出来的语言能力及其品质，也是学生在语文学习中获得的语言知识与语言能力、思维方法与思维品质，以及情感、态度与价值观的综合体现。主要包括"语言建构与运用""思维发展与提升""审美鉴赏与创造""文化传承与理解"四个方面。这四个方面是一个整体。在语文课程中,核心素养的养成都是以语言的建构与运用为基础并在学生个体言语经验发展过程中得以实现的。而写作,贯穿于语文学科核心素养的各个方面,所以写作群,肩负着综合提升学生语文学科核心素养的重任。

结合对2022年新课标的解读,紧扣语文课程核心素养,结合教材、学生实际水平、地区教学特点,特拟定以下课程目标、内容、实施策略、评价体系。

一、写作群课程目标

(一)语言积累与建构

积累较为丰富的语言材料和言语活动经验,形成良好的语感;在已经积累的语言材料间建立起有机的联系,在探究中理解、掌握祖国文字运用的基本规律。

(二)语言表达与交流

能凭借语感和对语言运用规律的把握,根据具体的语言情境和不同的对象,运用口头或书面语言文明得体地进行表达与交流。

(三)语言梳理与整合

通过梳理和整合,将积累的语言材料和学习的语文知识结构化,将言语活动经验逐渐转化为具体的学习方法和策略,并能在语言实践中自觉地运用。

(四)增强形象思维能力

获得对语言和文学现象的直觉体验;在阅读与鉴赏、表达与交流、梳理与探究活动中运用联想和想象,丰富自己对现实生活和文学形象的感受与理解,丰富自己的经验与语言表达。

(五)发展逻辑能力

能够辨识、分析、比较、归纳和概括基本的语言现象和文学现象,并能有理有据地阐述自己的发现,有逻辑地表达自己的认识。

(六)提升思维品质

自觉分析和反思自己的语文实践活动经验,提高语言运用的能力,增强思维的深刻性、敏捷性、灵活性、批判性和独创性。

(七)美的表达与创造

能运用祖国语言文字表达自己的审美体验,表达自己的情感、态度和观念,表现和创造自己心中的美好形象;语言文字表达的效果及美感,具有创新意识。

(八)关注、参与当代文化传播与交流

关注并积极参与当代文化传播与交流,在运用祖国语言文字的过程中,坚定文化自信,提高社会责任感,增强为中华民族伟大复兴而奋斗的使命感。

二、写作群课程内容

(一)学习任务群——当代文化参与

本任务群的学习贯穿必修和选择性必修阶段。

(1)聚焦特定文化现象,自主梳理材料,确定调查问题,编制调查提纲,访问调查对象,记录调查内容,完成调查报告,开展交流研讨。解释文化现象,积极参与社会主义先进文化建设,提高对各种文化现象的认识能力和阐释自己见解的能力。

(2)以参与性、体验性、探究性的语文学习活动为主,增强课程内容与学生成长的联系。做好调查访问与书面写作的结合,提高学生语文综合素质。

(二)学习任务群——语言积累、梳理与探究

本任务群旨在培养学生丰富语言积累、梳理语言现象的习惯,引导学生自主积累语文知识,探究语言文字运用规律,从而增强语言文字运用的敏感性。本任务群的学习贯穿必修和选择性必修阶段。

(1)注重发展语感,加深对语言规律的认识,边积累,边记录。写语言札记随时记录点滴材料,试写短文,整合和解释有关现象。

(2)在运用口语和书面语表达的过程中,对比两种主体用词和造句的差别,体会口语与书面语的风格差异。反思和总结自己写作时遣词造句的经验,建构初步的逻辑和修辞知识,提高语言运用的能力,增强表达的个性化。

(三)学习任务群——文学阅读与写作

学生在感受形象、品味语言、体验情感的过程中,提升文学欣赏能力。尝试文学写作,撰写文学评论,借以提高审美鉴赏能力和表达交流能力。

(1)结合所阅读的作品,了解诗歌、散文、小说、剧本写作的一般规律。捕捉创作灵感,用自己喜欢的文体样式和表达方式写作,与同学交流写作体会。尝试续写或改写文学作品。

(2)养成写读书提要和笔记的习惯。根据需要,可选用杂感、随笔、评论、研究论文等方式,写出自己的阅读感受和见解,与他人分享,积累、丰富、提升文学鉴赏经验。

(四)学习任务群——思辨性阅读与表达

本任务群旨在引导学生学习思辨性阅读和表达,发展实证、推理、批判与发现的能力,增强思维的逻辑性和深刻性,认清事物的本质,辨别是非、善恶、美丑,提高理性思维水平。

(1)学习表达和阐发自己的观点,力求立论正确,语言准确,论据恰当,讲究逻辑。学习多角度思考问题。学习反驳,能够做到有理有据,以理服人。

(2)在专题学习中,围绕感兴趣的话题开展讨论和辩论,能理性、有条理地表达自己的观点,根据场合选择使用口头语或书面语言,驳斥错误的观点。

(五)学习任务群——实用性阅读与交流

通过本任务群的学习,丰富学生的生活经历和情感体验,提高阅读与表达交流的水平,增强适应社会、服务社会的能力。

(1)通过社会情境中的各种内容的学习,让学生多角度观察社会生活,掌握当代社会常用的实用文本,并学会运用新的表达方式。

(2)让学生能用简明生动的语言,介绍比较复杂的事物,说明比较复杂的事理。

(六)学习任务群——中华传统文化经典研习

(1)让学生在阅读作品的基础上,展开交流和专题讨论,就传统文化的历史价值、时代意义和局限等问题,用历史和现代的观念进行审视,表达自己的看法。

(2)针对具体的一篇自己感兴趣的作品,写出内容提要和阅读感受,从一个或多个角度讨论分析,撰写评论。学习传统文化和表达艺术,提高自己的写作水平。

(七)学习任务群——中国现当代作家作品研习

本任务群旨在培养学生以正确的价值观鉴赏文学作品,进一步提高文学阅读和写作能力,把握中国现当代文学作品思想性、艺术性、观赏性有机统一的价值取向。

(1)养成撰写读书笔记的习惯,阅读作品时写出内容提要和阅读感受。选择喜欢的作品,从不同角度撰写作品评论,发表自己的见解。

(2)从体裁特征、题材内容、文学发展阶段等不同角度,研习作品后,选择喜欢的文学体裁,练习创作短篇作品。

三、写作群课程实施策略

(一)课程结构,螺旋上升

"部编版"语文教材的设计把阅读、写作紧紧结合在一起,体现了整体设计的思想。同时体例安排呈螺旋上升的形式,并遵循高中生身心发展规律。根据学年的增长,作文系统为第一单元学写诗歌,第二单元学写事例和细节,第三单元学写文学短评,第四单元以学习活动的方式记录家乡的人和物,第五单元积累阅读量并设计整本书的阅读环节,第六单元写议论文并提出有针对性的论题,第七单元写作做到情景交融。每单元都有自己明确的阅读目标与写作目标,并在其中安排整本书阅读,增加学生的阅读量,由易到难,循序渐进,具有较强的逻辑性。这种呈螺旋状上升的写作教学体系,不仅表明了作文的重要性,也能够全面、系统地指导学生写作。

(二)依托教材,读写结合

"部编版"高中语文教材写作系统的编排方式是"三位一体",其中的"三位"分别是:阅读、写作和学习活动。例如,《高中语文 必修上册》(部编版)中第一单元主要是诗歌,学习活动是总结前面的单元并延伸实践知识。阅读中指导写作,延伸阅读训练学生听、说、读、写的能力。写作则是对阅读和学习活动的融合与运用。以读促写、读写结合、专题巩固,为学生创设写作情境,构成"部编版"教材的高中语文写作系统。

(三)着眼全局,整体规划

"部编版"语文教材重建语文知识体系,将写作渗透到语文教材的各个模块。纵观写作单元,每学年的写作系统编排都具有较强的目的性。写作系统的知识序列性很强,教材按照不同文体进行写作训练编排,逐步安排写作系统的基础知识与写作的训练内容,层层递进,紧密相连。在写作教学过程中,教师应树立全局观念,对教材进行通盘筹划。首先整体把握,课文以单元为主体。对每个单元的课文从不同的角度进行写作特色分析,教学设计重点不仅在课文,而且课后的练习在教学设计中也要考虑到。然后着力于课文,抓住课文特色。虽然每单元的主题相同,每篇课文却各具特色,要注意多角度地分析每单元的每篇课文。最后综合单元亮点,进行写作训练。单元学习任务是贯穿着整个单元的学习,教学前引导学生,教学中让学生掌握,教学后让学生巩固,循序渐进地展开教学活动,落实写作任务。

(四)灵活指导,提高素养

写作是一个思想建构的过程,写作前,需要长期积累素材;写作时,注意审题立意、选材构思、谋篇布局;写作后,修改完善。在写作的教学过程中,教师应根据教学目标,规划作文教学内容安排,传授学生真正需要的写作知识。第一,根据教材确定作文教学目标,合理安排写作任务,将各学习内容相互渗透。第二,结合学生实际的写作情况,分析学生的写作水平,因材施教地鼓励学生积极写作。第三,批改讲评方式多样化,指导学生反复修改。"部编版"作文系统重视学生的创新写作和乐于写作,从写作中培养综合能力,帮助学生全面提高语文素养。

四、写作群课程评价

首先,在课标中明确指出了在课堂教学中要做到"教—学—评"一致性,即强调三者必须都指向教学目标,协调统一,围绕教学目标统筹安排,形成一个整体。写作也是同样的,写作训练的目标、过程及评价应保持一致,如写作训练的目标是"文从字顺",那评价及指导学生修改的重点方向也是"文从字顺",而不是千篇一律地评价语言"详略得当、语言优美"等,这对写作训练缺少明确的导向作用。

其次,要评价主体的多元性,应将教师的评价、学生的自我评价和学生之间的相互评价结合,在学生的自我评价和相互评价之前,教师要做好引领示范,使学生的评价标准和方向更明确,后面则是学生根据评语进行自我消化、修改,极大调动学生的积极性,变被动为主动,在以改促写过程中逐步提升学生写作水平。

再次,应注意评价修改的及时性,建议在一两周内完成,否则一些学生忘记了写作的过程和内容,则不能起到很好的反馈效果。在评价中老师应多寻找和发现学生文章中的闪光点,不吝赞美和鼓励,频繁进行优美句子和优秀作文展示,鼓励他们向校刊、杂志等投稿,让学生增强信心,渐渐从写作中找到成就、满足和幸福感。

总之,在新课程标准下,"部编版"教材的问世,为高中语文教师开启了一段新旅程,教师应依据高中语文新课程标准,结合高中语文教材为高中语文写作教学带来新面貌。教师也需要通过学习不断更新自己的理念,提高自己的认知,增加自己的文学文化积淀,这样才能激发学生的写作兴趣,在核心素养的引领下提升学生的写作能力。

五、写作群课程案例展示

课例一:

写景抒情作文案例

【学习任务群分析】

学习描写景物是八年级上册第三单元的写作话题,描写景物是初中学生必须要掌握的写作类别。并且我们的语文课本中,很容易找到相关的名家作品,比如现代文朱自清的《春》、老舍的《济南的冬天》和刘湛秋的《雨的四季》；文言文柳宗元的《小石潭记》和吴均的《与朱元思书》。但是，在学生写作的过程中，我们发现对于描写景物很多学生不知道如何下笔，对于人物叙事类作文要熟悉一点。对于学生不知道如何构思描写景物的问题，我们可以有针对性地教学。

【课标要求】

语文课程的工具性与人文性是统一在一起的，两者不可偏废，不可分离。这种特性肯定了语言文字是人类社会最重要的交际工具和信息载体，是人类文化的重要组成部分，因此语文课程应增强学生通过审美创新进行写作的意识。语文教师应该认识到语文课程的重要意义，认识到工具性与人文性的统一，教师应让学生充分发挥主观能动性，以全面提升学生的核心素养。而描写景物的写作正好可以充当培养学生核心素养的内容之一。

【学习任务群目标】

1.在初步阅读课本文章的基础上，体会作者描写景物抒发的情感。

2.结合具体的文章，探讨写景抒情的写作方法。

3.在比较中研读写景的文学作品中，写一篇通过描写景物抒情的文章。

4.同学之间相互修改，完美呈现作品并发表于学校刊物。

【学习任务群课时安排】

任务	子任务	课时	活动	评价标准
学校的"写作我能行"栏目开展写景抒情的征文活动	阅读课文作品跟着名家练习写作	1课时	活动一：阅读文章《春》《济南的冬天》《雨的四季》《小石潭记》和《与朱元思书》，每篇文章批注两处。以《小石潭记》为例 活动二：将批注的内容小组讨论，总结出作者写景抒情的方法有哪些	1.能对美句设定评价标准 2.能总结出写景的文章运用了哪些写作方法 3.能总结出名家抒情的方式

续表

任务	子任务	课时	活动	评价标准
	学写写景抒情的文章	2课时	活动一：结合自己写的文章内容，以课文《小石潭记》的文章框架为例，完成一张思维导图 活动二：见景见情——跟着课本练习如何运用修辞和词汇 活动三：完成一篇不少于600字的写景抒情的文章——《不一样的风景》	1.能完成字数不少于600字的作文，可以写雨，也可以写雪等 2.运用了写景和抒情的方法 3.情感真挚，积极向上
	修改作文，推荐作文	1课时	活动一：小组互评并修改一篇不少于600字的写景抒情的文章——《不一样的风景》 活动二：推荐美文，参加活动 活动三：装订成册，主题学习	1.能将修改好的作文，装订成册，并进行主题学习 2.推荐8篇文章参加征文比赛

【学习任务群教学过程】

情境任务：为了提高学生的写作能力和学习效果，结合国家提倡的"双减"政策，以及语文核心素养的要求，教师应践行语文课程的工具性与人文性的统一，并结合教师自身对写景抒情文章的认知，引导学生跟着课文学习写景抒情文章。

任务一　阅读课文作品跟着名家练习写作

课时目标：

1.阅读写景抒情的文章，赏析文章勾勒的美景，如《春》《济南的冬天》《雨的四季》《小石潭记》和《与朱元思书》五篇文章。

2.对上述文章中的美妙的句子做出批注。

3.总结写景抒情文章运用的写作方法。

活动一：阅读文章《春》《济南的冬天》《雨的四季》《小石潭记》和《与朱元思书》，每篇文章批注两处。以《小石潭记》为例。

示例一：如鸣佩环……水尤清冽。从听觉、视觉、触觉等方面分析，运用了比喻修辞手法，写出潭水的清冽，声音如佩环碰撞。

示例二：四面竹树环合，寂寥无人。从间接抒情的方式出发，融情于景，写出了环境凄清寂静，自己心情悲伤。

示例三：潭中鱼可百许头，皆若空游无所依。作者运用特写镜头的方式，从侧面描写的角度，用动静结合的方法写出了水的清澈，鱼儿的活泼。

活动二：将批注的内容小组讨论，总结出作者写景抒情的方法有哪些。

通过小组讨论，我们总结出写景抒情的方法有以下内容：抒情的方式有直接抒情和间接抒情（借景抒情、融情于景）。感官方面有视觉、触觉、听觉、嗅觉、味觉。修辞方面有比喻、拟人等。观察的角度有俯视、仰视等。顺序角度有移步换景和定点观察。其他方面有远近结合，动静结合，高低结合，虚实结合等。

板书设计：抒情的方式——感官——修辞——观察的角度——顺序角度——其他。

任务二 学写写景抒情的文章

课时目标：

1.勾勒出写景抒情文章框架，完成一份思维导图。

2.结合总结的写景的方法和抒情的方式，学写一篇写景抒情的文章。

活动一：结合自己写的文章内容，以课文《小石潭记》的文章框架为例，完成一张思维导图。

文章的顺序	景物	写法	情感
发现小潭	隔—闻—伐—取—见	移步换景	快乐
潭中景物	清澈的潭水	侧面描写和特写镜头	
	活泼的游鱼	动静结合和特写镜头	
小潭源流	斗折蛇行的溪身	比喻	
	犬牙差互的岸势		
潭边气氛	凄神寒骨，悄怆幽邃	寓情于景	凄苦

学生通过完成上述表格，制作一张写景抒情文章的思维导图。

活动二:见景见情——跟着课本练习如何运用修辞和词汇。

最妙的是下点小雪呀。看吧,山上的矮松越发的青黑,树尖上顶着一髻儿白花,好像日本看护妇(比喻)。山尖全白了,给蓝天镶上一道银边。山坡上,有的地方雪厚点,有的地方草色还露着,这样,一道儿白,一道儿暗黄,给山们穿上一件带水纹的花衣;看着看着,这件花衣好像被风儿吹动,叫你希望看见一点更美的山的肌肤(比喻)。等到快日落的时候,微黄的阳光斜射在山腰上,那点薄雪好像忽然害了羞(拟人),微微露出点粉色。就是下小雪吧,济南是受不住大雪的,那些小山太秀气!

解析:选段中,作者通过比喻和拟人生动呈现出雪的美态和山色的变化,同时间接地抒发了他心中的喜爱之情。

在老舍的语段中,我们能够感受到作者运用了丰富的词汇。形容词:矮、青黑、白、蓝边、暗黄、粉色、秀气;副词:微微;量词:一髻儿、一点、一道儿、一件;动词:露出、镶等。作者用词准确且细腻,在形态、颜色、数量方面写出了作者的真实感受。

活动三:完成一篇不少于600字的写景抒情的文章——《不一样的风景》。

要求:文章中要运用写景的方法如修辞等,抒情方式采用直接抒情和间接抒情等。情感真挚,积极向上。

任务三 修改作文,推荐作文

课时目标:

1.根据要求,小组互评,然后修改;

2.推荐美文,装订成册,主题学习。

活动一:小组互评并修改一篇不少于600字的写景抒情的文章——《不一样的风景》。

评价标准	自评	互评	师评
创作青铜:结构完整,字数达到要求,运用了一两处修辞等写景抒情方法。			
创作白银:结构完整,思路清晰,并运用了多处修辞等写景抒情的方法。			

续表

评价标准	自评	互评	师评
创作黄金:语言优美,结构完整,思路清晰,并运用了多处修辞等写景抒情的方法,内容创新。			

活动二:推荐美文,参加活动。

学校的"写作我能行"马上开始了,同学们的优秀作品也已经修改好了,请每个小组推荐优秀作品参加"写作我能行"吧!

活动三:装订成册,主题学习。

为了给学生提供写作范文,将本次修改好的写作文章,装订成册,便于日后学生翻阅查看学习。

(赵伟丽)

课例二:

写人叙事的案例

【学习任务群分析】

写人叙事是中学作文中最基本的写作形式之一,通过写人叙事可以培养学生的写作能力和表达能力,让他们更加熟练地运用语言进行表达。在写作教学中主要设置了包括对写作人物选择、人物描写、故事情节、情感表达、语言运用、文章结构和文章主题等方面的教学目标,要求学生在写作过程中注重细节、把握主题,运用优秀的语言展现人物的品质和精神风貌,但是在大部分学生的文章中仍然存在一些问题。

1.人物形象单一,难以吸引读者的注意力。

2.事件材料陈旧,缺乏新意和细致的观察,难以让读者产生阅读的兴趣。

3.故事情节平淡,难以引起读者的共鸣和情感体验。

4.情感表达不够真实,缺乏细节和情感铺垫,难以让读者深入感受到人物的内心世界。

5.文章结构不够清晰,缺乏条理和逻辑。

教师应通过情境作文教学让学生克服畏惧作文的心理,激发学生写作的兴趣,让学生愿意去积累、观察并通过各种手段丰富人物的形象,更积极主动地通过人物和事件去表达自己的想法和情感,这种教学在培养学生情感意识的同时也增强了学生的文字表达能力。

【课标要求】

《普通高中语文课程标准(2017年版2020年修订)》指出"工具性与人文性的统一,是语文课程的基本特点。"工具性是注重培养学生的语言文字的运用能力;人文性是注重发展学生的思维能力,提升学生的思维品质,培养高雅的审美情趣。而写作是学生语言表达能力与思维能力的综合表现,有着语文学科的基本特点,因此它贯穿整个语文教学之中,既是重点也是难点。同时,在新课标下更加凸显学生学习的主动性,注重"以生为本",更加强调学生个体的审美感受和情感体验及个性化的思考,所以需要教师从教学活动的主导者变成组织者和引导者,带领学生去发现和解决写作中的问题,从而提升学生的写作能力。

【学习任务群目标】

1.激发学生写作兴趣,在阅读名家名篇的基础上掌握人物描写的基本要素和技巧。

2.丰富情感体验,掌握写人叙事的基本要素和技巧。

3.创作一篇写人叙事的文章,并会积极评价。

【学习任务群课时安排】

任务	子任务	课时	活动	评价标准
班级要办班级特刊《人物》,向全班同学征集稿件,每位同学需要完成一篇关于写人叙事的文章	掌握人物描写的基本要素和技巧	2	活动一:激发兴趣识别人物,明确人物细节描写概念	有写作兴趣,愿意并尝试写作
			活动二:通过实例分析,明确人物细节描写的内涵,揣摩细节描写的方法	能够掌握人物描写的方法及技巧
			活动三:情境片段写作	能够通过细节的描写将人物写得具体可感,突出特点
	丰富情感体验,进一步掌握写人叙事的基本要素和技巧	2	活动一:回顾自己体会过的情感及促使你产生这种情绪的人或者事件,与小组成员一起分享	能够吸引大家的兴趣,给人留下较深刻的印象

续表

任务	子任务	课时	活动	评价标准
			活动二:根据例文,体会并感悟,总结方法	探讨认真,总结全面,有示例分析
			活动三:巩固提升,修改文章	能够找出文章的问题,补充写人叙事的要素,采用适当技巧使文章"好"起来
完成一篇写人叙事的文章,评价定稿。		3	活动一:根据班级期刊的五个板块内容"感念亲恩""勿忘吾师""偶像力量""同窗情意""知音难觅",选择自己的投稿板块,确定写作对象,然后进行选材构思,完成思维导图	结构清晰,简洁明了
			活动二:运用掌握的写作技巧和方法完成一篇写人叙事的文章	人物形象鲜明突出,叙事清楚层次分明,语言流畅感情真挚,主题契合班刊栏目要求
			活动三:根据量表,小组互评,然后修改	
			活动四:投票定稿,装订成册	

【学习任务群教学过程】

情境任务:学校要开展三年一次的校庆活动,需要各班展示班级文化,为了展现我们班级良好的班风,浓郁的文学氛围,表现同学们个性特点,班委决定将办一期班级特刊《人物》,本刊分为五个板块:"感念亲恩""勿忘吾师""偶像力量""同窗情意""知音难觅",请各位同学根据自己的情况选择相应的板块踊跃投稿。

任务一 掌握人物描写的基本要素和技巧

课时目标：

1.通过激发学生兴趣并一起探讨，明确人物细节描写的内涵。

2.通过实例对比，掌握记叙文中人物细节描写的方法。

3.学会运用人物细节描写这种写作方法。

活动一：激发兴趣识别人物，明确人物细节描写概念。

1.首先展示《红楼梦》中选取的关于林黛玉、薛宝钗、王熙凤等三人的一些外貌描写的语句，让学生猜这些语句分别描写的是小说中的哪个人物。

一双丹凤三角眼，两弯柳叶吊梢眉，身量苗条，体格风骚，粉面含春威不露，丹唇未启笑先闻。——王熙凤

一双似喜非喜含情目。态生两靥之愁，娇袭一身之病。泪光点点，娇喘微微。闲静似娇花照水，行动如弱柳扶风。心较比干多一窍，病如西子胜三分。——林黛玉

头上挽着漆黑油光的鬏儿，蜜合色棉袄，玫瑰紫二色金银鼠比肩褂，葱黄绫棉裙，一色半新不旧，看去不觉奢华。唇不点而红，眉不画而翠，脸若银盆，眼如水杏。——薛宝钗

女性的美在曹雪芹笔下呈现出万种风情，千般妩媚，各具特色。王熙凤的泼辣之美，林黛玉的病态之美，薛宝钗的朴素、健康之美，在其外貌描写中显现出了人物的性格特点，同时与她们的行事风格相对应，由此可见在记叙类的文本中人物的细节描写尤为重要。

2.著名作家李准说过："没有细节描写就不可能有艺术品，真实的细节描写是塑造人物达到典型化的手段，使人物形象鲜明，作品更具有感染力，同时做到写人如见其人的真切感受。"

抓住三个关键词：细微、具体、典型。

活动二：通过实例分析，明确人物细节描写的内涵，揣摩细节描写的方法。

1.片段一：我看见他戴着黑布小帽，穿着黑布大马褂，深青布棉袍，蹒跚地走到铁道边，慢慢探身下去，尚不大难。可是他穿过铁道，要爬上那边月台，就不容易了。他用两手攀着上面，两脚再向上缩；他肥胖的身子向左微倾，显出努力的样

子,这时我看见他的背影,我的泪很快地流下来了。——朱自清《背影》

明确:通过肖像、动作细节描写,勾画出了一个身材肥胖、行动稍微有点迟缓的父亲形象,有血有肉,同时也让我们感受到了沉甸甸的父爱。

2.片段二:阿Q在形式上打败了,被人揪住黄辫子,在壁上碰了四五个响头,闲人这才心满意足地得胜地走了,阿Q站了一刻,心里想,"我总算被儿子打了,现在的世界真不像样……"于是心满意足地得胜地走了。——鲁迅《阿Q正传》

明确:心理细节描写,三言两语写出了阿Q这类人自欺欺人的表现,不敢面对现实,不承认自己的失败,以另一种方式寻求慰藉,这也具有典型性的特点。

3.一个下雪天,庙里来了四个人,分别是县官、秀才、富翁、乞丐。望着纷纷扬扬的大雪,＿＿＿诗兴大发,随口吟道:"大雪落地似鹅毛。"＿＿＿乘兴接了一句:"皇家瑞气降人间。"接下来＿＿＿说了第三句:"再下三年又何妨?"正好来了一个＿＿＿,一听就生气,嘟哝了一句:"睁着眼睛说瞎话"。

明确:"对号入座",调动学生的参与性,填空并说明其原因,由学生举手回答。由此得出的结论是,语言细节描写的运用,所谓"言为心声",语言直接反映人物的思想、性格、身份,同样的一件事,不同的身份、不同文化背景、不同性格的人语言都不一样,所以这就要求我们运用语言细节描写的时候,一定要切合实际,符合人物身份且突显出其性格特点。

4.实例对比:选取学生在平时的写作中一些较成功和不太成功的细节描写的语段进行对比分析,让学生进一步明确细节描写的重要性及怎样去运用细节描写。

A.军训给人留下的记忆太深刻了,怎一个"爽"字了得。

军训的时候,天气太热了,全身的汗水就没有干过,教官又很严厉,真希望能早点结束。

B.汗水一滴一滴地从她的额角滑过,留下淡淡的印迹,在下巴处汇聚,然后慢慢滴落。尽管戴着帽子,但她还是有大半边脸暴露在火辣辣的骄阳之下,脸慢慢地变得绯红,耳边的发丝不知在什么时候已经被汗水牢牢地粘在了脸上。尽管非常难受,但她仍然努力地使自己的身体保持平衡,每隔一小会儿就微微动一下双脚,使自己全身不至于太过僵硬。

随着"齐步走"一声令下,同学们迅速地迈出了左脚,开始走时还是在一条直线上,但当停下脚步时,队伍便变得弯弯扭扭,像一条弯曲的河流一样。当"拉开距离,趴下"的号令传来后,同学们都意识到:"天啦!完了。"大家全都趴下开始做俯卧撑,我的身体弧度越来越小,最后,终于五体投向了大地,顿时觉得操场是那么的柔软,就像躺家里的大床那样舒服,真想一睡不起。

明确:学生讨论回答,哪组写得好,好在什么地方。此处再次强调了细节描写对人物性格刻画的重要性,细节使人物的形象更加鲜明,同时也更具有感召力,B片段的细节描写就紧紧地抓住一些细微的东西,将其具体化、生动化,让我们在其中感受到了军训的辛苦,这也是人物细节描写运用成功的一个体现。

小结:人物细节描写往往通过肖像细节描写、语言细节描写、动作细节描写、心理细节描写等方面入手塑造人物性格,需要注意3点。

1.细致:抓住细小的环节、事物。

2.典型:要求选择对象具有代表性。

3.真实:叶圣陶先生曾说过"作文要说真话,实在的话,说自己的话",强调的是作文的真实,真实才是作文的生命。假花虽然美艳,但缺少生命力;假话虽然动听,但缺少生活的激情。真实的细节和真实的情感才是作文所需要的。

活动三:情境片段写作。

题目:当公布考试成绩以后……

要求:1.字数200字左右。

2.对人物进行细节描写(任选两种及两种以上人物进行描写)

3.写出人物的性格特点。

任务二 丰富情感体验,进一步掌握写人叙事的基本要素和技巧

1.激发学生对生活的热爱,增强用语言文字表达思想情感的信心。

2.引导学生去积极探究思考,促使思维能力提升。

3.进一步掌握写人叙事的基本要素和技巧。

活动一:回顾自己体会过的情感及促使你产生这种情绪的人或者事件,与小组成员一起分享。

活动步骤:(1)个人准备5分钟。

(2)组内交流点评。

(3)小组内推荐代表进行班级分享。

评价标准：讲述的人物性格特点突出，事件有意义，有吸引力和感染力，给人留下深刻的印象。

小结：通过同学之间的讲述和倾听，碰撞思想的火花，激发他们对生活的关注，别人关注到的也许是自己忽略了的，自己认为平淡无奇的事情也许在他人讲述中充满乐趣，做一个生活的有心人。

活动二：根据例文，体会并感悟，总结方法。

爱的百舌之声

我无聊地刷着手机视频，"我的奶奶是……"的声音接连涌现，这个视频，讲了奶奶的故事，可能就是它吧，让我的思绪像浪花般泛起，像昙花般洋溢笑容，像雨珠无尽掉落，猛然回想起了她——我的奶奶。

我拾起一片绿叶，注视着它，透过光斑，散发出黄绿的光影，而我好像看见了她。

她坐在树荫下，淡黄色的花瓣跳在他的肩头，她冲我一笑，风吹过来，树叶轻轻地飘落。她那斜分的短发被风吹起，阳光洒下来，"波浪"有点炫目，布满皱纹的脸上露出慈祥的面容，穿着"火"花的短袖，感受美好。

我从小就跟奶奶一起生活，直到读小学，我才跟着爸爸妈妈，所以她的形象一直烙印在我的心里，且永不能忘，就是唠叨不停。

去年夏天，我回家陪了奶奶。

我洗完澡，站在洗衣台前，水龙偏了偏它的头，水"哗啦"地流下，水声清脆、欢快，我把衣服打湿水，使劲揉搓。这时，奶奶缓慢地走到我身旁，发出"吱——"的脚步声，看着我，眉头一皱，说："不是这么洗的，衣服前后来回搓，像这样。"我照着她的话做，她的眉头舒展，眼角微微上扬，像一对月牙，时不时还向我一笑。她一直盯着我，嘴唇也不停歇，开了闭、闭了开，"水放小一点，洗衣粉少撒一点，你热不热……"我很快就不耐烦了，也许这就是喋喋不休的威力。但不一会儿，她拿起用叶片制成的扇子，站在我的身后，扇叶上下来回扇动，流露出习习的凉风。我转过头，看着她揉了揉胳膊，不知一股什么情感涌上心头。

我晾好衣服，拿起吹风机。奶奶盯着我，说："我帮你吹头发！""行吧。"我无奈回答道。她顿时露出愉悦的神情，仿佛吃了糖果一般沉醉于其中，其实那时我已经上六年级了。奶奶一只手拨动着我的头发，另一只手握住吹风机的手柄上下摆动，像极了理发师的样子。"烫不烫？你小时候我就这样给你吹头发，现在长大了，变成大姑娘了……"一句句唠叨声就这样在我耳边走走停停，徘徊不定，就连在我耳边游荡的蚊子都无可奈何地飞走了，那我呢？阳光格外耀眼，不知是闷热还是暖和，透过窗户射着我俩，她抚摸着我的头，给我梳好了发，轻轻地，缓缓地。她连绵不断地说着："你晚上想吃什么？你看你都瘦了。"

偶然一次，我看见奶奶站在窗台边，身子靠着，双手撑着，她看着窗外，什么也没说，没有像往日的那样喋喋不休。月亮悄悄地爬上了窗户，夜十分静谧，徐徐晚风，盏盏路灯，在月光的陪同下，不禁有些疲惫。我凝视着她弯曲的背影，我发现了，她不再是我想象中的样子，而是多了些病痛与倦怠，多了些孤寂与无奈。可她回过头看见我，又笑了，又和我唠叨着，又诉说着她的故事。

我知道了，她的唠叨并不是单纯的啰嗦，而是奶奶对孙女的爱与呵护，奶奶的爱不是甜言蜜语或金钱滋养，而是蓝天对白云一样的守护，那么的朴实、纯真与美好。

今年奶奶突发疾病，溘然长逝，我大哭一场，泪水下坠，我知道，她离开了。

那一句句滔滔不绝的话语，我经常回忆，心里时时腾起无尽的思念，眼里时时泛起突来的泪水。因为每一句话中，都有她爱的储藏。

探讨并总结方法：

思路清楚，条理清晰，讲究顺序(倒叙、顺叙、插叙)。

本文是用倒叙的手法，增强了文章的生动性，使文章产生悬念、引人入胜，避免了叙述的平板和单调。文章是通过视频导入对奶奶的回忆，从小时候到今年时间顺序，清楚明了。

本文有人物描写和环境描写，人物描写准确而生动，环境描写是为了写人叙事服务的，并且做到了详略得当。本文第二、三自然段的景物描写渲染了氛围，为人物形象的塑造做铺垫，人物描写集中在第六、七自然段，通过神态、动作、语言等描写将人物形象写得具体生动。

题材真实自然，情感高尚，融情于景，直接抒情。真实情感才容易让人认可，矫揉造作绝对不能够打动读者的心灵，但也不要认为所有的真情实感都可以入文，只有高尚的真情实感才能引起强烈的共鸣。本文选择的是生活中的对象，进行了生活细节的描写，普通生活中的真实情境和真实情感得以体现，因此文章能够走近读者，同时在景物描写中抒情，最后两段的直接抒情，让情感表达得淋漓尽致，有了深切的感人力量。

活动三：巩固提升，修改文章。

爸爸的固执

妈妈常说我是遗传了爸爸，不仅是长相，连性格也是一个模子里刻出来的。我在很长一段时间内不大喜欢这个说法——我怎么能像爸爸呢？他那样固执，一点儿也不招人喜欢！

去年冬天我得了一场感冒，恰逢周末，我对爸爸说要不我就不做作业了吧，他短暂地打量了我一眼，坚决地说道："不行！"我本怀有的一点小期望瞬间被他打得稀碎，我同他争论了好一会儿，说我各种不适，他总冷冷地甩给我两个字——"不行！"天底下怎么会有这样固执的人！我气极，闷声在被子里哭了起来。这一哭，竟是作业做完了，病也好完了。在很小的时候，我是十分信赖爸爸的。随着年龄的增长，我发现父亲变了，我们思想不在同一条轨道上了，我开始和他争论、吵架，但他固执得像一头倔驴，无论我怎样也拉不动。

说爸爸固执也好，说爸爸不通人情也罢，我却不曾见他在人情世故上怠慢分毫，逢年过节，来登门拜访、送礼的人也不在少数，爸爸是有两副面孔还是他的固执只针对我一个人？

不久前的一个月，我不知是哪儿触到了爸爸的大怒，他一整个星期未对我说一句话，我不敢问他发生了什么，怕自己成为一根导火索，接连是两个星期不说话、三个星期不说话。将近一个月过去，爸爸又开始说说笑笑了，与以前并无不同，我始终是不明白开始和结束间存在什么必然因素吗？妈妈后来对我解释说是爸爸事业上升遇瓶颈，本来是他的位置却遭打压一头，不愿与我说话是怕把火气迁移到我身上来。听这话时我默默地看着他劳碌的背影，直到泪水在我眼中打转。

爸爸如此固执，他固执地自己承担着一切，这固执令我如此地讨厌！不过，我在那一瞬间恍然意识到，爸爸的固执，对自己来说是尊严，对女儿来说是教育，对家庭来说是责任！

我依旧真切地觉得他是一个好父亲……

修改示例：

爸爸的固执

家里人常说我是遗传了爸爸，不仅是长相，连性格也是一个模子里刻出来的。我在很长一段时间内不大喜欢这个说法——我怎么能像爸爸呢？他那样固执，一点儿也不招人喜欢！

在很小的时候，我是十分信赖爸爸的。他对我说话时眼睛总是弯得像一弯月牙儿；做错事，也总是轻言细语讲道理，我在那时真切地觉得他是一个好父亲。随着年龄的增长，我发现父亲变了，我们思想不在同一条轨道上了，我开始和他争论、吵架，但他固执得像一头倔驴，无论我怎样也拉不动。

去年冬天我得了一场感冒，恰逢周末，我对爸爸说要不我就不做作业了吧，他短暂地打量了我一眼，坚决地说道："不行！"我本怀有的一点小期望瞬间被他打得稀碎，我纠缠他好一会儿，说我各种不适，他总冷冷地甩给我两个字—"不行！"天底下怎么会有这样固执的人！我气极，闷声在被子里哭了起来。脾气闹够了，还是要起来埋头奋战，中间去了一趟厕所，隐约听到门外有些许响动，也没多虑。出来看见爸爸正躺在沙发上看电视，云淡风轻，没有一点关心我情绪的意思。我气愤地跑回房间坐下，埋怨着，正准备动笔时，目光却被桌子上的东西仅仅吸引了——是药。冲剂是兑好的，药丸也配好了。刹那间，泪水就把眼睛浸湿了……第二天，作业做完了，病也好完了。

说爸爸固执也好，说爸爸不通人情也罢，我却不曾见他在人情世故上怠慢分毫，逢年过节，来登门拜访、送礼的人也不在少数，爸爸是有两副面孔还是他的固执只针对我一个人？

不久前的一个月，我不知是哪儿触到了爸爸的大怒，他一整个星期未对我说一句话，我不敢问他发生了什么，怕自己成为一根导火索，一不经心把他引爆，平白无故挨一顿骂。接连是两个星期不说话、三个星期不说话。在这期间，我常看见茶几上堆满烟头，也在深更半夜听到他和妈妈说话时夹杂着叹息。一天晚上做作业时，爸爸妈妈在门外交谈，我趁着一颗不安的心，悄悄把耳朵凑近门边，听着外面窸窸窣窣的声音。妈妈压低了嗓子"你看，最近你工作上出了点事儿，咱家也不太周转得过来，要不孩子的兴趣班就先退了吧？"我愣住了，还未等反应过来，就听见爸爸义正词严地说："不行！再怎么也不能退！"后面的内容在我耳里模糊着，我的眼泪又来了。

整整的一个月过去,爸爸又开始说说笑笑了,与以前并无不同。妈妈后来对我解释说是爸爸事业遇瓶颈,不愿与我说话是怕把火气迁移到我身上来,听这话时,爸爸正在忙着收拾碗筷,碗堆得有些高,爸爸抱过去自然要费点力,我走过去打算帮他,他立马把我推开,说今天轮到他,我不用帮忙。走回房间坐着,视线往外投去便是爸爸稍显吃力的身影,身高刚及一米七的爸爸实在算不上高大,可就如同小时候他把我扛在肩头上一般,他扛起了我,扛起了家,我甚至觉得他能扛起一座大山!我默默凝视他劳碌的背影,也不觉泪水已在脸上蔓延。

爸爸如此固执,他固执地自己承担着一切,这固执令我如此地讨厌!不过,我在那瞬间恍然意识到,爸爸的固执,对自己来说是尊严,对女儿来说是教育,对家庭来说是责任。

我依旧无时无刻不真切地觉得他是一个好父亲……

总结:原文围绕父亲的固执进行选材,自然真实,同时也抓住了父亲的固执特点进行刻画,突出父亲的责任感,表达对父亲的愧疚和感激。但文章顺序比较混乱,第二自然段由去年跳跃到小时候,让"我"的情感变化太突兀,不利于塑造人物的形象;其次,缺少人物细节描写和场景的细节描写,所以人物的形象不够具体可感,从而使文章缺少感染力,因此这也是我们通过修改此篇文章来帮助学生训练写人叙事文章的写作要点。

板书:

"好"的写人叙事 { 通顺清楚——思路清楚,条理清晰,讲究顺序

具体可感——人物描写,环境描写,详略得当

情真意切——真实自然,情感高尚,抒情多样

任务三 完成一篇写人叙事的文章,评价定稿

课时目标:

1.运用掌握的写作技巧和方法完成一篇写人叙事的文章。

2.根据评价量表,选择优秀文章装订入册。

活动一:根据班级期刊的五个板块内容"感念亲恩""勿忘吾师""偶像力量""同窗情意""知音难觅",选择自己的投稿板块,确定写作对象,然后进行选材构思,完成思维导图。

活动二：运用掌握的写作技巧和方法完成一篇写人叙事的文章

教师引导：脱去浮华的外衣，化绚丽为本色，让我们走向心灵，在生活中去感悟，在细节中蕴涵丰富，在心灵中展现个性，用我手写我心，通过作文去传达自己对世间美好的珍视，也为班级贡献自己的一份力量。

活动三：根据量表，小组互评，然后修改。

写人叙事文章评价量表

写作要求	评价标准	自我评价	小组评价	教师评价	整体评价	努力方向
选材恰当	选择的材料符合班刊板块主题。					
通顺清楚	思路清楚，条理清晰，讲究顺序					
具体可感	运用细节描写，将人物表现得生动形象，给人印象深刻					
情真意切	体现出真善美，能够采用不同的抒情方式抒发真情实感。					

活动四：投票定稿，装订成册。

学校校庆的班级展示活动马上开始了，经过同学们的精细打磨，大家的作品已经准备好了吧，现在就请大家积极投稿，评审小组再根据我们的评价量表再次进行作品评比，最后每个板块将有五篇文章入册，让我们期待最后的班级期刊——《人物》的闪亮登场吧！

附：期刊前言

前 言

父母在我们生命中的地位无须争辩，他们将我们带到这世界上，从牙牙学语到蹒跚学步，从学习启蒙到结婚生子，我们每一步的成长中都有父母用心的痕迹，他们是我们在这个世界上最亲近的人。因此，从小学写作文开始，一旦要求写人叙事的文章，"我的爸爸"、"我的妈妈"等关于父母之爱的文章就不断地在我们作文中出现，即使到了初中、高中提到最熟悉的人，我们也理所当然地将目光投向自己的父母，这是毋庸置疑的。可是，在翻开自己的文章时，你发现你真的写的是自己的父母吗？难道妈妈只有"圆圆的脸，大大的眼睛和小小的嘴巴"吗？爸爸仅仅是"高高的个子，乌黑的头发和厚厚的嘴唇"？父母之爱只能表现在雨中送伞和送孩子去看病？……

父母之爱不是一两句排比和比喻，如"父爱是伟岸的山，母爱是流淌的水"等，也不是一个概念和符号，而是存在于真实的生活中最真实的情感体会。从小写到大的题材应是信手拈来，佳作不断，但为什么我们一写就脑袋一片空白，叫苦不迭，写出来的文章大多千篇一律，如此打动人心的主题却总让人乏味无趣。我们大多数只是为了完成任务而写作，为了写作而去写父母之爱，而从未真正用眼睛去观察，用心去感受，即使有一瞬间的情感体验也只是停留在那时那刻，而在写作时需要时却将它忽略。正如儿童文学家曹文轩所说："孩子写文章，只完成了扫视，未完成凝视。"他曾告诉我们：人类看世界有两个动作，一个是"扫视"，另一个"凝视"。以俄罗斯作家契诃夫的《草原》中写到的"天空飞过来三只鹬"为例，看似简单的话中，"三只"说明了契诃夫有一双善于扫视的眼睛；"过了一会儿，那先前的三只鹬又飞了回来"，这句话看似简单，"先前"一词也说明了文中主人公记住了三只鹬的样子，更加反衬出契诃夫善于"凝视"。

朱自清对父亲的凝视，有了让人潸然泪下的《背影》；鲁迅先生对老师的凝视，有了给人留下深刻印象的《藤野先生》；杨绛对朋友及自己的凝视，有了打动人心的《老王》；身处黑暗中的海伦·凯勒即使没法用眼扫视这个世界，但她用心在"凝视"生活，所以有了影响深远的《假如给我三天光明》……

我们呢？我们凝视过吗？也许我们从未凝视过生活，也从未凝视过父母，最多只是扫视自己的周遭，更多的是忽略生活的点滴，所以我们最后所能呈现出来的微乎其微，记录不了真实，更感动不了自己。个人生命的千差万别造就了这个精彩纷呈、多姿多彩的世界，为什么我们要这样整齐划一地将他人的故事强加到自己身上？为什么不能在凝视中写出真实的细节，塑造真实的人物，表达真实的情感？

亲爱的同学们，多一些凝视，少一点扫视，你会看到更有意义的世界！多一些真实的细节与情感，少一点自欺欺人的敷衍，你会发现生活才是你写作之源泉，取之不尽用之不竭。

(邓婧)

课例三：

议论文的写作
必修下写作群教学整体设计

【学习任务群分析】

议论文又叫说理文，它是一种剖析事物、论述事理、发表意见、提出主张的文体。作者通过摆事实、讲道理、辨是非等方法，来确定其观点正确或错误，树立或否定某种主张。议论文应该观点明确、论据充分、语言精练、论证合理、有严密的逻辑性。议论文的三要素：论点、论据、论证。

在《普通高中语文课程标准（2017年版2020年修订）》学习任务群思辨性阅读与表达中明确：引导学生学习思辨性阅读和表达，发展实证、推理、批判与发现的能力，增强思维的逻辑性和深刻性，认清事物的本质，辨别是非、善恶、美丑，提高理性思维水平。在具体的学习目标和内容中也提出以下三个方面的要求：

（1）阅读古今中外论说名篇，把握作者的观点、态度和语言特点，理解作者阐述观点的方法和逻辑。阅读近期重要的时事评论，学习作者评说国内外大事或社会热点问题的立场、观点、方法。在阅读各类文本时，分析质疑，多元解读，培养思辨能力。

（2）学习表达和阐发自己的观点，力求立论正确，语言准确，论据恰当，讲究逻辑。学习多角度思考问题。学习反驳，能够做到有理有据，以理服人。

（3）围绕感兴趣的话题开展讨论和辩论，能理性、有条理地表达自己的观点，平等商讨，有针对性、有风度、有礼貌地进行辩驳。

同时，我们也看到《普通高中语文课程标准（2017年版2020年修订）》必修课程学习要求明确："阅读论述类文本，能准确把握和评价作者的观点与态度，辨析观点与材料（道理、事实、数据、图表等）之间的联系……自主写作，自由表达，以负责的态度陈述自己的看法，表达真情实感，培育科学理性精神。书面表达观点明确，内容充实，感情真实健康；思路清晰连贯，能围绕中心选取材料，合理安排结构；进一步提高运用记叙、说明、描写、议论、抒情等表达方式的能力，并努力学习综合运用多种表达方式，力求有个性、有创意地表达。能推敲、锤炼语言，表达力求准确、鲜明、生动。"

由以上要求可以看出，议论文的写作，既是学生多元解读、思辨能力展现的必要途径，也是高中阶段学生自由表达的主要手段。但从高中阶段学生们的学习效果来看,议论文写作既是难点,也是痛点。难点在于虽有观点,却无合理的说理方式,无法达到有效说理,言之有理。痛点在于,在高考的作文考查中,议论文类型写作始终很难达到让老师和学生满意的分数。

通过对课标、教材和学情的分析,本学习任务群将设置两大任务,任务一为"拟好标题,擦亮文'眼'";任务二为"局部说理,规范例证"。

【学习任务群目标】

1.能表达和阐发自己的观点,力求立论正确,语言准确,论据恰当,讲究逻辑。

2.能围绕感兴趣的话题开展讨论和辩论,能理性、有条理地表达自己的观点,平等商讨,有针对性、有风度、有礼貌地进行辩驳。

3.学习并掌握拟好标题的方法。

4.学会用"观点句+阐释句+事例句+分析句+结论句"的基本结构组织议论文段落。

【学习任务群课时安排】

任务	子任务	课时	教学活动	评价标准
议论文写作	拟好标题,擦亮文"眼"	1课时	拟好标题的教学目标、重要性、主要问题、注意事项、两个原则、两个方法、三个招数、牛刀小试,练习作业	能根据作文要求,运用创新性思维,拟出优质标题,展现思辨与表达能力
	局部说理,规范例证	2课时	教学目标、功能句阐释、写好分析句、多则事例的例证段的基本结构、小试牛刀——重置文本	在论证说理中,能运用因果分析和假设分析合理得出论证结论,逻辑清晰,体现思辨性;掌握例证段的多种结构,并根据说理论证的需要准确合理运用,完善论证过程,体现严密的论证思维和闭合的逻辑链

【学习任务群教学过程】

任务一　拟好标题，擦亮文"眼"（共1课时）

一、教学目标

1. 学习并掌握拟好标题的方法。

2. 提高学生拟题的质量。

二、拟好标题的重要性

1. 心理作用：

题好一半文。好的文题是传达文章主旨、内容和意蕴的"眼睛"，是让阅卷老师慧眼为之一亮的第一点。

2. 评分作用：

不拟标题扣2分，拟题不当扣1分。实际上，由于前二者的原因，如果不拟题或拟题不当，其隐性失分绝对不止一两分。

三、拟题中存在的主要问题

1. 标题过大、宽泛，没有针对性，如《青春》。

2. 直接将话题或关键词当题目。

3. 审题不准，脱离题目要求。

4. 过于朦胧，不知所云，如《看庭前花开花落，望天上云卷云舒》。

四、拟写标题注意事项

1. 字数最好10字以内。

2. 必须紧扣中心论点。

3. 不要过于广泛，要有针对性。

4. 不能用中心话题的关键词或话题词做题目。

5. 不要过于朦胧，不知所云。

五、拟好标题的两个原则

1. 准确鲜明，突出主旨。

题目能揭示材料中心，直言事理。

· 251 ·

2.形象生动,富有意蕴。

标题可运用修辞或其他表现手法,富有文采。

六、拟好标题的两个方法

1.基础方法——一种保守而又中规中矩的拟题法。

基础拟题法:这种拟题方式的操作方法是,在材料作文中,先从材料中提炼出中心话题,再用添加前后缀法、造句法扩充标题,拟出的题目通常就是文章的观点。

2.创新方法——在基础法拟定的题目之上用各种手法加以润色。

创新拟题法,即从材料中提炼出中心话题后,对中心话题的关键词加以润色,使得标题既能昭示文章中心,又富含文采。这种润色不再是简单的扩展,而是运用各种修辞手法、表现手法等,来使得标题含蓄蕴藉又文采斐然,让阅卷老师眼前一亮。

七、拟好标题的三个招数

1.招数一——引用式。

引用或化用现成的诗文、歌曲、影视广告词等。

(1)搬(诗句、名人名言、歌名等)。

比如《少壮不努力,老大徒伤悲》化用了典型诗句,《青春是用来奋斗的》应用了习近平总书记的发言,《奋斗的青春最美丽》则是用歌名表达了主题。

(2)仿(诗句、流行语、电视剧等)。

比如《青春,撑一支奋斗的长篙》仿照徐志摩著名诗歌《再别康桥》的精彩诗句,《以奋斗为马,不负韶华》则是仿照网络上的流行语,《将奋斗进行到底》则是将著名的电视剧名进行了巧改。

2.招数二——修辞式。

巧用比喻、拟人等修辞,既直达主题要求,也提升标题的文学性。比如《青春在奋斗中起舞》这一题目运用了拟人的修辞,而《青春是一首奋斗的歌》将比喻融入标题,生动形象。

3.招数三——对称式。

方法一:措施分析与综合生成标题。

可运用因果思维中措施分析与综合来生成标题,即对解决的问题提出方法、手段,也就是从"怎么办"的角度来拟定,例:《以奋斗之力,追我之青春》。

方法二:"措施+功能"生成标题。

一般是标题前后两句扣住材料关键词或材料中心,采用前一句是措施,后面一句是功能的方式生成标题,即"方法+影响、作用、结果",例:《砥砺奋斗,不负芳华》《奋斗不止,青春无悔》。

方法三:"原因+功能"生成标题。

一般是标题前后两句扣住材料关键词或材料中心,前一句是社会现象、生活状态、事件结果产生的原因,后一句是话题产生的结果、影响,即"原因+结果",例:《播撒花种,一路繁花》。

八、牛刀小试

阅读下面的材料,自选角度,拟定题目。

"正能量"本是出自英国物理学家狄拉克的量子电动力学理论中的物理学名词,它指伴随着与一个变量有关的自由度的负能量,总是被伴随着另一个纵向自由度的正能量所补偿,所以负能量在实际上从不表现出来。生活中,社会上对"正能量"这一词的使用频率很高,它是一种健康乐观、积极向上的动力和情感,能促使人不断去追求,让生活变得圆满幸福。

两种方法:

1.基础法:扩展正能量。

例:《正能量的人生最美》

《正能量,让人生绽放光彩》

2.创新法:润色正能量。

引用:《夜空中最亮的星》

比喻:《正能量——我们的加油站》

比拟:《让"正能量"芳香四溢》

对称:《传递正能量,创美好人生》

著名散文家秦牧说过:"好的题目,总是概括性很强,饶有深意,引人深思,能激发人们的阅读兴趣。"好的题目或如深谷幽湖,使人忘俗;或如云间奇峰,韵味无穷。一个好的题目能唤起阅卷老师阅读文章的兴趣和冲动,所以,请大家拟题时三思而后下笔。

九、练习作业

阅读下面的材料,根据要求写作。

习近平总书记说:"青年一代有理想、有本领、有担当,国家就有前途,民族就有希望","新世纪出生的青少年……朝气蓬勃、好学上进、视野宽广、开放自信,是可爱、可信、可为的一代"。

你作为新世纪出生的青少年,是怎样认识自己以及你们这一代人的呢?你对未来有怎样的思考呢?请写一篇作文,写出你对自我或者这一代人的认识与思考,揭示新世纪青少年的个性特征、时代使命。

任务二　局部说理,规范论证(共2课时)

一、教学目标

1.在论证说理中,能运用因果分析和假设分析合理得出论证结论,逻辑清晰,体现思辨性。

2.掌握例证段的多种结构,并根据说理论证的需要准确合理地运用语言完善论证过程,体现严密的论证思维和闭合的逻辑链。

二、功能句阐释

一个标准的议论段,应该功能俱全,层次清晰,具体说来包括以下五种功能句:

(1)分论点句。

段首简洁提出,或者准确,或者生动。

(2)阐释句。

阐释分论点句,用化简为繁的方法使之清晰,用比喻、对偶、排比等修辞使之生动,用引用名言、诗句、俗语等内容的方法使之更有韵味。注意与事例的衔接。

(3)事例句。

紧接阐释句,叙述简明,紧扣分论点。

(4)分析句。

紧扣分论点,对事实进行剖析。可用因果、假设等分析法。

(5)小结句。

联系实际,适当延伸,回应段首观点句。

例一：

褪去急躁,心境将会更加澄明(分论点句)。"不戚戚于贫贱,不汲汲于富贵",去除急躁与妄动,方能洞察人生之哲理(阐释句)。庄子,犹如一棵在黑夜里守卫灵魂的树,平心静气,不急不躁,静观大鹏展翅高飞,翱翔于九天(事例句)。如果不是现实遭遇艰难而使他停止了急急追寻的脚步,他又怎能"御六气之辩""游无穷之境"呢(分析句)？陶渊明,古往今来遗世独立之典范,有着"或命巾车,或棹孤舟"之闲情,更具"登东皋以舒啸,临清流而赋诗"的逸致(事例句)。如果没有从容与淡定,又哪有如此之高情远致(分析句)？可见,摒弃世俗之浮躁,停下匆匆过往之脚步,我们的身边也有无限美丽的风景,我们的心境也会因此而更加澄明(小结句)。

例二：

我们要热爱劳动,热爱劳动背后的精神态度,在劳动中获得人生成长财富(分论点句)。如果说认识劳动是从我们脚踏的土地开始,那对劳动的热爱就犹如地上的梯子,让我们收获别样的风景(阐释句)。现实语境中,不少同学认为劳动挤占学习时间,智能时代劳动没必要(反面事例句)。其实劳动与学业、科技从来不是有你无我的关系,相反它们是美美与共,且意义非凡(分析句,过渡句)。袁隆平扎根农田数十载,奔波于田垄与实验室,方能研发"中国稻",创造世界粮食奇迹；运用农业播种新科技,一分钟可以撒种8公顷,为农业生产带来便捷,但农业的发展仍离不开农民的辛苦培育。而回想我们参加的学农活动,辛勤种下了一片地、煮好了一顿饭后,我们也获得了不少对自然生活的体悟,我们的品格也获得了磨砺,这对学习也有更好的促进(正面事例句)。劳动,可以让我们在耕耘中点燃智慧,收获内心的充盈,热爱劳动的火光应在我们心中点燃(小结句)。——2019年优秀作文《重拾劳动热情,共享劳动意义》

三、写好分析句

例1：盖茨正是因为找准了自己的位置,找到了适合自己发展的行业,所以才成就如此辉煌的人生。

思考：这句话是如何分析评价盖茨的？

结论：挖掘盖茨成功的原因。这种方法叫因果分析法。

写作关键:因果分析法。

原因:"找准了自己的位置,找到了适合自己发展的行业"——本段论点。

结果:"成就如此辉煌的人生"——事例结果。

例2:若无意气,又聋又哑的邰丽华又怎会从不幸的低谷达到艺术的巅峰?

思考:这句话是如何分析评价邰丽华的?

结论:从反面对她进行了假设,并推导出不成立的结果。这种方法叫做假设分析法。

写作关键:假设分析法。

假设的条件:"无意气"——论点的对立面。

推导出的结果:"又聋又哑的邰丽华又怎会从不幸的低谷达到艺术的巅峰?"——事例结果的对立面。

四、多则事例的例证段的基本结构

1.并列型。

句式模板:观点句+阐释句+并列材料句一+分析句一+并列材料句二+分析句二+结论句。

①"知羞耻成人",一直都是仁人志士立身做人的宝贵经验和修身养性的重要法宝。②清代学者朱起凤年轻时在一家书院教书,因为没有弄清"首施两端"和"首鼠两端"两词通用,而错判学生的作文,遭到众人的奚落。③他知羞耻而发愤图强,潜心于词语研究,编成了300多万字的《辞通》,为汉语言文字的发展做出了重要贡献。④英国生物学家谢灵顿早年沾染恶习,在向一位女工求婚时,被姑娘一句"我宁愿跳进泰晤士河里淹死,也不会嫁给你"的话深深刺痛,从此钻研医学和生物学,并最终在1932年获得了诺贝尔生理学或医学奖。⑤所以说,知羞耻不仅是做人的基本,在某种意义上也是成就事业的基石。

2.正反型。

句式模板:观点句+阐释句+正面材料句+分析句+反面材料句+分析句+结论句。

①大学之道,在明明德,在亲民,在止于至善。②修身、治国、齐家、平天下是古代仁人志士的最高人生追求,也是当代青年人应该矢志不渝培养的社会主义核心价值观。③"00后"消防员王佛军、徐鹏龙在凉山森林火灾中英勇牺牲,成为"最美逆行者"。④他们的一生虽短暂,却是颇具价值的一生,他们在生命的最后时刻

也不辜负自己的青春。⑤传说岳母曾在岳飞背上刺下"尽忠报国"四字,正青春的岳飞抛头颅、洒热血,抗击外敌。⑥而奸臣秦桧只为苟且偷安,虽有才华,却最终成为人人唾弃的"缪丑"。⑦"青山有幸埋忠骨,白铁无辜铸佞臣",这两种截然不同的人生与结局,何尝不是青年时代品德修为之使然?

3.归纳型。

句式模板:观点句+阐释句+材料句(若干)+结论句。

①勤出成果。②马克思写《资本论》,辛勤劳动40年,阅读了数量惊人的书籍,其中做过笔记的就有1500种以上。③司马迁著《史记》,从二十岁起就开始周游各地,足迹遍及黄河、长江流域,收集了大量的社会素材和历史素材,为《史记》的创作奠定了基础。④歌德花了58年时间,搜集了大量材料,写出了对世界文学界和思想界产生很大影响的诗剧《浮士德》。⑤我国现代数学家陈景润,在攀登数学高峰的道路上,翻阅了国内外上千本有关资料,通宵达旦地看书学习,取得了震惊世界的成就。⑥上海一个女青年坚持自学,十年如一日,终于考上了高能物理研究生。⑦可见,任何一项成就的取得都是与勤分不开的。⑧古今中外概莫能外。

五、小试牛刀——重置文本

1.重置前文本。

"春消息"带来信心和力量

来源:新华社2020-03-11　作者:辛识平

①武汉16家方舱医院全部休舱,湖北新增确诊病例连续多日保持在两位数水平……进入三月,湖北和武汉疫情防控形势积极向好的"春消息"不断传来,给人们带来更多信心和力量。

②这个春天,对于江城武汉十分特殊。空旷的街道,没有了昔时的熙熙攘攘;进入"安全模式"的城市,没有了往日的喧闹奔忙。这里,成了抗击新冠肺炎疫情的重中之重和决胜之地,牵动着全中国乃至全世界的目光。

③悬壶入荆楚,白衣作战袍。由冬到春,"白衣战士"的逆行身影构成了一道最美的风景。认定"跑得更快,才能抢救更多病人",身患渐冻症的武汉市金银潭医院院长张定宇奋不顾身冲在抗疫最前线;执着于"一辈子为了病人"的信念,86岁的老专家董宗祈毅然前往医院接诊;得知同行好友确诊新冠肺炎,武汉市肺科医院ICU主任胡明含泪选择继续坚守,因为"同事倒下了,病人还得救"。

④医者仁心,医务人员把责任与担当,书写在分秒必争的救治之中,书写在日日夜夜的值守之中,书写在脸上一道道深深的勒痕之中。他们用生命守护生命,用坚守传递希望,救死扶伤、大爱无疆,不愧是"新时代最可爱的人"。

⑤平凡,亦不凡;无名,亦英雄。社区工作者、公安干警、基层干部、下沉干部、志愿者……一个个奋战在疫情防控各条战线上的平凡英雄,让这片土地迸发出最暖的力量。

⑥农历大年三十,退伍老兵王国辉组织村民采摘5000多斤蔬菜,驱车400多公里送到火神山医院;社区工作者丰枫用10多个小时为群众买齐近100份药,身上挂满一个个药袋;一群年轻创业者每天冲出约500杯咖啡,附上手写祝福,免费送给一线医务人员……涓涓细流,汇聚成海。同舟共济、守望相助的家国情怀,让这个早春不再寒冷,让暖流激荡在无数人的心中。

⑦这是一个春天的约定。在武汉协和医院西院区病房,一名医务人员采了一些小花,消毒后挨个送给患者。春之希望,是无数人英勇无畏、向险而行"拼"出来的,更是无数人心手相牵、共克时艰"扛"出来的。

⑧珞珈山麓,早樱已在枝头盛放。怀着必胜信心战斗到底,春天正在人们心中悄然绽放……

2.重置后文本。

主体部分一

①悬壶入荆楚,白衣作战袍。(第一层:观点句。从白衣战士角度切入,不妨把这个段首句视为分论点句。)②由冬到春,"白衣战士"的逆行身影构成了一道最美的风景。(第二层:阐释句。不妨把这个句子视为承上启下的句子,既承接首句,又为后面引出铺排的例子铺路搭桥。)③认定"跑得更快,才能抢救更多病人",身患渐冻症的武汉市金银潭医院院长张定宇奋不顾身冲在抗疫最前线;执着于"一辈子为了病人"的信念,86岁的老专家董宗祈毅然前往医院接诊;得知同行好友确诊新冠肺炎,武汉市肺科医院ICU主任胡明含泪选择继续坚守,因为"同事倒下了,病人还得救"。(第三层:例子句。)④医者仁心,医务人员把责任与担当,书写在分秒必争的救治之中,书写在日日夜夜的值守之中,书写在脸上一道道深深的勒痕之中。(第四层:议论句。)⑤他们用生命守护生命,用坚守传递希望,救死扶伤、大爱无疆,不愧是"新时代最可爱的人"。(第五层:小结句。)

主体部分二

①平凡,亦不凡;无名,亦英雄。(第一层:观点句。从平凡英雄角度切入,也可把这个段首句视为又一个分论点句。)②社区工作者、公安干警、基层干部、下沉干部、志愿者……一个个奋战在疫情防控各条战线上的平凡英雄,让这片土地迸发出最暖的力量。(第二层:阐释句。)③农历大年三十,退伍老兵王国辉组织村民采摘5000多斤蔬菜,驱车400多公里送到火神山医院;社区工作者丰枫用10多个小时为群众买齐近100份药,身上挂满一个个药袋;一群年轻创业者每天冲出约500杯咖啡,附上手写祝福,免费送给一线医务人员……(第三层:例子句。)④涓涓细流,汇聚成海。同舟共济、守望相助的家国情怀,让这个早春不再寒冷,让暖流激荡在无数人的心中。(第四层:议论句。)⑤春之希望,是无数人英勇无畏、向险而行"拼"出来的,更是无数人心手相牵、共克时艰"扛"出来的。(第五层:小结句。)

重置后效果:

认定"跑得更快,才能抢救更多病人",身患渐冻症的武汉市金银潭医院院长张定宇奋不顾身冲在抗疫最前线;执着于"一辈子为了病人"的信念,86岁的老专家董宗祈毅然前往医院接诊;得知同行好友确诊新冠肺炎,武汉市肺科医院ICU主任胡明含泪选择继续坚守,因为"同事倒下了,病人还得救"。

农历大年三十,退伍老兵王国辉组织村民采摘5000多斤蔬菜,驱车400多公里送到火神山医院;社区工作者丰枫用10多个小时为群众买齐近100份药,身上挂满一个个药袋;一群年轻创业者每天冲出约500杯咖啡,附上手写祝福,免费送给一线医务人员……

作用:铺排事例,选例精当,用例典型,叙例精要,运用排比,富有气势,既显材料丰富、论据充实,又见表达功力、气势恢宏。

3.议论分析句:

医者仁心,医务人员把责任与担当,书写在分秒必争的救治之中,书写在日日夜夜的值守之中,书写在脸上一道道深深的勒痕之中。

效果:排比句式,揭示精神见于行动,评论精当,文气充沛,感情饱满。

(谭硕)

课例四：

劳动最光荣　传承诚可贵
必修上第二单元任务群教学整体设计

【单元学习任务群分析】

必修上二单元是以"劳动最光荣，劳动改造世界，劳动创造文明"为人文主题，属于实用类文本阅读，在群达语文课程中定位在写作群中，其中包含《喜看稻菽千重浪——记首届国家最高科技奖获得者袁隆平》《心有一团火，温暖众人心》《"探界者"钟扬》《以工匠精神雕琢时代品质》《芣苢》《插秧歌》。三篇人物通讯、一篇新闻评论、两首古诗，这些文章反映了不同时代、不同身份的劳动者的作用，其中有伟大的科学家，也有普通的劳动者，但他们都用自己的劳动给社会带来财富，他们热爱劳动、敢于创新、乐于奉献的品质值得我们学习。

【课标要求】

阅读实用类文本中的新闻，应引导学生从材料的来源与真实性、事实与观点的关系、基本事件与典型细节、文本的价值取向与实用效果等方面理解；实用类应用文教学，应主要借助文本示例来了解其功用和基本格式，以学生自学为主，不必做过多分析。

【教材要求】

学习本单元，通过专题研讨等活动，让学生深入体会"劳动最光荣、劳动最崇高、劳动最伟大、劳动最美丽"的思想，形成正确的劳动观念。同时，让学生学会分析通讯的报道角度，理解事实与观点的关系，抓住典型事件，把握人物精神；了解新闻评论的特点，学习阐述观点的方法；辨析和把握新闻的报道立场，提高媒体素养。

【学情分析】

高中学生有阅读实用类文本的基础，尤其是新闻，但本单元的文章较长，议论抒情的加入增加了阅读理解的难度，但小标题的运用，又为学生理解分析提供了帮助，因此，可以借助初中所学的新闻的相关知识，抓住人物、事迹来分析概括人物的品质。

【单元教学重点】

把握人物通讯特点，了解袁隆平、钟扬、张秉贵的主要事迹，分析其优秀品质，培养学生的劳动意识；学习新闻评论的写法，传承工匠精神；感受古人劳动的乐趣，思考劳动的作用。

【单元学习任务】

通过对课标、教材和学情的分析,本学习任务群将以"弘扬劳动光荣意识,薪火相传不负韶华"设置展板点赞优秀劳动者,举办演讲主题为"如何传承劳动品质"的活动,让学生深入体会"劳动最光荣、劳动最崇高、劳动最伟大、劳动最美丽"的思想,树立无私奉献,锐意进取,勇于创造的劳动观念,学习杰出劳动者高度的责任心和奉献精神,继承与发扬中华民族尊重劳动、辛勤劳动、热爱劳动的美德。要求学生结合现实,写作一段演讲词,要求表明劳动态度和如何践行工匠精神。

【学习任务群目标】

1.了解人物通讯的基本写作特点,掌握其写法;学习新闻评论,理解评论所依据的新闻事实和评论的立场观点的关系。

2.用简洁语言概括文中优秀劳动者袁隆平、钟扬、张秉贵的杰出事迹,分析其蕴含的优秀品质,制作展板,强化劳动意识。

3.认识践行工匠精神对于当代的意义与价值,形成正确的劳动观念,传承和发扬中华民族尊重劳动、热爱劳动的美德。

4.学习鉴赏《芣苢》《插秧歌》两首古诗,从中体会劳动之乐、劳动之美,自觉地在学习实践中丰富对社会生活的认识,增强适应社会、服务社会的能力。

5.结合班级劳动现状,就如何弘扬优秀劳动者品质,写一篇演讲稿。

【学习任务群课时安排】

第一课时　细数劳动事迹

第二课时　品析模范品质

第三课时　鉴赏新闻语言

第四课时　探究工匠精神

第五课时　点赞劳动模范

第六课时　感受劳动之美

第七课时　赞美劳动光荣

【学习任务群评价】

1.教师考查学生对文本内容的准确解读,训练学生文本信息的筛选和处理能力。

2.学生掌握实用文体的语言风格、格式等特征,教师用读、说、写等形式检查其掌握情况。

3.教师引导学生制作展板,写作演讲词,养成劳动光荣意识,认识劳动的价值。

【学习任务群教学过程】

任务一　细数劳动事迹

活动一：分享我的劳动观（概念、分类、作用、情感）。

明确概念：劳动是对外输出劳动量或劳动价值的人类运动。从哲学高度看，劳动是主体、客体和意义的内涵集成体。

分类：劳动分脑力劳动和体力劳动。

作用：创造物质财富、精神财富，实现人的价值，推动社会进步，创造人类文明。

老师示例：劳动就是用自己的付出给社会创造价值的有益运动。劳动创造的价值有多有少，我们怎样才能创造更多价值呢？用工匠精神去做自己特别喜欢的事，把它做到极致。

活动二：浏览三篇文章，用简洁的话概括他们的主要事迹（10字以内，尽量整齐）。

袁隆平——

张秉贵——

钟扬——

明确事迹：

袁隆平：①2001年领奖前仍在工作。②1961年发现天然杂交稻。③1964年找到雄性不育株。④1992年反驳对杂交稻的贬斥。⑤1986年提出杂交水稻育种。⑥两个心愿引导"绿色革命"。

张秉贵：①用糖哄哭闹小孩。②给顾客称糖并指路。③耐心待生气女顾客。④女儿生病照常服务。⑤被抱怨受触动反省。⑥忆昔悲惨感恩顾客。⑦多种渠道熟悉商品。⑧夜宵得善待受启发。

钟扬：①"英雄"少年。②种子达人。③科学队长。④"接盘"导师。⑤生命延续。

任务二 品析模范品质

活动一：说说你身边的劳动者有哪些品质，拉近劳动、优秀等品质与学生的距离。

要求：说出人名或身份，用至少三个形容词。

明确：我爸爸，勤劳、体贴、乐于奉献（每天天不亮就起床，生火烧开水，因为开茶馆需要；中午也不休息，一直忙上忙下）。

活动二：以小组为单位讨论并推荐一人描述三位劳动者的品质。

提示——借助作者的评价语，结合自己的经验，用书面语。

明确：袁隆平——热爱并献身于农科研事业，勇于实践，敢于探索，解放思想，破除迷信，敢于创新，坚持真理，实事求是，矢志为中国和世界人民作贡献。

张秉贵——耐心细致、周到体贴、急人所急、解人所难、热情大度、主动耐心、和蔼亲切、隐忍克制、爱岗敬业、公私分明、自我反省、不断成长、懂得感恩、乐于奉献、主动求知、严于律己，视"为人民服务"为宗旨，善于剖析小事，思想觉悟高。

钟扬——坚定乐观、爱岗敬业、热心科普、担当关爱、牺牲忘我。

活动三：研读袁隆平、钟扬颁奖词，为张秉贵写一篇颁奖词。

明确：张秉贵——因为出身贫寒饱尝凄凉，将感激化为熊熊燃烧的服务之火，温暖所有的顾客；因为用心观察多方学习，练就"一抓准一看清"的本领，留下了无数顾客的感恩之情。

任务三 鉴赏新闻语言

活动一：请同学们展示自己查阅的人物通讯的相关知识，并结合自己的阅读举例。

概念：人物通讯就是写人的思想和事迹为主的文章。

通讯的特点：有记叙描写的记叙文特点，可以有人物和事件；有新闻时效性的特点。具有议论文的特点，可以加入作者的观点和评论。

人物通讯类型：①传记式：较完整地写出人物一生的主要事迹，篇幅较长，内容丰富。②特写式:侧重于写人物的一时一事或某一侧面。虽然比一般的特写涉及的范围大得多,但属于集中于一事、一个侧面的写法。真正写一时一事的人物通讯,也很常见。③群像式:特点是报道对象不止一个,而是一个集体中的若干人,或是同一时空范围内的几个同类人。

明确:传记式——袁隆平、张秉贵人物通讯,《铮铮誓言,用生命践行——追记"全国司法行政系统一级英雄模范"陈旭》;特写式——《讲台上的暖阳——文洪波老师》;群像式——《包身工》《逆行者》。

活动二:结合前面知识,赏析三篇文章的语言特色和写人叙事的方法。

问:这三篇通讯怎么选材的?叙事有什么特点?

答案示例:按照人物的品质和事迹来组织材料,以记叙为主,兼有议论、描写、抒情。叙事时运用细节描写和具体事件塑造人物。

活动三:"在广西桂林自行车赛期间,一外籍运动员送给一小男孩一水壶,但一高个男孩的母亲强抢水壶给自己儿子",请评论此新闻。

明确:有人认为这位妈妈的行为非常无耻;有人认为这只是妈妈爱孩子的表现;也有人认为是小事,一个水壶而已,抢了就抢了。

报道评论:这位母亲的行为显然有悖于社会道德,不仅伤害了小男孩的感情,也让自己的形象大打折扣,更会让孩子养成抢夺的意识。同时也警醒我们,这样的行为更有可能涉嫌违法,被侵权者也要勇敢站出来维护自己的权益,才能促进社会的公正和平等。

任务四 探究工匠精神

活动一:根据预习,说说袁隆平、张秉贵、钟扬有工匠精神吗?为什么?

明确:有工匠精神。因为他们专心如一、废寝忘食、出类拔萃、脚踏实地、臻于至善。

活动二:梳理文章思路,用简洁的语言概括各段内容,分析其论证结构。

明确:第一段,时代需要工匠精神;

第二段,匠的含义及工匠精神的作用一;

第三段,工匠精神的作用二;

第四段,工匠精神的内涵。

第五段,时代要求人人践行工匠精神。

层进式论证结构:提出问题—分析问题—解决问题。

活动三:研读文章的重点语段,分析工匠的含义及作用。

语段:(1)《说文》里讲:"匠,木工也。"今天的"匠",已成为心思巧妙、技艺精湛、造诣高深的代名词。(2)职业与职业没有高低贵贱之分,但人与人却从来都有职业品质、专业精神的差别。工匠精神厚植的企业,一定是一个气质雍容、活力涌动的企业。崇尚工匠精神的国家,一定是一个拥有健康市场环境和深厚人文素养的国家。(3)一盏孤灯一刻刀,一柄标尺一把锉,构成一个匠人的全部世界。别人可能觉得他们同世界脱节,但方寸之间他们实实在在地改变着世界。不仅赋予器物以生命,更刷新着社会的审美追求,扩充着人类文明的疆域。工匠精神从来都不是什么雕虫小技,而是一种改变世界的现实力量。(4)朗读第四、五段,思考如何以工匠精神雕琢时代品质。

答案示例:在社会上倡导工匠精神,疗治社会的浮躁风气、短视心态;倡导人人成为工匠精神的倡导者;让工匠精神成为生命的尊严、企业的名片及社会品格、国家形象的荣耀写照。

活动四:前几年,中国人腰包鼓起来了,到国外旅游时他们喜欢"买买买",但同样的东西中国也有,请讨论他们这样做的原因。

造成此种局面的原因:

消费者:对本国商品质量不信任,国内产品满足不了他们对产品质量和功用的要求。

商家:盲目追求利润(短平快),忽略产品品质。

市场:产品不够丰富,中间商运送不力。

活动五:观看视频《孟剑锋打造"纯银丝巾"》,充分感受工匠精神,写一段50—60字的赞美词。

学生示例:"一把錾子,一双妙手,让风化的历史暗香浮动;你精益求精,延续传承,细微处方显大国风范。"

老师示例："三十根细如发丝、粗似竹筷的錾子,上百万次凭手感的恰当敲击,锻造出一条清新自然、赏心悦目的丝巾——隐隐的细纹、透亮的褶子、栩栩的花朵,让人有触摸的冲动。这就是錾刻大师孟剑锋的倾心之作——国礼"和美"。"

任务五　点赞劳动模范

活动一：了解新闻评论知识,总结《工匠》一文的特点。

新闻评论概念：就新近发生的事件、思想倾向、社会活动或工作发表议论的文章;具有新闻性和政论性的特点。即反映人们当前关注的问题,按某一阶级的世界观解释客观事物。

类别：社论、评论员文章、短评、编者按、专栏评论。

活动二：观看大国工匠《高凤林》视频,概括其事迹和品质。

事迹：

(1)技校毕业担任电焊工。(2)学习计算机成绩不错。
(3)勤钻研成焊工第一人。(4)拒高薪焊接火箭心脏。
(5)助力美宇航局过评审。(6)感动中国并震惊世界。

品质：愿意贡献、善于贡献、勇于创新、乐于助人、矢志报国。

活动三：小组讨论选择哪些人物事迹做展板,注重版面设计。

活动四：小组交流,自评、互评,加深对工匠精神的理解,加强劳动意识。

任务六　感受劳动之美

活动一：自由诵读诗歌,分享自己感受到的美。

画面美——第一首是一群女子采洗装车前草的画面,第二首是一家人热火朝天的插秧图;

音韵美——第一首重复吟诵,第二首几乎句句押韵;

形式美——两首都结构整齐;

人性美——第一首是女子劳动之美,第二首是一家人配合默契的和谐之美。

活动二：结合注释，用白话复述两首诗，可适当加入想象。

车前草长得非常茂盛，轻轻采摘；快来采呀，姐妹们，采了一篓不停歇；采呀采呀采呀采，多得背篓放不下，提起衣襟兜起来；采呀采呀采，提着衣襟都回家。

一个农夫用力将秧苗抛在半空，农妇一把稳稳接住，小儿子不停拔起秧苗，大儿子再把秧苗不断插入水中。他们的斗笠是战士的头盔，蓑衣是战士的铠甲，但雨水还是从头上进入，直湿到肩胛。喊他停下来吃早餐好休息一会儿，那农夫低头弯腰，努力插秧，半天不回答。他说，秧苗根部尚不牢固，栽种也还没完成，一定要照看好小鹅小鸭，不要让它们来破坏秧苗。

活动三：走近《诗经》和杨万里，知人论世，明主题。

展示一：《诗经》相关知识，尤其是手法。

展示二：杨万里生平及诗歌成就。

《芣苢》通过描写劳动的过程，形象地表现了劳动成果的由少到多的过程，充满了劳动的欢欣。《插秧歌》表现了劳动人民吃苦耐劳的品格，流露出对劳动和劳动人民的赞美。

任务七　赞美劳动光荣

活动一：诵读写劳动的诗歌，感受作者的态度，与三单元的异同。

(1)足蒸暑土气，背灼炎天光。力尽不知热，但惜夏日长。

(2)锄禾日当午，汗滴禾下土。谁知盘中餐，粒粒皆辛苦。

(3)陶尽门前土，屋上无片瓦。十指不沾泥，鳞鳞居大厦。

(4)时挑野菜和根煮，旋斫生柴带叶烧。任是深山更深处，也应无计避征徭。

(5)夫因兵死守蓬茅，麻苎衣衫鬓发焦。桑柘废来犹纳税，田园荒后尚征苗。

以上都是写的劳动情形，这些诗表现劳动的辛苦和百姓的想法；教材的文章主要赞美劳动的伟大、崇高。

活动二：请结合自己的感受，选择身边的最美劳动者，写一篇演讲词，赞美劳动光荣。

活动三：写一篇周记，记录一周从劳动的学习得到的启示。

（谭庆仙）

第五章　群达语文课程建设成果

第一节　群达语文课程创新成果

一、"群达"探索改革，创新课程设置

在硬件设施方面，巴南中学高中群达语文课程依托课程创新基地的建设，在原有的阅览室、录课室、音乐室的基础上迭代升级，进行了物理空间的系统改造。课程改革方面，高中群达语文课程创新基地所有成员在深研《普通高中语文课程标准（2017年版2020年修订）》的基础上，进行课程改革的新探索，围绕语文核心素养，开发课程资源，创新教学方式。基地成为了我校语文教师的专业发展中心和学生学习活动中心。

群达语文课程设置的创新。语文融合责任理念，彰显学校特色。群达语文课程融合了学校的责任教育理念，群达语文课程的文化群课程有责任教育专题学习，结合学校的德育，界定责任教育的范围，编订责任教育文化读本。教师通过对古今中外的文本进行阅读，探究责任教育教学策略，达成传承并发扬责任教育理念的目的，让责任扎根于学生的学习生活之中。

群达语文课程融合了数字教育手段，研究"互联网+"条件下语文阅读的新形态，梳理网络数字条件下的语文阅读学习和教育资源，探究"互联网+语文阅读"教学策略，构建网络数字阅读教学模型，培养学生的阅读能力，使学生形成多元的阅读品质。巴南是古代巴人的聚居地，群达语文课程融合了地域文化，从传统经典文化角度，用研究性学习的方式探寻巴南地区巴人的文化发展，通过实地考察，文献研究，运用研究性学习策略，厚植乡土情怀。

创设特色环境，营造育人氛围。群达语文课程把语文核心素养潜移默化地植根在学生心中，环境的作用不可忽视。我校深知校园环境对学生的重要影响,着眼于营造语文学科的厚重感,凸显语文学科特色,以环境化人。在巴南中学登瀛文化长廊中增加了群达元素,用诗歌、名句的形式展现群达核心理念。在登瀛文化长廊外,改造阳光阅读区,让学生在优美的氛围中感受阅读带来的快乐。为突出语文课程内容之一——学习传统经典文化,学校将中国古代六艺塑像,建造在宽敞的"六艺大道"上,学生在走过路过之时能够加深对中华文化的认识,感受中华文化的博大,形成民族自豪感和文化自信心。校园环境是学科情境营造的一部分,在不知不觉中,促进学生语文素养的发展。

学校为支持高中群达语文课程创新基地的建设,开辟了基地内的研发实践中心、学生活动中心、智慧教室、体验中心、课程融合中心等物理空间,使课堂教学实践和学生活动都可以在基地里开展,教师和学生可以在这样的物理空间里共同成长,在实践中不断提升。

二、"群达"课堂变革,推动教法创新

群达语文课程不仅摸索实践了"134生态课堂"的模式,在群达语文课程的指导下,学生们还开办起了文学社、书法社、陶艺社、剪纸社、器乐社、篆刻社等社团。群达语文课程的指向是素养通达,由此及彼,从课堂内到活动中,从学科内到学科外,才能真正体现通达。群达语文课程指导下的文学社主办校刊《墨韵》,开辟多个写作板块,鼓励学生投稿。投稿稿件以学生的平时创作为主,体裁多样而丰富。

群达语文课程引领下,学校还组织学生进行多次文化实践探访活动,探访南温泉革命基地、红岩革命基地等多个研学教育基地,实地感受幸福生活的来之不易,深入感受革命文化和社会主义先进文化的价值。群达语文课程是一项立足于学生核心素养培养的创新课程,值得进行实践并不断推广这一创新课程。

巴南中学将在未来的实践中进一步优化完善群达语文课程,真正践行"语言是根,思维是魂,鉴赏是法,文化是本"的素养理念。

三、"群达"建构体系,打造教师队伍

(一)强化师德师风,优化队伍建设

学校依托语文教研组,以语文课堂建设为阵地,以教学活动为载体,大力推动群达语文课程的建设,提升课堂教学的质量和实效,也提升了教师的专业素养和业务能力。采用多种学习培训方式,狠抓教师的师德师风建设,充分发挥优秀党员教师的示范引领作用。

一是有机融合校外专家指导和校内教师分享。一方面,邀请知名语文专家到校给语文教研组集体授课,传授新高考知识与优秀教学经验。另一方面,继续搭建好"百师讲坛"平台,让优秀的语文教师走上教职工学习的大讲堂,传播经验、分享智慧,发挥优秀语文教师的榜样作用,推动学校语文教师队伍整体素养提升。语文教研组每周四下午进行一次理论学习,学习内容主要着眼于新教材、新高考(中考)、学科理论研究前沿等,学校要求开展组内分享前必须提前报备,以确保学习质量,促进了语文老师们钻研教材和新高考的积极性。

二是积极主动参与国家、市区各级比赛竞赛,为语文教师搭台子。以比赛竞赛来磨炼团队、打磨个人,在各级各类比赛竞赛中,充分发挥优秀教师的带头作用,充分发扬全体语文教师团结协作、吃苦耐劳的精神,使优秀的教师迅速成长起来成为教育教学业务骨干,并形成发动一个、联动一线、带动一片的良好格局。

三是发挥语文优秀教师的先锋带头作用,实施老带新帮扶活动。学校支持广大教师各施所能、各展其才,通过青蓝工程,名师导航,帮助青年教师快速成长。对新进的年轻语文教师和部分后进教师,以多种形式加大培训力度。重视对学校语文后备骨干教师的选拔培养。青年教师是学校的后备力量,是学校长远发展的希望,给青年后备骨干教师压担子,在压担子的同时注重强能力,通过定向帮扶指导、安排项目工作等方式提升青年后备骨干教师的工作能力。

(二)提升教学能力,展示教学成果

1.精细具化立德树人根本任务,构建群达语文课程育人体系,推动语文课程建设再上新台阶。将群达语文课程目标融入教师培养方案,全方位进入教学体系,全环节纳入具体要求;将群达语文课程根本任务层层递进落实到学校人才培养总目标、专业教学目标和课程育人目标上,并结合每个"群"的不同特点,体现于培养方案和教学大纲中,营造"人人重育人、群群有语文、课课有特色"的"群达"氛围;语文教研组根据年级特点精心打造语文选修课和语文实践活动,与语文教材、学习活动、大单元任务群元素衔接,构建起全方位群达语文课程教学体系。

2.实现以名课示范促语文元素优选、以名师引领促教学方法多元、以名片彰显促"群达"品牌树立。在我校群达语文课程教学中,学校立足于校情、学情和教师情况,提炼现行语文教学中所蕴含的思想价值和精神内涵,形成具有本校专业特色的群达语文课程资源。强化名师的示范引领,将名师公开课观摩、最美课堂示范、教学竞赛点评、教学方法推广等方式常态化,为教师树立群达语文课程教学标杆,与时俱进提升教师育人能力。还把名师、名课,以及群达语文课程的教学资源,运用数字化新技术汇聚到专门的展示平台中,以学校为基础辐射全社会,形成具有学校特色的语文课程品牌。

3.聚焦语文核心素养,推动语文教育提质增效,促进教师专业成长。巴南中学语文教研组紧紧围绕学校责任办学的目标和"六年塑造一生,担当民族未来"的理念,推进初高中一体化优质发展,亮出办人民满意教育的"成绩单"。基地主持人即校长张礼是市级骨干教师、市级骨干校长,并成立了市级名校长工作室,在省级以上刊物公开发表论文20余篇,主编或合著教育科研著作5部,参编国家新课程统编教材3部,主研国家级课题1项,主持市级课题3项。语文教研组共有中学高级老师10人,区级骨干教师14人,硕士占比20%。在市区级各类比赛竞赛中,在学校各类重点项目工作中,涌现出一大批表现突出、业绩优秀的语文教师个人和团队。杨敏老师获得市级优秀德育工作者称号;刘皓琳被评为重庆市最美教师。刘皓琳、陈娟老师获得市级优质课一等奖,黄丽华、谭硕、朱美玲、马晓红等多位老师获得区级一等奖。在市区级教学设计

比赛中,我校梁晓瑜、周钦琼、赵伟丽等多位教师获得区级一等奖。市区级论文比赛中,我校谭庆仙、张燕、熊云等多位教师获得一等奖或二等奖。巴南中学语文教研组坚持推进学科建设,始终将打造研究型学习共同体作为建设目标,把专业理论学习与教学实践、研究相融合,《高完中一体化德育课程构建与实施策略研究》课题已经申报为市级重点课题。区级课题《运用现代教育技术优化高中作文教学的研究》《语文教学中如何渗透美术、提高学生语文阅读与写作能力的研究》《高中美术特长生专业和文化素养相互促进提高的研究》等多个区级课题研究顺利结题。2018—2023年,我校共有3个市级课题、8个区级课题结题。五年来共申报校级课题130余个,各级论文获奖与发表120余篇。总体来讲,我校呈现出科研氛围浓厚、覆盖面广、教师参与度高的特点,充分体现了我校教师良好的专业素养与强大的科研能力。

四、"群达"创新模式,赋能学生成长

责任文化是我校的办学特色,"育守责立身之人"是我校的育人宗旨。2018—2023年,我校将"群达"语文融入"134生态课堂"及责任养成教育体系并大力实施。以"责任教育"为主线,群达语文课程为载体,育心、育正、育智"三育"并举,培养学生的健全人格。初步形成学校群达语文教育培养体系及校本课程。通过开展各类语文实践活动,让学生参与其间,全面提升能力,德智体美劳全面发展,培育"自信、自律、自主、自强"的新时代巴中人。

在实施过程中,我校将综合素养提升融入语文教育教学全过程,整体规划、分步实施。一是将语文要素与德育主题班会相融合,探索6年为一个周期的语文德育主题活动;二是完善语文小组、文学社考评机制,制定切实可行的学生综合素质评价方案,定期发放问卷调查或开展学生座谈会,测评各年级学生语文综合素养发展水平,并让学生对基地课程改革的推进情况、学习负担、师生关系、教师育人能力等进行分析评价,促进学校不断提升办学水平和育人能力;三是开展语文实践活动,例如"红心向党,尽责担当"手抄报、演讲比赛,清明诗歌朗诵会,"新时代好少年"学习宣传活动,"传承红色基因"征文活动,校庆"五史"宣传活动,"童心向党"系列活动,"光盘行动"知识竞赛等各类语文实践活动。开展田径运动会、才艺展示月活动、迎新元旦文艺演出,以及班级足球赛、篮球赛、趣味足球赛、排舞比赛、校园歌手赛等大型集体赛事,还有书法美术、摄影等学生个人项目展示,扎染、书画、陶艺作品展等艺术展览活动,极大地丰富了学生的校园生活。四是开设拓展课程,拓展课程包括学科拓展和竞赛课程。目前学科拓展开设了语文与生活、闪亮新闻主播、演讲、课本剧表演、话说汉字、成语故事等课程,这些课程是中考学科的延伸。竞赛课程将语文要素与学校科技教育相结合,开设了创客、编程、Dreamweaver(一款网页制作软件)等课程。竞赛课程让学生动手动脑,石艳老师的"玩转Dreamweaver"被选为2023年巴南区唯一一门普通高中精品选修课。学生参加科技征文、演讲等竞赛活动,成果丰硕,入围国赛1人次,市级一等11人次,市级二等99人次,市级三等105人次,区一等5人次,区二等6人次,区三等6人次。累计233人次获得区级及以上奖励。

巴南中学语文组致力于从教到学的转变,为学生创设真正的大语文学习空间。在基于标准的大单元学习、任务群教学中,激发学生学习兴趣,让学生感受语文的魅力。培养学生在阅读中浸润诗意,在表达中感受成长。巴南中学语文组关注学生终身发展,让学生学会学习,从校本教研到大单元教学落地,从大概念提取到学习蓝图设计,不断提升教学实力,不断革新教学理念,锐意进取,智慧共生,巴南中学学子也在语文教学中获得了全面的生长。我校学生在各类征文、演讲、朗诵等比赛中获奖人数不胜枚举,我校多名语文教师被评为优秀指导教师,我校语文组屡次被评为优秀指导小组、优秀组织等。

五、"群达"助推教学,教育成果丰硕

重庆市巴南中学校以"责任教育"为办学特色,坚持"质量立校,科研兴校、文化养校、特色亮校"的办学思路,在全体师生的共同努力下,2012年,重庆市巴南中学校被重庆市人民政府确立为"重庆市重点中学"。2018—2023年,我校在生源质量受限、入学成绩高分不多的情况下,全体师生充分发扬顽强拼搏、牺牲小我、整体作战的团队作风,低进高出,中高考成绩逐年攀升新台阶,中考联招率一直保持超30%;高考从2019年重本上线88人,到2023年上线人数225人,突破200人大关。愈来愈多的巴中学子被国内双一流高校录取。

学校注重因材施教,善于发现学生在舞蹈、足球、艺术、科技等方面的个性特长,如在教练、班主任、指导教师多方位指导下,排舞取得优异成绩,女足成为学校亮点品牌。

排舞队先后6次获得全国排舞比赛第一名、10次获得重庆市第一名,学校被评为"全国排舞三星级示范校"。女足队3次获得重庆市校园足球一等奖,5次获得重庆市足球比赛亚军,6次获得重庆市足球比赛季军。

学校已经培养国家一级运动员60人,国家二级运动员92人,其中67人考上重点大学,1人考入美国迈阿密大学。在2022年高考中女足队员15人参考,9人被浙江大学、同济大学、重庆大学等重点大学录取。

2021年8月,在区教委和重庆八中的鼎力支持下,学校正式开启与重庆八中智慧云校全方位的战略合作,实现师生课堂与重庆八中课堂零距离。2023年4月,我校与重庆八中签订深度合作协议,成为了八中区域战略合作基地校,各个年级均已开设"双师班",新初一、新高一创新开展"科创班",学校充分借助重庆八中智慧云校的丰富教学资源和新高考最前沿资讯,为学校发展提供了有力的教学保障、良好的师生成长环境和学习平台。

第二节 群达智慧教育探索未来课堂

智慧课堂的提出是由智慧教育衍生而来的,"智慧"一词本义是指正确认识、判断和发明创造事物的能力,把握真理的能力。因而智慧课堂的教育目标就是要让学生成为有创造性思维、有学科核心素养、有自主探究能力的智慧型人才。为实现这一目标,教育信息化就是最好的助推器。

(一)群达语文智慧课堂的内涵与特征

关于智慧课堂的内涵,目前国内研究从教育和信息技术两种不同的视角出发有不同的理解。基于信息化视角对智慧课堂概念的定义有三种:一是主要基于物联网技术应用,强调基于物联网的感知化特征搭建课堂;二是主要基于电子书包应用,强调基于电子书包的"移动化"智能终端特点搭建课堂;三是主要基于云计算和大数据技术应用,强调基于课堂中的"个性化""泛在性"学习应用特点搭建课堂。综上可知,智慧课堂是指利用大数据、云计算、物联网等新一代信息技术打造的智能、高效的课堂,它基于动态学习数据分析和"云+端"的运用,实现评价反馈即时化、交流互动立体化、资源推送智能化等效果,全面变革课堂教学的形式和内容,构建起大数据时代的信息化课堂教学模式。基于教育视角对智慧课堂的定义,韩小彦认为智慧课堂教学是以教学组织结构为主体,将教学方式分为两个层次,即团队协同学习和个人自主学习的一种教学模式。团队协作学习是通过团队成员交流讨论完成学习任务、掌握知识点和理解课文的过程,而个人自主学习是以个人自学的方式完成学习任务和掌握知识的过程。刘军认为智慧课堂是运用数字形态的技术构建富有智慧的课堂教学环境,实现学习者个性化学习目标的课堂。综上所述,随着信息技术的不断革新与发展,智慧课堂的视角和内涵也在不断地充实与完善,笔者认为智慧课堂就是信息技术与课堂教学的交互生成,是在核心素养理念下,将云端、互联网等新兴信息技术集为一体的新型课堂。

群达语文智慧课堂在语文学科核心素养理念的指导下,以任务为导向,以学习项目为载体,利用云端、大数据、物联网等信息技术整合、突破、创新语文学习情境、学习内容、学习方法,研究学生语文学习规律和实践运用,将语文要素渗透进课堂教学实践,实现云学习、个性化学习、泛化学习、智能化学习,真正构建起五维一体课程体系,实现学生语文素养通达。

在"互联网+"的信息时代,群达语文智慧课堂相较于传统课堂而言,有几个显著的特征。

1.教学决策科学数据化。智慧课堂以互联网为技术载体,具有时空交互多维性特征,智慧课堂可以对学生学习的数据进行搜集和动态追踪、深入剖析,实现学生学习全过程和效果的可视化呈现。这样,教师就可以依据反馈的信息对学生的大量数据进行判断,从而准确把握学生的阶段学情,把握每个学生的学习情况,从而方便教师对后续的教学进行及时调整,基于大数据对教学内容做出科学的决策和调整。教师也可以针对数据反映出的不同学生的学习能力、学习特点的进度,调整不同的教学策略,基于大数据生成针对学生个人的学习资源包,打造私人定制化、个性化学习平台。

2.教育评价及时全面化。在智慧课堂之中,对学生的教育评价是贯穿于学生学习过程的始终的,包括课前预习检测评估、课堂内容即时检测、课后作业习题及跟踪反馈,在学生学习过程中都伴随着数据化的动态式评价。例如在群达语文智慧课堂中,我们通过创设课程育人环境,开发群达语文课程资源,让学生在搭建的创新交流展示平台上自主探究学习。在学习"语言群"时,学生可以将自己听写的生字词直接提交到智能客户端,平台就可以直接显示出来学生的答题情况,并对学生的答题情况进行评价分析,学生就可以及时进行订正,也便于教师全面掌握学生的学习情况,以帮助学生更好地调整学习方法,进行查漏补缺。

3.师生交流互动立体化。依托互联网技术,智慧课堂可以突破时空的藩篱,让师生交流方式更加生动、多元、立体,在课堂上教师可以利用终端智能机进行随机点名,可以利用教学平台进行课程管理、作业管理、在线测试、资源共享。例如群达语文智慧课堂为学生提供了关于"语言群、思维群、鉴赏群、文化群、写作群"丰富多样的媒体资源,包括微课、电子文档、网页、图片、PPT等。除了上述在课堂上学习的方式之外,学生还可以利用移动设备进行移动学习,极大提高了学生学习的便捷性和自主性等等。

(二)群达语文智慧课堂教学环境与教学模式

1.群达语文智慧课堂教学环境。

重庆市巴南中学校与科大讯飞、七天网络等公司合作,运用智慧课堂学习平台,搭建群达语文课程过程实施及学生互动展示平台,打造群达语文智能资源服务层、智能评价支持层、智慧教学应用层和智慧个性化学习层。建设高中群达语文课程创新基地,打破传统课堂教室的布局,在智慧教室里除了硬件设备完善,还增设了圆桌阅读区和研讨区,更加适合课程项目的开展交流,也方便老师和学生的互动。群达语文智慧课堂中主要运用"班班通""希沃"平台赋予的智慧运用功能,这些平台功能的运用,让课堂从单线变成双线,从固定的变成流动的,有效地提升了教学的质量。

2.群达语文智慧课堂功能运用。

(1)完善群达语文智能资源服务层,构建智慧型学习平台。群达语文智慧课堂的学科体系搭建和资源规划是确保学科资源优势体系化的关键,我校结合标准化基地建设流程,从设计到制作,整个流程都进行规范化管理。一线语文教师作为编辑一审,要求研读课标,贴近教材和我校学生的学情,进行五大群的学科资源规划。一线语文教师做完群达资源规划后每周在教研会上进行初步讨论,由备课组长进行复审,审核资源体系是否完整,是否符合教学要求,内容、形式是否可以优化,最后等到教研组长终审,形成数据化资源后才可以入库智能资源服务层。例如在语文教学课堂中,学生可以利用在线学习平台和移动学习设备迅速获取学习资源,又如在进行传统文化学习时,在课前就可以让学生自主进行交互式预习,查找古代文化常识和相关的作家作品资料,初步感知学习内容。借助"希沃"和"钉钉"等互联网平台,让学生梳理文脉线索。完成之后学生可以借助钉钉教育平台中录像、拍照、录音等功能制作多媒体材料上传提交,教师可以在线对提交数据进行统计分析,进行点评互动,再根据学生在预习中出现的问题在线形成问题清单,完善补充教学设计。在课后,也可以利用智慧型教育平台,让语文课堂的空间得以拓宽与延伸。教师可以提供数字化教材、微课及多媒体课件,建立各类题库系统、教学动态数据和教育管理信息等资源库,为学生提供智能化服务。

(2)建立群达语文智能评价支持层,形成多元评价方式。群达语文智能评价支持层是智慧课堂的关键,可以实现学生过程性动态学习数据分析和评价。例如在进行诗歌写作的研习时,智慧课堂的打卡系统,可以将每个学生的写作任务都分配到平台上,让每个人都能及时在线完成写作测试。学生们可以用移动设备将自己的诗歌作品上传到作业平台上,也可以利用录音和音画结合视频进行诗歌再创造。待学生提交作品后,教师可以查看所有同学的作品,也可以对作品进行点赞、批阅,还可以评选优秀作品置顶让学生们共享传阅。等到教师批改完成后,智慧课堂的作业平台会根据教师事先设置好的要求自动进行检验和评测,将学生的问题以可视化图表的形式分条列出,教师可根据图表分析学生的问题所在,根据平台的反馈,对学生的学习成效进行分析和巩固,依靠"智慧课堂"建立的智能评价支持层,可以使教学评价更加多元化和人性化。

(3)建立群达语文智慧教学应用层,营造和谐智慧的课堂。智慧教学应用层主要是指智能化教学应用流程,智慧课堂可以实现课前、课中、课后的整个教学过程的交流沟通和信息支持。课前环节包括学情分析、预学检测、学案设计,课中环节包括课文导入、合作探究、独学展示、学习总结,课后环节包括课后作业、微课辅导、评价延伸等。

(4)建立群达语文智慧个性化学习层,实现泛在化学习。在智能化学习环境下,学生可以利用移动性学习工具,获取自主学习的课程资源,借助大数据资料库实现碎片化、泛在化学习。也可以与老师、同学实现即时的互动交流,满足个性化的特定需求,真正实现因人而异、因材施教。例如在疫情期间实行的线上教育模式正是"人工智能+教育"的充分体现,教师推送相关的学科资源,学生通过网络选择适合的课程,教师利用视频直播实时授课,并同步监测学生的反馈。在上完课后教师依据课堂学习行为数据分析结果和建议,为学生布置多样化、个性化的作业,同样学生也可以选择符合自身个性的学习策略,实现个性化学习。

3.基于核心素养下群达语文智慧课堂教学模式探究。

(1)课前预学,智慧导学。

党的二十大报告提出,推进教育数字化,建设全民终身学习的学习型社会、学习型大国。为培养适应新形势需要的拔尖创新人才,语文课堂模式正以知识传授为主转向"素质能力知识并重"。因此,群达语文智慧课堂的教学在课前就要作合理科学的预设,学科教师在课前就要对教学过程、内容、目标以及方式进行合理规划设计,掌握基本学情。教师可以在课前向学生发送针对性的学习资源、向学生发布预学学案设计、学习任务单,智能化学习平台能帮助教师快速发现学生内隐的学习需求,这样教师就可以根据学生反馈的学情优化教学方案,设置智慧化的教学流程,设计出更能满足学生学习需求的教学流程。

在充分预学的基础上,群达语文智慧课堂教学目标是启发学生灵性,通过创设情境让学生全方位接受情感熏陶,从而积淀综合素养、提升审美水平等。同时实现人的全面和谐发展,让语文课堂成为开启学生学习潜能、塑造完善人格、开启智慧的活动场地。在智慧课堂中,上课前教师可将课文相关的学习微课、习题等相关资源上传到学生端,由学生完成自主学习。待学生提交后,教师通过智慧平台大数据分析学生预学情况,根据数据的反馈整理制定出一个科学合理的教学目标,实现精准教学。

与传统读诵课文、谋篇定篇的预习方式相比,智慧课堂平台的预习方式更加丰富有趣。例如在进行诗歌鉴赏时,教师可以向学生端发布学习任务单,要求学生以小组为单位通过吟诵、绘画演绎所选诗歌或录制成音视频的形式进行提交,这样的任务极大激发了学生的学习兴趣,激发了学生学习的主动性,促进了学生成长和发展。

(2)课堂互动,智慧生成。

创设情境,拓展激发学习兴趣。《普通高中语文课程标准(2017年版2020年修订)》要求:"语文课程应引导学生在真实的语言运用情境中,通过自主的语言实践活动,积累言语经验,把握祖国语言文字的特点和运用规律……"情境化是当前语文一项重要课题,而基于云平台的智慧课堂能够更好地协助教师在课堂上开展多元化、深层次的情景化活动,突破时空限制,充分发挥学生的自主能动性,真正实现学生的智慧生成。在智慧课堂中,教师可以在课堂上创造教学情境,如在进行写作群教学中,可以结合学生生活实际和熟悉的场景创设真实情境,再现生活,活化人物形象,让学生有话可说、有情可抒、有境可想(想象)。这样的写作训练在课堂伊始有利于激发学生的求知欲与学习兴趣,营造一种生动智慧的课堂氛围,帮助学生更好地学习语文知识。

合作探究,营造良好学习氛围。语文智慧课堂,应该以教师引导为前提,以学生自主学习和合作探究为主线,坚持"以学生为主体,以教师为主导""以促进学生全面发展为本,以提高学生语文素养为本,以练习应用为本"的策略,从而引导学生通过自育自学自助而助人,促进学生综合素质的形成。对于深层次有难度的问题,教师应该有意识地引导学生以小组为单位开展合作探究。无论是在课前预习、课中学习,还是在课后复习总结,都可以展开小组合作学习,长此以往,不仅可以提高学生间的凝聚力,而且在这过程中,学生可以对学习合作过程进行反思,学生之间的交流互动也可以让学生获取新的学习经验,提升学生的核心素养。以文言文学习为例,教师可以根据本次学习任务的情况、学生的学情认知、智力发展和性格特点,科学合理分配学习小组,每个学习小组根据老师下发的学习任务进行交流讨论,在合作共享中碰撞出思维的火花,营造良好的组织交互的课堂氛围。

  巧设活动,激发创造性思维能力。在确定了教学目标和教学内容后,教师可以依托智慧课堂开展多元丰富的课堂活动,对课堂教学进行合理的设计。教师可以设计微课,打通课堂内外。例如在进行文化群学习时,教师可以事先向学生端发送微课教学视频,辅助学生的自主预习,让学生更好地理解文章的字词句篇章,感知课文内容,把握文章的写作特点和语言特色,同时,教师还可以在固定时间利用"钉钉""腾讯会议"等线上互动平台对学生进行线上的定量辅导,针对学生在预习过程中遇到的重难点问题进行解惑答疑,更好地促进学生思维的生成,奠定良好的语文学习基础。教师还可以借助随机抽问的方式,提升学生的积极性。在智慧课堂中,教师在设计时应注意与教学目标和重难点结合,设置明确、有层次、有启发性的探究性学习问题,这样才能引起学生有效思考。所设置的问题要注意将教材信息与实际生活相联系,将理论与实践相结合,以生成性的问题呈现与高质量的习题呈现为操作平台,成功地实现素养培养与应试能力的双赢。在合理设置教学问题之后,教师可以利用智能平台端开展课堂随机提问,设置奖励机制,组织小组讨论,在讨论区发送即时弹幕,从而更好地调动学生的积极性、集中学生的注意力。提问结束后,平台会自动检测学生对所提问题的掌握情况,能够直观实时呈现所有学生的答题报告,方便教师跟踪全班作答进度。系统能够实现答案的自动批改和实时统计,让教师对学生的知识掌握程度一览无余。教师还可以借助VR技术营造优美情境。语文教学的一大痛点就是"只可意会不能言传",语文教材中有一些文质兼美的文章,语言优美、意境深远、情境迷人,但是因为学生人生经验和阅历的不足,不能够展开丰富的联想和想象。因此,教师可以借助VR技术为学生提供基于生活真实情境的沉浸式体验,让学生以第一人称视角近距离观察课文中的山光水色,调动学生的多种感官来身临其境地体验学习场景,让整个语文课堂更加栩栩如生。例如在进行诗歌学习时,通过VR营造诗歌意境,让学生身临其境,将已有经验与诗歌内容有机结合,在情境之下更容易让学生产生强烈的主观感受,产生美感,获得审美体验。在置身诗歌意境中的同时,学生走进了诗歌,走进了作者内心,真正与文本、与作者对话,获得情感共鸣。教师还可以借助平台开展随机即时测验,检验学习效果。传统课堂中的纸质测试,费时费力,师生之间反馈不及时,在智慧课堂中,教师可以在教学的整个过程中进行随机即时地检测,在测试结束后,智慧课堂能智能分析学生上传的数据,方便教师了解学生当堂课的学习情况并开展精准教学,促进了学生知识掌握程度的及时反馈,极大提升了课堂的效率。除此之外,智慧课堂还可以运用AI技术将抽象内容可视化,借助远程教学直播拓展语文学习资源等等。传统的语文课堂教学,教师是学科资源的收集者与提供者,教师将语文学习资料放在课件或者学生的学案之中加以呈现。但是在如今的语文智慧课堂之中,群达资源库里除了教师收集外,学生也成为学习资源的发现者与分享者。在学习任务的索引下,教师和学生可借助信息技术的力量,联系文本整合拓展资源,在云端平台查找所需资料,并对所查资料进行筛选、提炼、分类、整合,不断对群达资源库进行完善,持续推动群达语文智慧课堂的构建。

(3)课后评价,总结延伸。

基于智慧课堂的教学评价,是依靠大数据及云计算等新媒体技术采集学生学习过程和结果数据,从而对学生在智慧课堂中的学习情况进行评价的。根据数据的反馈结果,教师不仅可以了解学生的学习表现,调整教学策略和计划安排,满足学生个性化、个别化的学习需求。家长也可以根据数据反馈情况熟悉孩子的强项和需要改进的领域,从而为孩子提供最适宜的帮助和建议。对于学生自身而言,也可以此为依据查漏补缺,全面提升自己的综合素质。因此,为了检验教学效果,发现学生在学习过程中存在的问题,课堂实施后进行量化评价、拓展延伸是很有必要的。

在智慧课堂的评价机制方面,结合我校"134生态课堂"和高中群达语文课程创新基地的要求,学校从教学理念、目标、内容、方法、学生满意度等多种角度,对智慧课堂教学评价标准做了整体的梳理和改进,有效促进了课堂质量提升。在智慧课堂中,依靠大数据,云端不仅能够收集学习过程中产生的可量化考核的语言等外显行为的结构化数据,还可以收集到学生的情感转变、心理因素等内在的非结构性数据,实时为学生的学习情况提供动态的反馈,适当地在教学过程中进行干预学习,以数据链的思维方式促进学生的学习成长。例如在实施作文群教学中,借助大数据技术,提前根据学情设置目标要求,待学生完成微格写作训练后,教师可以根据学生完成情况进行等级判定,录入到系统数据库,用数据图的形式可以很好地反映出个人作文能力和班级的作文水平,而且教师可以根据平台分析出的学生个人和班级整体数据进行教学指导,有的放矢地对学生的写作能力进行训练,从而有效提高写作教学的序列化和针对性,提高教学质量和水平。

  核心素养下的语文教学要求我们不能将眼光局限于教材内容的讲述,更要放眼于学生语文素养和思维能力的提升,拓宽语文教学的深度和宽度,开阔学生的眼界和见识。在智慧课堂中,新媒体技术平台有丰富的学科拓展资源,而且还有多样化的智慧型语文实践探索任务,可以让学生通过智慧课堂实现全面的、综合性的发展提高。

第六章　群达语文课程的辐射和影响

群达课程在校内得到了有力落实,使得学生的素养得到了较大提高,教师的教学取得了较好的成果。这一门课程也要走出校门,与其他学校进行沟通交流,还要得到家长的认可,更要经得住社会的评价,这样才能让群达语文课程的内容更加的丰富,得到长久的发展。

第一节　群达语文课程的学习之路

一、与其他学校的交流

(一)学科交流与教学方面

高中群达语文课程创新基地邀请了万州区首届名师胡春玲老师为一百多位高中语文老师做了一堂"直面真问题,开启真思考,实现真表达"的主题讲座。巴南区高中语文教研员李奇生老师也参加了此次活动。胡老师用简洁平实的语言分享作文教学经验,介绍了高一高二的序列化教学和高三作文训练的过程与策略。高一高二以文学类文本阅读为主,通过让学生回答老师设置的问题,引导学生掌握阅读文章的方法,提高学生语文素养;高三通过非连续性文本阅读引进写作中容易涉及的关键概念,提升学生写作能力。胡老师列举了当代青年说起"正确的废话"的典型案例,其中概念四维发散法和对青年特点的解读令人印象深刻,让与会老师深受启发。

云阳县黄龙初中党支部书记、校长毕文学及干部教师一行18人莅临我校交流指导工作,对党建工作、特色办学、课堂教学和班级管理等相关工作与我校进行深入交流。黄龙初中的老师们深入课堂,观摩了九节课,涉及初中三个年级语文、数学、英语、物理等学科。听课中,大家纷纷拍照记录课堂精彩瞬间。授课教师贯彻新课程理念,课堂设计精妙、活动设计巧妙,课堂氛围生动富有活力,师生互动默契且有张力,充分展现了优质的"134生态课堂",得到听课教师的高度肯定。

听课结束后两校老师进行了座谈交流活动。黄龙初中党支部书记、校长毕文学介绍了黄龙初中的办学理念、发展现状及发展方向,副校长雒毅分别从教师培养、教学常规、课程建设和课堂建设等方面介绍经验。在教学研讨座谈会上,两校老师按学科分组交流,深度研讨,探索学科教学策略。在交流中,两校达成共识,今后将继续加强沟通衔接,相互取长补短,共同发展进步。以课堂教学为载体,搭建跨区学校教研平台,提高教师的教学能力,促进教师专业发展。

巴南中学与涪陵高级中学高一年级政治、语文备课组举行了"同课异构"教研活动。活动分三个阶段进行:同课异构、集中座谈、教学研讨。

政治学科由巴南中学冉黎老师与涪陵高级中学赵思琦老师执教,执教内容是《坚持党的领导》,两堂课精彩纷呈,亮点突出。冉老师从"党的领导是什么"和"为什么要坚持党的领导"两大问题入手,注重对知识点的详细剖析和深度挖掘,拓展学生知识面;赵老师结合了涪陵二渡村由"移民村"变为"幸福村"的案例,创意新颖,思想解放,充分调动了学生的学习积极性。语文学科由巴南中学罗玉婷老师与涪陵高级中学谭全程老师执教,执教内容是戏剧《雷雨》节选,这两堂课打开了学生的学习视域。罗老师围绕核心素养创设目标,通过自主学习、合作探究、拓展延伸,大胆创设情境,践行了"134生态课堂"理念。谭老师从海报设计入手,通过阅读文本、演绎文本,让学生在轻松活泼的氛围中学习,提升了学生审美鉴赏能力。"同课异构"结束后,涪陵高级中学领导、教师一行移步到八角亭会议室座谈交流。我校杨敏副校长致欢迎辞并介绍了学校近年来的办学情况。涪陵高级中学副校长杨钢作交流讲话,他希望两校能利用好交流互鉴的平台,共享互学,共谋发展。座谈交流后,两校分学科开展教学研讨。在政治教学研讨中,涪陵高级中学杨钢副校长分别对两堂课进行了精要点评,高一年级备课组长徐晓松老师分享了涪陵高级中学"三小一大"的教研模式。巴南中学政治教研组长黄晓丹老师提出了同课异构中遇到的一些问题,两校老师各抒己见,相互探讨学习。在语文教学研讨会上,两位执教老师交流了课堂设计理念及思路,分别就两堂课的语言建构、情景任务设置、逻辑思维培养等方面进行了深入探讨。对新高考背景下的语文教学深度交流,让教师们在碰撞中领会语文课堂的思维生长。

除了与其他学校进行课堂教学、教研等活动形式进行交流,巴南中学也向有经验的学校进行了创新基地建设方面的学习交流,为群达课程及基地的建设打下坚实的基础。

(二)基地建设方面

重庆市巴南中学校的朱美玲老师和陈娟老师去璧山中学进行了学习交流。璧山中学创建了宜生语文课程创新基地,取得了各个方面的成效。璧山中学依托"锦瑟文学社"等学生社团开展了一系列丰富多彩的活动,极大地调动了同学们的阅读写作热情,每年有近百名学生获国家及省市级作文比赛大奖。学校也开设了精彩纷呈的选修课。"国学"课程的研修重视传统文化的熏陶,全校国学风气浓厚,学生能深切感受到传统文化的魅力。状元文化研究中心等本土文化资源的开发,增强了学生的研究能力,增强了对家乡的了解和热爱。"美美"影视、戏剧社的活动,提高了学生的审美情趣。诗词楹联社的活动,促进了学生语言建构能力与审美能力的和谐发展。璧山中学通过传统文化、本土文化、经典文化、时尚文化的课程资源的开发和研修,激发了学生的学习兴趣,促进了学生形成良好的语文学习习惯,培养了学生较强的语文能力,使学生逐步养成良好的个性和健全的人格,得到了广大学生的欢迎。

其实语文教学除了对学生进行语言文字的基本功训练外,更重要的内容就是提升学生的人文素养。学生的"生命主体"应该具有认知能力、道德品质和健全人格。基于这种认识,璧山中学以传统文化、本土文化、经典文化、时尚文化为基地建设背景,以创新教育为基地课程开发的理论基础,在新课程改革的推动下,根据新课程目标的要求,重新梳理语文课程应担负的人文教育目标和知识能力体系,开发出既能科学地培养学生人文精神,又能有效地培养学生语文能力的课程资源,从而真正实现学生语文素养的提升。通过宜生语文课程创新基地课程资源的开发与互动建立,学生在学习和实践的过程中用心去体验、用思想去感悟,逐渐形成自己的人生观与价值观,这样的课程资源也使语文课程内容更具有开放性、时代性和创新性,使学生的"生命主体"更充盈、更丰厚,从而达到学生"立人""立言"和全面提高语文素养的目的。

重庆市巴南中学高中群达语文课程创新基地主持人即学校校长张礼带领基地部分老师前去重庆市第十八中学参观学习交流。在重庆市第十八中学副校长李勇的带领下,巴南中学的老师们首先参观了十八中的校史室,里面陈列了十八中名师、校友的照片,荣誉奖章,学生作品等。老师们接着参观了录课室,社团活动室,功能室等硬件设施,最后在会议室进行了基地建设方面的交流。

重庆市第十八中学副校长李勇分享了高中语文课程创新基地建设经验,他指出,基地建设重在课程,关键在课堂,课程和课堂是互为促进的关系;语文学科在课程建设和课堂打造方面,对其他学科起到了引领和带动作用,并推动形成了融通视域的大语文课程资源体系和跨学科视域的语文思维系统。

在文史哲融通视域下的大语文课程创新基地中的学习,学生通过课本剧、朗读、选修课等活动,把作品上传学习平台进行互联互通。高中语文课程创新基地有立体化教学模型的成熟系统和板块化课程模型的成熟系统。各个备课组对必修课程和选修课程进行精心备课,形成丰富的课程资源,学生通过阅读(分析形象,鉴赏语言,深入思考,把握结构),能够写出具有历史意蕴、思辨张力、文化厚度的文章。

在新的形势下,基于学生核心素养培养的要求,十八中大力推进适合本校学生的个性化课程——"四C课程"体系建设,通过顶层设计、总体规划,以"树本课程""砺新课程""海纳课程""百川课程"为基点,全面丰富课程内容,使之呈现系统化、生活化、本土化、实践性等特点。"四C课程"着眼教育创新的实践性和前瞻性,凸显出教育创新的系统化、品牌化、生活化、本土化,形成了学习体系更科学、内涵更丰富、未来特征更明显的教育创新生态圈,并形成了环环相扣的闭环效应。"四C课程"是十八中教学的创新点。

廖兵坤主任介绍了文史哲融通视域下的大语文课程创新基地建设工作的概况,分享了语文课程基地拟验收筹备要点,为巴南中学的群达语文基地建设和验收工作提供了思路,指明了方向。

第二节　群达语文课程的调查研究

一、问卷调查了解学生、家长对群达语文课程实施情况是否满意

为了了解群达语文课程实施以来学生和家长的满意程度，群达语文团队运用调查问卷对课堂实施进行了调查。

"134生态课堂"模式在中学语文教学中的实践调查问卷

各位同学以及家长：

高中语文课堂是我们极为熟悉的学习场所，它与我们的生活与成长息息相关，构建一个令人满意的高中语文课堂需要每一位课堂参与者的努力。关注本校"134生态课堂"建构，发现其中存在的问题，探寻良好的课堂构建策略是我们共同的追求。由此本校设计了这份调查问卷，旨在深入了解本校语文课堂的现状与问题所在！

1.你对语文课堂环境中的课堂设备情况，比如多媒体辅助设施的性能、音响播放效果等，持以下哪种态度（　　）

A.非常满意　　　B.比较满意　　　C.基本满意　　　D.不满意

2.你是否认为班级的规章制度与良好语文课堂的构建有一定关系（　　）

A.有很大关系　　　B.有影响，但关系不大　　　C.没关系

3.你对语文课堂上的小组构成情况和小组分工情况持以下哪种态度（　　）

A.非常满意　　　B.比较满意　　　C.基本满意　　　D.不满意

4.你认为自己班的班风、学风是怎样的（　　）

A.整体氛围很好　　　B.整体氛围一般

C.氛围很差，急需改善

5.在语文课上，你认为整个课堂氛围是怎样的（　　）

A.学习气氛浓厚　　　　　　　B.轻松活泼

C.严肃紧张，纪律严明　　　　D.比较沉闷

谈谈你对语文课堂上师生角色的认知情况与满意程度：

_____

6.你认为自己在语文课堂上常常处于怎样的地位（　　）

A.学习的主人　　　　　　　B.知识的接受者

C.教师的配合者　　　　　　D.受支配地位

7.你认为语文老师在课堂上通常具有怎样的地位（　　）

A.绝对权威地位　　　　　　B.基本处于支配地位

C.比较民主，尊重学生意见　　D.特别尊重学生意见

8.你对自己目前在语文课上的表现是否满意(　　　)

A.非常满意　　　　B.比较满意　　　　C.基本满意　　　　D.不满意

9.你对语文老师的教学是否满意(　　　)

A.非常满意　　　　B.比较满意　　　　C.基本满意　　　　D.不满意

10.你和语文老师之间常常是(　　　)

A.很亲密,无话不谈　　　　　　　　B.比较喜欢与老师交流

C.关系一般　　　　　　　　　　　　D.关系很差

谈谈你对语文课堂教学层面的认知情况与满意程度:

_____

11.你对语文课上老师设定的教学目标持以下哪种态度(　　　)

A.目标合理,基本能够完成

B.目标太高,常常感觉完成目标有难度

C.目标设计缺少情趣,不太满意

D.目标设计不合理,很难完成

12.你对语文课上的教学内容持以下哪种态度(　　　)

A.教学内容有趣,而且能学到很多知识和道理

B.教学内容基本是照本宣科,距离自身生活实际比较远

C.教学内容与生活密切相关,容易理解

D.教学内容新颖,常常引入社会热点话题

13.你认为语文课上自己的参与情况是怎样的(　　　)

A.课堂活动多,自己很有兴趣去参与

B.课堂活动多,但自己参与兴趣不大

C.课堂活动少,自己参与程度有限

D.基本不参与任何课堂活动

14.你对语文课上老师的教学方式持以下哪种态度(可多选)(　　　)

A.教学方式灵活多样,很有趣味性

B.教学方式基本适合实际课堂教学需要

C.教学方式被大多数同学认可

D.教学方式太传统古板,不够新颖

谈谈你对语文课堂评价层面的认知情况与满意程度：

_____

15.你认为语文课上教师主要以什么作为评价标准(　　)

A.考试成绩　　　　B.课堂表现　　　C.学生努力程度与进步幅度

16.在语文课堂上,老师对同学的评价常常是(　　)

A.以鼓励为主　　B.以批评为主　　C.不鼓励也不批评　　D.既鼓励也批评

17.你对语文老师在课堂上的评价持以下哪种态度(可多选)(　　)

A.课堂评价中肯,而且具体详细,总能指出学生的优缺点

B.课堂评价公平公正,尊重学生

C.课堂评价很笼统,常常只是简单评价一两句

D.课堂评价不公正,偏向于表扬成绩优异的学生

18.语文课上老师的评价方式一般是(　　)

A.仅教师自己作口头评价

B.让同学间互相评

C.教师评价与学生评价相结合

19.你认为语文课上的评价主要是在(　　)

A.推进教学进度

B.指出学生的缺点与不足

C.激励学生并帮助学生学会自我评价

谈谈你对高中语文课堂的评价与期待：

_____

20.请简要说说你认为自己所处的高中语文课堂存在的主要问题(可从课堂环境、课堂角色、课堂教学和课堂评价等方面去谈)。

21.请简要说说你对高中语文课堂的期待是什么。

本次问卷调查到此结束,感谢你的支持与合作。谢谢!

调查人：

调查时间:2023年11月15日

一、问卷分析了解课堂实施效果

基于对高中群达语文课程的宏观认识,笔者以巴南中学为调查地点,对本校的群达语文课堂构建情况展开了调查。调查目的在于,通过对巴南中学语文"134生态课堂"的实施展开调查与分析,进而发现本校"134生态课堂"构建所存在的问题与发展瓶颈。借助学生及家长的评价进一步确定构建巴南中学"134生态课堂"应努力的方向和着眼点。通过问卷对高一年级近150名学生及其家长(部分问卷仅公布学生问卷结果)进行调查得出结果如下(表6-1,表6-2,表6-3,表6-4):

表6-1 "134生态课堂"的实施调查问卷结果分析(部分)

问题指向	问题序号与问题表征	选项	比例 家长	比例 学生
教室设施、设备	1.你对语文课堂环境中的课堂设备情况,比如多媒体辅助设施的性能、音响播放效果等,持以下哪种态度?	A.非常满意	66.0%	42.0%
		B.比较满意	26.7%	35.8%
		C.基本满意	7.3%	15.0%
		D.不满意	0	7.2%
课堂规章制度	2.你是否认为班级的规章制度与良好语文课堂的构建有一定关系?	A.有很大关系	60.0%	58.0%
		B.有影响,但关系不大	40.0%	37.7%
		C.没关系	0	4.3%
	3.你对语文课堂上的小组构成情况和小组分工情况持以下哪种态度?	A.非常满意	13.3%	26.0%
		B.比较满意	73.0%	57.0%
		C.基本满意	13.7%	17.0%
		D.不满意	0	0
班级文化	4.你认为自己班的班风、学风是怎样的?	A.整体氛围很好	53.0%	26.0%
		B.整体氛围一般	40.0%	68.0%
		C.氛围很差,急需改善	7.0%	6.0%
	5.在语文课上,你认为整个课堂氛围是怎样的?	A.学习气氛浓厚	31.0%	45.3%
		B.轻松活泼	19.0%	25.0%
		C.严肃紧张,纪律严明	20.0%	16.0%
		D.比较沉闷	30.0%	13.7%

由表格我们可以看到:

(1)在问卷中,仅有42%的学生和66%的家长对教室的设备持"非常满意"的态度,虽然每个教室都具备了一定规格,并且配备了多媒体等先进的教学辅助设备,但家长及学生的满意度并不高。可见教室文化环境仍有提升空间。一个良好的教室文化环境不仅能提供给学生更好的学习环境,还能营造出积极的氛围并提升学校的形象。良好的教室文化环境布置可以促进学习效率,激发学生学习的热情和创造力,增强班级凝聚力,传递价值观。通过教室布置,可以向学生们传达学校的办学理念、教育思想以及校风校训等,有助于学生们更好地理解并践行这些价值观。

(2)在问卷中,仅有58%的学生和60%的家长认为班级的规章制度与语文课堂的构建有很大关系。另外,对于语文课上的小组构成与小组分工情况,也仅有57%的学生持"比较满意"态度。有家长在问卷的建议和期待中说:班级体制和管理方式的失衡会对良好语文课堂的构建产生潜在威胁。因此,我们需要采取积极的措施来改善这种情况,加强班级管理以及班干部之间的协作关系,制定更加人性化、合理的班规,同时积极引导学生参与语文课堂活动。只有这样,学校才能为学生营造一个良好的学习环境,促进他们的全面发展。

表6-2 "134生态课堂"的实施调查问卷结果分析(部分)

问题指向	问题序号与问题表征	选项	学生比例
学生自我角色认知	6.你认为自己在语文课堂上常常处于怎样的地位?	A.学习的主人	47.0%
		B.知识的接受者	38.0%
		C.教师的配合者	14.0%
		D.受支配地位	1.0%
	7.你认为语文老师在课堂上通常具有怎样的地位?	A.绝对权威地位	9.0%
		B.基本处于支配地位	13.2%
		C.比较民主,尊重学生意见	68.8%
		D.特别尊重学生意见	9.0%
	8.你对自己目前在语文课上的表现是否满意?	A.非常满意	16.9%
		B.比较满意	49.0%
		C.基本满意	28.3%
		D.不满意	5.8%

续表

问题指向	问题序号与问题表征	选项	学生比例
师生关系	9.你对语文老师的教学是否满意？	A.非常满意	51.0%
		B.比较满意	41.5%
		C.基本满意	5.7%
		D.不满意	1.8%
	10.你和语文老师之间常常是？	A.很亲密，无话不谈	12.0%
		B.比较喜欢与老师交流	46.0%
		C.关系一般	42.0%
		D.关系很差	0

(3)在问卷中，有47%的学生认为自己在语文课上所处的地位是"学习的主人"，多达38%的学生认为自己只是"知识的接受者"。可见不少学生在语文课上仍然习惯于被动接受教师授予的东西，缺乏质疑意识和独立思考意识，不能将自己真正视为学习的主人，更不能将学习视为自身存在与发展的需要。另外，在个人意识尤为显著的高中阶段，还有许多学生不能很好地进行合作学习，他们或者缺乏合作的意识，或者错误地认为合作学习会浪费时间，又或者是因为缺乏谦虚的态度以及沟通的技巧。

(4)在学生问卷中，51%的学生表示对语文老师的教学非常满意，46%的学生表示比较喜欢与语文老师交流，42%的学生表示自己和语文老师的关系一般。学生在自身角色认知上的不足，导致有些师生之间未能形成平等、和谐的师生关系，真正达成完善的师生关系还任重而道远。

表6-3 "134生态课堂"的实施调查问卷结果分析（部分）

问题指向	问题序号与问题表征	选项	学生比例
教学目标	11.你对语文课上老师设定的教学目标持以下哪种态度？	A.目标合理，基本能够完成	79.0%
		B.目标太高，常常感觉完成目标有难度	4.0%
		C.目标设计缺少情趣，不太满意	17.0%
		D.目标设计不合理，很难完成	0

续表

问题指向	问题序号与问题表征	选项	学生比例
教学内容	12.你对语文课上的教学内容持以下哪种态度?	A.教学内容有趣,而且能学到很多知识和道理	50.0%
		B.教学内容基本是照本宣科,距离自身生活实际比较远	24.5%
		C.教学内容与生活密切相关,容易理解	20.0%
		D.教学内容新颖,常常引入社会热点话题	5.5%
教学途径	13.你认为语文课上自己的参与情况是怎样的?	A.课堂活动多,自己很有兴趣去参与	53.6%
		B.课堂活动多,但自己参与兴趣不大	16.4%
		C.课堂活动少,自己参与程度有限	12.5%
		D.基本不参与任何课堂活动	17.5%
	14.你对语文课上老师的教学方式持以下哪种态度(可多选)?	A.教学方式灵活多样,很有趣味性	81.7%
		B.教学方式基本适合实际课堂教学需要	88.3%
		C.教学方式被大多数同学认可	78.9%
		D.教学方式太传统古板,不够新颖	34.1%

(5)虽然有79%的学生认为语文课教学目标合理,基本能够完成,但也有学生表示,语文课教学容量大,有时跟不上教师节奏,一些知识点不能完全听懂。根据调查我们发现,由于应试压力、社会期望值和学生升学的迫切需求,高中学段很难完全摆脱传统教学的桎梏,由于高考要考的知识面比较宽广,也有不少家长表示:希望教师能让课堂生动,将课堂还给学生的同时要落实基础知识与基本技能,加强方法上的指导与练习,以及在学生情感和价值观方面的启迪。

(6)在问卷中,有12.5%的学生表示语文课活动少且自己参与程度有限,甚至也有少数学生表示自己基本不参与任何课堂活动。这无疑表明,教师在教学形式上不够灵活,尚不足以充分激发和调动学生的学习热情与自身主动性。因此在这方面教师还要在备课方面多下功夫。

表6-4 "134生态课堂"的实施调查问卷结果分析(部分)

问题指向	问题序号与问题表征	选项	学生比例
评价标准与评价制度	15.你认为语文课上教师主要以什么作为评价标准?	A.考试成绩	82.0%
		B.课堂表现	14.0%
		C.学生努力程度与进步幅度	4.0%

续表

问题指向	问题序号与问题表征	选项	学生比例
评价立场与评价态度	16.语文课上,老师对学生的评价常常是?	A.以鼓励为主	38.0%
		B.以批评为主	23.0%
		C.不鼓励也不批评	0
		D.既鼓励也批评	39.0%
	17.你对语文老师在课堂上的评价持以下哪种态度(可多选)?	A.课堂评价中肯,而且具体详细,总能指出学生优缺点	12.0%
		B.课堂评价公平公正,尊重学生	30.0%
		C.课堂评价很笼统,常常只是简单评价一两句	49.0%
		D.课堂评价不公正,偏向于表扬成绩优异的学生	23.0%
评价技巧与评价诉求	18.语文课上老师的评价方式一般是?	A.仅自己作口头评价	43.0%
		B.让学生之间互评	24.5%
		C.教师评价与学生评价相结合	32.5%
	19.你认为语文课上的评价主要是在?	A.推进教学进度	5.7%
		B.指出学生的缺点与不足	62.3%
		C.激励学生并帮助学生学会自我评价	32.0%

（7）有82%的学生及家长认为教师常常是以考试成绩来作为评价的衡量准则。家长认为:教师过于看重成绩往往会导致学生对自身认知的失衡,教师语言上无意识的伤害常常会对他们的内心造成意想不到的影响。相反,那些善于多角度欣赏学生和积极而真诚地鼓励学生的教师,往往可以获得学生的尊敬与信赖,使他们远离自卑情绪,充满积极进取的正能量。

以上是基于本次问卷调查得出的调查对象对本校开展群达课程实践的"134生态课堂"的一些期待与评价。

第七章　群达语文课程的问题与完善方向

第一节　建设过程中存在的问题

近年来,我校群达语文课程在上级领导的大力支持和全体语文教师的共同努力之下,已经有了长足的发展。大力推动"群达"课程继续走深走实,可以为新课改背景下教育教学改革提供明确的指引。主要体现在以下几个方面:

一是群达语文课程倡导的基本理念已经为广大语文教师认同,并且逐渐融入一线教师日常工作中,教师的教育教学观念发生了明显变化。基地多次与学校教研组开展跨学科教研活动,在跨学科教研活动中完善群达语文课程建设。

二是"群达"语文课程的编写体现了新时期教材编写的新理念,成为语文教材改革的重要指导思想。群达语文课程体现时代特点和现代意识,理解和尊重多样文化,力求切合学生的身心发展特点和认知水平进行教学,有助于激发学生的学习兴趣和创新精神。扎根课堂,实践"134生态课堂"模式。

三是"群达"课程内容重点突出,致力于学生语文素养的整体提高,注重为学生设计体验性活动和研究性专题,重视运用现代信息技术。

四是"群达"课程基地的建设助推了教师的专业发展。通过多次开展"引进来走出去"的活动,组织青年教师进行课堂大比拼,以赛促教,提升教师教学水平,在区域内展现出群达语文基地的影响力。

但是仍有以下值得改进之处:

问题一:缺乏系统性和普及性。

不同年级的学生、不同课程之间,应该有一个系统的衔接和协调,才能确保整个课程体系的有效性,群达语文课程的系统性和普及性仍需要进一步加强。

问题二:教师教学水平不一。

群达语文课程建设离不开教师的专业知识和教学技能,但目前存在教师教学水平不一的问题。有些教师缺乏先进的理论知识以及教学方法,导致他们无法有效地传授知识,学生的学习效果大打折扣。

问题三:课程评价体系不够完善。

课程评价是课程建设的关键环节之一,当前群达语文课程评价体系存在一些问题,主要体现在评价方式单一,无法全面反映学生的学习情况和能力发展。

问题四:资源投入不足。

课程建设需要大量的资源投入,包括教师、教材设备、专业人员等。目前我校课程建设方面的资源投入还不足,导致课程质量无法得到有效提升。

第二节 群达语文课程完善方向

(一)继续推进课程建设走深走实

首先继续完善个性化的课程体系,满足学生不同层次和需求的学习要求。并且,针对不同层次的学生,调整课程,包括课程容量、课程进度等。同时,课程内容要做到与时俱进,尝试应用最新的理念、知识,增强课程的时代性。

其次,尝试建立互动交流机制,激发学生的学习热情。通过在线讨论、小组合作、课程问答等方式融入更多的互动元素,让学生可以在课程中进行更加深入的互动交流,吸收更多的信息和经验。

再次,提供详细的学习资料和支持,保证学生的学习效果。学校与出版社和文印社合作,为学生提供一系列的学习材料和资源。学校还录制精品课程,进一步丰富在线教学内容,建设多个学习模块,如教学课程、教学参考等,加入适当的教学图片、图谱、动画及教学录像等资料,通过互联网技术和人机互动技术,让学生和老师可以进行交互式的学习。

最后,建立良好的推广渠道和合作伙伴,扩大在线教育的受众群体。与新型的推广渠道合作,如APP、社交媒体等,提高线上教育的知名度和影响力。

和相关网络平台建立稳定的合作关系,推广和展示课程的学习效果和实用性,吸引更多的学习者。

(二)着力提升教师队伍的整体专业性

首先,提升教师专业素养,重视教师教学水平的提升,加强教师培训和专业发展。鼓励教师深度参与到学科教学改革和研究,提高教师的专业素质和教育理论水平。此外,建立良好的教师评价机制,督促教师不断提升自身教学水平,并与学生和家长进行密切的互动和沟通。

其次,鼓励学校和教师进行教材的研发和改进,以满足新时代学生的需求。同时,积极引入多样化的教学资源和资料,如互联网、多媒体教学等,以提高教学的多元性和现代性。

再次,继续深度打破学科壁垒,加强跨学科教育。在课程建设中,要注重跨学科的融合和整合,鼓励培养学生的跨学科思维。通过组织跨学科的教学活动和项目,培养学生的综合能力和创新能力。同时,加强不同学科之间的交流与合作,提高学科间的整合和应用。

最后,继续坚持语文课程对于"工具性与人文性统一"的价值追求;坚持"知识与技能、过程与方法、情感态度与价值观"三个维度的课程目标系统;坚持"全面提高学生的语文素养",即全面提高全体学生语文素养,在语文教育中促进学生整体素质的良好发展;坚持在语文课程的实施中正确把握本学科的特点——人文性特点、实践性特点、本国通用语言文字教学的特点、汉语言文字特点以及课程的综合性特点,积极探索语文教育的规律;坚持推进学习方式以及教学、评价方式的转变,积极吸收当代教育的新理念,使学生在学习语言文字运用的实践中提高人文修养和创新能力。以学生为中心,发展学生的主体性,并在教学中适当地发挥学生的主体性,注重学生的自选、自学、自评、自控,让学生充分发挥自己的能动性,提高他们的学习兴趣、创造力和综合素质。

(三)完善课程评价体系

课程评价应注重学生的综合素质和能力发展。教师可以采用多种评价方式,例如作业、实验报告、小组项目等,评估学生的知识掌握和创新能力。此外,学校还可以借鉴国外的评价经验,引入学业测评、心理健康评价等维度,打造全面的课程评价体系。

首先,需要拓展评价内容。课程评价不仅要考虑学生的学科能力,还要考虑学生的综合素质、创新能力、学习兴趣等方面,更多地关注学生的个性化需求和发展。

其次,需要改进评价方式。传统的考试成绩评价方式存在单一机械化的问题,更重要的是,它容易引发教育焦虑、竞争和功利性思想。因此,我们需要采取多元化、综合性的评价方式,例如学习记录、项目评价、实践活动、课堂表现等。

最后,需要加强评价人员的培训和监督。只有评价人员具备专业知识和素质,才能准确公正地进行评价。同时,需要建立科学的评价标准和规范,避免主观性和偏见的干扰。

完善课程评价体系,是一项长期而烦琐的工作,需要各方面的共同努力。只有通过不断地探索和实践,才能建立起符合现代教育要求的科学、合理的评价体系。

小结:课程建设中存在的问题和困难是我们需要重视和解决的。课程系统性及普及性不够,教师队伍发展不均衡,课程评价体系不完善,以及资源投入不足等问题都需要我们共同努力去改善。只有这样,我们才能提供更优质的教育服务,满足学生的需求,提高教学质量,更好地应对教育发展的挑战,培养出更适应时代需求的全面发展的人才。